고급 객체지향 프로그래밍

C++와 Java
예제 수록

객체지향의
모든 것

Advanced Object-Oriented Programming

김수동 · 라현정

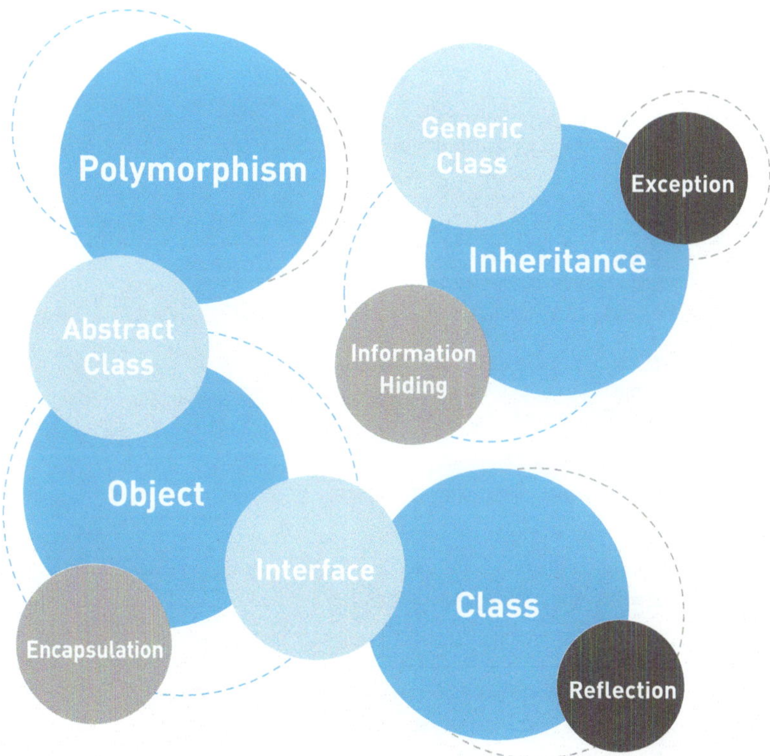

홍릉과학출판사

고급 객체지향 프로그래밍

Advanced Object-Oriented Programming

인 쇄 : 2015년 11월 16일 초판 1쇄
발 행 : 2015년 11월 20일 초판 1쇄

지은이 : 김수동 · 라현정

발행인 : 우명찬, 송 준
발행처 : 홍릉과학출판사

주 소 : 서울시 강북구 인수봉로 50길 10
전 화 : 02-999-2274~5 **팩스 :** 02-905-6729
e-mail : hongpub@hongpub.co.kr
홈페이지 : www.hongpub.co.kr

ISBN : 979-11-5600-407-3 93000

정 가 : 25,000원

파본이나 잘못된 책은 교환하여 드립니다.

머리말

객체지향 기술의 가치

객체지향 프로그래밍 개념과 기술은 오랜 기간에 걸쳐서 발전해 왔으며, 지금은 그 기술적 성숙도가 매우 높다. 이 기술에 대해서 80년대부터 학계에서 본격적인 연구를 시작하였고, 90년대부터 산업계의 본격적인 적용이 시작되었다. 따라서 객체지향 기술이 이제는 신 기술이라기 보다는 소프트웨어 분야의 다른 요소 기술들에 근간으로 사용되는 핵심 기술이라고 볼 수 있다. 객체지향 기술을 근간으로 발전한 대표적인 소프트웨어 관련 기술들의 예제를 다음과 같다.

- 객체지향 분석 및 설계 (OOAD) 기법
- 컴포넌트 기반 개발 (Component-based Development, CBD) 기법
- Unified Process 등 소프트웨어 개발 프로세스
- Agent 기반 프로그래밍 (Agent-Oriented Programming, AOP)
- 디자인 패턴 (Design Pattern)
- 소프트웨어 아키텍처 설계
- EJB, .NET 등 미들웨어 소프트웨어 설계
- eclipse 등 통합개발 환경 (IDE) 설계 및 Plug-in 장치
- AUTOSAR 등 산업계 도메인 모델 명세

이렇게 객체지향 기술은 다른 중요한 소프트웨어 기술들의 기본 모델 및 근간이 되므로, 새로운 기술은 아니지만 IT 개발자라면 누구나 알고 있어야 하는 핵심 기술이 된 것이다.

본 서의 집필 기준

본 서는 다음의 세 가지 기준을 적용하여 수년간에 걸쳐서 집필되었다.

• **Comprehensive:** 지금 까지 세상에 알려진 객체지향 기술의 모든 내용을 수록하였다. 이 한 권의 책을 통하여 객체지향 패러다임의 모든 내용을 빠짐없이 학습할 수 있도록 집필하였다. 본 서의 내용은 지난 50년간의 발전기간에 출간된 대표적인 객체지향과 관련된 모든 서적들, 국제 저널 문헌, 국제 학술대회의 문헌, 객체지향 기술을 적용한 산업계 프로젝트 설계 및 구현 산출물들을 폭넓게 참고 하였고, 저자들이 수행한 다수의 객체지향 개발 과제 및 학계와 산업계에서 저자들이 강의한 경험을 반영하여 작성되었다.

• **Advanced:** 객체지향 패러다임의 기본 개념은 C++, Java 등의 언어나 UML등 명세 언어에도 잘 나타나 있다. 그러나, 객체지향 기술에도 고급 개념과 기술이 있는데, 예를 들면 다형성 (Polymorphism), 객체 대치성 (Object Substitutability), 동적 바인딩 (Dynamic Binding), 추상 클래스 (Abstract Class), 및 이들의 통합 적용 기법 등이다. 본 서는 객체지향의 기본 개념은 물론, 고급 개념과 장치를 모두 다루고 있어, 객체지향 기술을 심도 있게 익히고 효과적으로 적용하려는 고급 개발자들도 활용할 수 있도록 하였다.

• **Practical:** 본 서는 객체지향 방식으로 목표 시스템을 설계 구현하는 직접 활용될 수 있는 실용적인 내용을 풍부히 포함하고 있다. 특히, 각 개념 및 장치는 실제적인 예제를 통하여 구체적으로 이해할 수 있도록 하였다. 각 장치들을 대표적인 객체지향 언어인 C++와 Java가 어떻게 지원하는지도 상세히 다루어서, 프로그래머 들이 직접 활용할 수 있도록 하였다.

본서의 활용 방법

본 서는 목적에 따라 세가지 기술 등급으로 활용될 수 있다.

- 입문 과정은 객체지향 기술의 기본 개념을 짧은 기간에 학습하기 위한 목적을 가진다.
- 중급 과정은 객체지향 기본 개념과 실무에 적용할 수 있는 기술을 상당 기간에 걸쳐서 익히기 위한 목적을 가진다.
- 고급 과정은 이 기본 개념과 실무 적용 능력은 물론 객체지향 기술의 각 개념과 장치와 관련된 이론, 고급 개념, 고급 장치, 내부 메커니즘 등 까지를 익히는 목적을 가진다.

각 기술 등급 별로 학습해야 하는 장과 절은 다음 표와 같다.

	입문 과정	중급 과정	고급 과정
1장. 객체지향 패러다임	1.1 ~ 1.5	1.1 ~ 1.5	1.1 ~ 1.5
2장. 객체	2.1 ~ 2.3	2.1 ~ 2.3	2.1 ~ 2.3
3장. 캡슐화	3.1, 3.2	3.1 ~ 3.6	3.1 ~ 3.6
4장. 정보은닉	4.1 ~ 4.3	4.1 ~ 4.6	4.1 ~ 4.6
5장. 클래스	5.1 ~ 5.5	5.1 ~ 5.7	5.1 ~ 5.7
6장. 상속	6.1, 6.2	6.1 ~ 6.7	6.1 ~ 6.7
7장. 다형성	7.1	7.1 ~ 7.3	7.1 ~ 7.4
8장. 추상클래스		8.1 ~ 8.3	8.1 ~ 8.3
9장. 인터페이스		9.1	9.1 ~ 9.3
10장 제네릭 클래스		10.1	10.1 ~ 10.3
11장 객체지향 예외처리		11.1 ~ 11.3	11.1 ~ 11.3
12장 리플렉션			12.1 ~ 12.5

본 서의 강의용 자료

본 서를 교재로 채택하여 강의를 진행할 때 사용될 수 있는 두 종류의 자료가 있다.

- 본 서 전체의 내용을 포함하고 있는 강의자료 (Powerpoint 형태)
- 본 서에 수록된 연습 문제들의 홀 수 번호에 대한 정답

오랜 기간에 걸쳐 준비해 온 본 서가 이제 출간이 되었다. 본 서가 IT 분야의 개발자들이 객체지향 프로그래밍, 객체지향 패러다임, 객체지향 언어 장치 등을 쉽게 배우면서도 명확하게 이해하는데 큰 도움이 되기를 소원해 본다.

2015년 11월

공동 저자

김수동 박사

라현정 박사

목차

객체 지향 패러다임

목차

객체 (Object)

캡슐화 (Encapsulation)

목차

상속 (Inheritance)

목차

추상 클래스 (Abstract Class)

인터페이스 (Interface)

목차

리플렉션 (Reflection)

목차

그림 그림 목차

목차

표 표 목차

제 1 장

객체 지향 패러다임

*** 본 장의 목표**

- 소프트웨어 위기 현상 및 그 원인을 살펴보고, 그 해결을 위해 객체지향 기술이 어떤 역할을 하는지 이해한다.
- 50여년에 걸친 객체지향 기술 발전 과정의 주요 결과물을 알아본다.
- 객체지향 기술이 다양한 정보기술 분야에 어떻게 활용되고 있는지 살펴본다.
- 절차적 프로그래밍 방식과 객체지향 프로그래밍 방식의 차이점을 학습하고, 객체지향 패러다임이 절차적 프로그래밍의 문제점을 어떻게 해결하는지 알아본다.

1.1. 소프트웨어 위기와 객체 기술

소프트웨어 위기(Software Crisis)는 일정한 품질을 가진 소프트웨어를 정해진 기간 안에 원활하게 개발하는 데 따르는 일련의 어려움을 가리키는 용어로 70년대 초에 소개되었다. 이 용어가 소개된 지가 40여년이 지난 지금에도 소프트웨어 위기 문제는 사회의 다양한 전산화 분야에서 관찰되고 있다.

소프트웨어 위기는 소프트웨어 기술 발전 속도가 컴퓨터 하드웨어 기술 발전 속도보다 뒤떨어짐으로써 발생되는 문제이다. 즉, 하드웨어는 품질은 좋아지면서 가격은 성능대비 낮아지고 있는데, 소프트웨어는 품질이 크게 개선되지 않으면서 오히려 개발 및 운영 비용은 증가하고 있다는 것이다.

그림 1-1은 소프트웨어 위기 문제의 원인과 해결방법을 보여준다. 소프트웨어 위기의 두 가지 원인(Cause)은 점점 증가하는 소프트웨어 복잡도(Complexity)와 높은 비용(Cost)이다. 소프트웨어의 개발 요구사항은 복잡해져 가는데, 이 복잡도를 효과적으로 해결할 수 있는 기술이 크게 발전하지 않으면서, 개발 및 운영 비용이 증가하는 것이다.

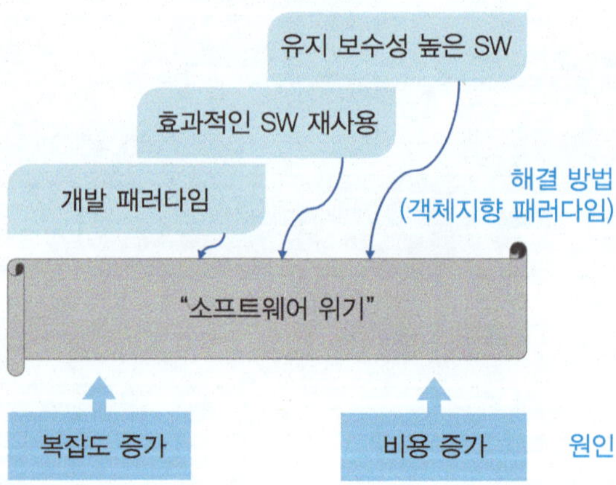

그림 1-1 소프트웨어 위기의 원인과 해결방법

소프트웨어 위기 문제를 해소하기 위해 개발 기간과 개발 인원을 늘리는 것은 효과가 크지 않다. 기간과 인원을 늘리면 비용이 그만큼 증가하고, 많은 인원들 간의 의사소통, 회의, 산출물 간의 일관성 유지 등 상당한 노력이 소요된다.

소프트웨어 위기를 해결하는 대표적인 방법은 효과적인 개발 방식(Paradigm)의 채택, 소프트웨어 재사용을 통한 개발생산성 향상 및 유지보수 효율성이 높은 소프트웨어의 설계가 있다. 그림 1-1이 보여주는 것처럼, 객체지향 패러다임은 이러한 세 가지 해결 방법들을 제공해 주는 핵심 기술이다. 즉, 객체지향 패러다임은 보다 효과적으로 시스템을 분석, 설계 및 구현할 수 있게 하고, 상속 등 여러 장치들을 활용하여 소프트웨어 재사용성을 높여주며, 정보 은닉 등 여러 장치들을 통하여 효율적인 소프트웨어 유지보수를 가능하게 한다.

그 결과, 객체지향 기술은 소프트웨어 위기 해결의 효과적인 수단으로 정착되었고, 현재 산업계에서 사용되고 있는 프로그래밍 언어, 운영체제, 인터페이스 정의, 재사용 라이브러리, 클라우드 서비스 등은 거의 대부분 객체지향 방식을 채택하여 개발된 것이다.

1.2. 객체지향 기술의 진화 (Evolution)

객체지향 기술은 50년간에 걸쳐 발전해 왔는데, 그림 1-2는 기간별 대표적인 개발 결과들을 보여준다.

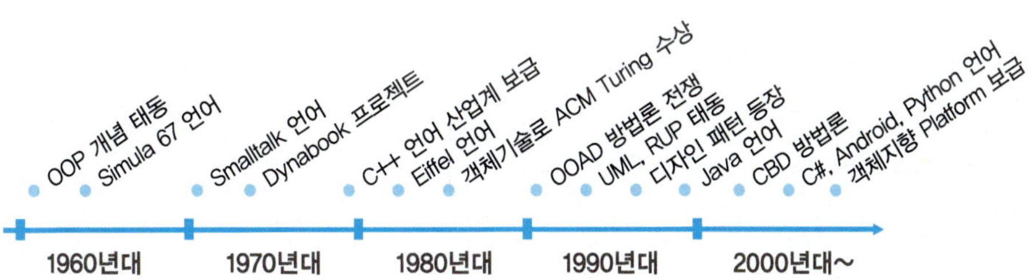

그림 1-2 객체지향 기술의 진화 과정

1.2.1. 1960년대

'객체지향' 이란 용어는 60년대 초, MIT대학 LISP 언어 연구 그룹에서 처음 사용되었다. 또한, 이 대학의 Ivan Sutherland는 박사과정 연구로 그래픽 도구인 Sketchpad를 개발하는 프로젝트에서 '객체' 의 개념을 적용하였다. 이 프로젝트에서 그래픽 종류별로 클래스를 정의하였고, 여러 도형을 객체로 생성하였다. 이러한 공로로 Sutherland는 1988년에 ACM Turing Award를 수상하였다.

객체지향 개념을 적용한 최초의 프로그래밍 언어인 Simula 67은 노르웨이 오슬로(Oslo)에 위치한 Norwegian Computing Center의 Ole-Johan Dahl과 Kristen Nygaard에 의해서 개발되었다. 이 언어는 컴퓨터 시뮬레이션(Simulation)을 위해 개발되었는데, 시뮬레이션 참여자 유형을 클래스로 정의하고, 각 참여자는 클래스에서 생성된 객체로 모델링하였고, 객체의 오퍼레이션을 실행함으로써 실제 상황을 시뮬레이션 할 수 있게 하였다. 객체지향 언어가 시뮬레이션에 잘 활용될 수 있는 것은 환경 내의 여러 참여자들을 클래스와 객체로 모델링하고, 객체별로 실제 환경에서의 기능을 오퍼레이션으로 실행하게 할 수 있기 때문이다.

Simular 67은 이후 여러 객체지향 언어를 개발하는 데 큰 영향을 미쳤는데, 예를 들면 Smalltalk, CLOS, Object Pascal 및 C++ 등이 있다.

1.2.2. 1970년대

70년대 소프트웨어 설계의 중요한 원칙으로 제시된 추상 자료형(Abstract Data Type, ADT)과 모듈화(Modularization)는 객체지향 프로그래밍 핵심 개념을 정립하는 데 이론적 근간이 되었다. 즉, 클래스, 캡슐화, 정보 은닉, 메시지 교환, 상속 장치는 이러한 일련의 소프트웨어의 설계 원칙에 근거하여 연구되고 고안되었다.

70년대 초에 미국 Xerox PARC 연구소의 Alan Kay와 그의 연구진에 의해서 순수 객체지향 언어인 Smalltalk이 개발되었다. 이 언어는 오늘날 사용되는 객체지향 프로그래밍의 핵심개념에 대한 표준을 마련하는 근간이 되었다. Smalltalk은 프로그래밍 언어이면서 동시에 프로그램 개발과 실행을 지원하는 그래픽 가상 머신(Virtual Machine)이다. 애플컴퓨터는 Smalltalk 기반의 워크

스테이션(Workstation) 컴퓨터 시제품을 이용하여, 이후 매킨토시(Macintosh) 컴퓨터를 개발하였다.

또한, Alan Kay는 Dynabook 프로젝트를 통해 오늘날의 랩탑 컴퓨터, 태블릿 컴퓨터 및 전자책(eBook)에 대한 개념적 모델과 비전을 제시하였다. 시대를 앞서는 이러한 연구 결과물은 그 당시 시장에서의 수요와 공감대 부족으로 상용화되지 못했지만, 수년이 경과한 이후 여러 성공적인 상용 제품 개발에 크게 활용되었다.

1.2.3. 1980년대

1985년에 Bertrand Meyer는 Eiffel이라는 순수 객체지향 언어를 개발하였는데, 이 언어는 소프트웨어 설계 원칙을 효과적으로 적용할 수 있는 프로그래밍 언어 장치를 제공한다. 예를 들어, Eiffel은 Design by Contract과 Open-Closed 설계 원칙을 지원하는 언어 장치를 제공한다.

80년대는 C++ 언어의 개발과 산업계의 보급이 활발히 진행되었다. C++언어는 1979년 AT&T 벨 연구소의 Bjarne Stroustrup이 개발하였고, 80년대에 다양한 C++ 컴파일러 및 클래스 라이브러리 개발이 이루어졌다. 이 언어는 C언어의 절차적 프로그래밍과 객체지향 프로그래밍을 모두 지원하는 혼성(Hybrid) 언어이다. C++는 C언어의 구문 형태를 따르고 있어 기존 C 프로그래머들이 쉽게 배울 수 있고 시스템 프로그램이 가능하다는 장점으로 인해, 80년대에 들어 대표적인 객체지향 프로그래밍 언어로 정착되었다.

1.2.4. 1990년대

90년대는 객체지향 분석 설계 방법론이 크게 발전하였고, 객체지향 패러다임이 산업계에서 가장 보편적인 개발 방식으로 정착된 시기이다. 80년대는 객체지향 프로그래밍이 활발히 보급된 시기임에 비해서, 90년대는 요구사항을 객체지향 시각으로 분석하고 객체지향 패러다임의 개념과 장치를 활용하여 설계하는 객체지향 분석 및 설계(Object-Oriented Analysis and Design, OOAD) 기법이 본격적으로 개발되었다.

대표적인 OOAD 기법으로는 Grady Booch, James Rumbaugh, Ivar Jacobson, Robert Martin, Peter Coad, Sally Shlaer, Stephen Mellor, Rebecca Wirfs-Brock 기법들이 있는데, 이런 객체지향 방법론들의 활발한 개발과 경쟁 현상은 OOAD 방법론 전쟁(Methodology War)이라고 불리웠다.

OOAD 기법들에서 Booch, Rumbaugh, Jacobson이 개발한 세 가지 기법이 널리 사용되어져 왔는데, 1994~1995년에 걸쳐 이 세 가지 기법들이 Unified Modeling Language(UML)로 통합되었다. 이것으로 방법론 전쟁은 끝났고, UML은 1997년에 산업계 컨소시엄인 Object Management Group(OMG)의 표준으로 채택되었다.

90년대 후반에는 Rational Unified Process(RUP)라는 객체지향 프로세스가 소개되었고, 이는 이후 IBM의 Unified Process(UP)로 개명되면서 지금까지 사용되어 오고 있다. UP는 객체지향 프로세스뿐 아니라 객체지향 개발 지침 및 산출물의 템플릿(Template)을 포함하고 있는 방대하고 포괄적인 방법론이다. 따라서 각 과제의 특성에 알맞게 테일러링(Tailoring)하고 최적화를 해야 한다.

90년대의 괄목할 만한 객체지향 설계 기술은 디자인 패턴(Design Pattern)이다. 디자인 패턴은 객체지향 방식으로 설계할 때 자주 발생하는 전형적인 설계문제에 대한 범용적인 솔루션이다. 디자인 패턴은 오래 기간에 걸쳐 다양한 개발 프로젝트에 적용되는 과정에서 계속 정제되어 왔으며, 그 유용성과 적용성이 검증된 설계 노하우(Know How)이다. 따라서 디자인 패턴들을 적용하여 목표 시스템을 설계할 경우 그 시스템의 설계 품질 또한 높아지게 된다. 디자인 패턴의 대표적인 자료는 Erich Gamma, Richard Helm, Ralph Johnson, John Vlissides의 네 명의 저자가 1994년에 출간한 디자인 패턴 서적인데, 23개의 패턴들이 자세히 소개되어 있다.

1995년에는 Sun Microsystems사의 James Gosling이 작은 언어를 지향하는 객체지향 언어로 Java를 소개하였다. 이 언어는 C++ 언어의 구문형태를 채택하고 있으나, C++가 가지고 있는 시스템 레벨 접근 장치, 메모리 직접 접근 장치, 포인터 장치, 복수 상속 장치 등 복잡한 장치들은 포함하고 있지 않다. Java는 특정 운영체제 플랫폼에 독립적인 Byte 코드 형태로 컴파일하고, 이 코드를 자바 가상 머신(Java Virtual Machinne, JVM)이 해석(Interpretation)하고 실행시키는 방식을 택하고 있다. 따라서 C++가 플랫폼 종속적인 코드를 생성함에 비해서, Java는 플랫폼 독립적인 코드를 생성함으로써, 여러 플랫폼 간의 호환성을 제공하는 장점을 가진다.

1.2.5. 2000년대와 이후

2000년에 국제표준화기구인 ISO는 UML을 소프트웨어 시스템 모델링을 위한 표준으로 채택하였다. UML이 객체지향 분석 설계 다이어그램에 관한 국제 표준이 되면서, 다른 다이어그램들은 거의 사용되지 않고 있다. 또한, 객체지향 모델링 도구들이 모두 UML 표준을 채택함으로써 도구 간의 호환성이 높아지는 효과를 가져왔다.

90년대는 OOAD 방법론의 발전이 두드러진 시기였으나, 2000년대는 객체지향 개발과 운영 플랫폼 보급이 활발해진 시기이었다. 대표적으로 Microsoft사의 C# 언어를 기반으로 한 .NET 플랫폼과, Java언어를 기반으로 하는 J2EE와 EJB 플랫폼을 들 수 있다.

객체지향 언어의 측면에서 보면, 2000년대는 객체지향 프로그래밍과 절차적 프로그래밍을 모두 지원하는 혼성(Hybrid) 언어들이 소개되었다. C# 언어는 객체지향 패러다임을 포함한 여러 패러다임의 프로그래밍을 지원하며, 2000년에 발표된 Python 언어가 2008년에 3.0 버전으로 출시되면서, 객체지향 패러다임뿐 아니라 절차적 프로그래밍을 포함한 여러 프로그래밍 패러다임을 지원하게 되었다.

객체지향 패러다임은 2000년 들어 새로운 소프트웨어 개발 방식으로 각광을 받은 컴포넌트 기반 개발(Component-based Development, CBD) 방식으로 발전하였다. CBD는 서로 관련성이 높은 클래스들이 모여 큰 덩어리의 컴포넌트를 구성하고, 각 컴포넌트는 컴포넌트 레벨의 인터페이스를 제공한다. 목표 시스템을 개발 시 필요한 기능을 제공하는 컴포넌트를 식별하고, 컴포넌트 인터페이스만을 이용하여 구현함으로써 개발 생산성과 재사용성이 높아진다. 객체지향 패러다임이 단일 소프트웨어 시스템 개발에 효과적이라면, CBD는 여러 종류의 시스템 개발에 범용으로 사용될 수 있는 재사용 기술로 구별된다.

지난 50여 년에 걸쳐서 발전해 온 객체지향 기술은, 향후에도 상당 기간 산업계의 표준 개발 방식으로 활용될 전망이다. 특히 중요한 IT 트렌드인 모바일 컴퓨팅 분야에서도 Android와 Objective-C라는 순수 객체지향 언어가 널리 사용되고 있고, 클라우드 컴퓨팅 등 서비스 공학 분야에서도 객체지향 패러다임을 적용하고 있다.

1.3. 객체지향 기술의 활용

본 절에서는 객체지향 프로그래밍이 다양한 IT 분야에 어떻게 활용되고 있는지 알아본다.

1.3.1. 프로그래밍 언어

70년대의 Smalltalk과 80년대의 C++ 언어를 시작으로 지금까지 개발된 프로그래밍 언어들은 대부분 객체지향 프로그래밍을 지원한다. 객체지향 프로그래밍 언어에는 Java, Objective-C, Android 등 순수 객체지향 언어 또는, C#, Python 등 객체지향 프로그래밍과 절차적 프로그래밍 패러다임을 함께 지원하는 혼성 객체지향 언어들이 있다.

특히, 지난 20여 년간에 새롭게 등장한 프로그래밍 언어 중에서 객체지향 방식을 지원하지 않은 언어는 찾아보기 어렵다. 이는 객체지향 프로그래밍이 보편적인 프로그램 개발 패러다임으로 정착되었음을 나타낸다.

1.3.2. 운영체제

운영체제(Operating System)는 여러 애플리케이션들이 공통으로 필요로 하는 시스템 레벨의 지원 기능을 제공하는 시스템 소프트웨어이다. 따라서 운영체제의 매우 복잡한 기능성을 효과적으로 설계 및 구현하는 데 객체지향 패러다임이 효과적으로 활용되고 있다. 즉, 운영체제는 여러 기능 모듈들을 클래스나 컴포넌트 단위로 모델링하고 각 단위 별로 필요한 기능을 정의하며, 런타임에는 이 클래스로부터 여러 객체를 생성하여 실행시킬 수 있도록 설계되어 있다. 예를 들면 운영체제의 프로세스 컨트롤 블록(Process Control Block, PCB)에 대한 클래스를 정의하고, 프로세스 관리 기능에 해당되는 오퍼레이션들을 구현한 후, PCB 클래스에서 다수의 인스턴스를 생성함으로써 여러 프로세스들을 효과적으로 실행하도록 해 준다.

1.3.3. 재사용 소프트웨어 자산 (Asset)

소프트웨어 재사용은 소프트웨어 위기 문제를 해결하기 위한 효과적인 전략으로 지난 40여 년간에 걸쳐서 연구가 진행되어 오고 있다. 객체지향 패러다임은 재사용 자산을 설계, 구현 및 명세하는 데 효과적으로 사용되고 있다. 대표적인 예를 들면 다음과 같다.

＊ 클래스 라이브러리 (Class Library)

객체지향 프로그래밍은 클래스 단위로 프로그램을 작성하는데, 재사용 대상이 되는 기능을 클래스 단위로 정의하여 클래스 라이브러리로 통합한다. 이 라이브러리를 재사용하여 목표 시스템을 개발하면, 개발 비용 절감, 기간 단축 및 품질 향상을 기대할 수 있다. 대표적인 클래스 라이브러리로는 Microsoft Foundation Class(MFC) 나 Java Foundation Classes (JFC)가 있다.

클래스 라이브러리의 클래스는 필요한 속성 및 오퍼레이션을 모두 가지고 있기 때문에, 재사용 관점에서 C 프로그래밍을 위한 함수(Function) 라이브러리보다 더 효과적이다. 함수 라이브러리의 경우 사용되는 속성값들과 관련된 오퍼레이션들이 하나의 단위에 묶여있지 않고 프로그램 내의 여러 곳에 흩어져 있어서 재사용 및 유지보수의 효율성이 낮아진다.

＊ 디자인 패턴 (Design Pattern)

디자인 패턴은 소프트웨어 설계 수준에서의 재사용 단위이므로, C 언어의 함수 라이브러리나 객체지향 언어의 클래스 라이브러리보다 더 상위 수준, 즉 추상화된 수준의 재사용 장치이다. 따라서 디자인 패턴은 언어에 독립적으로 재사용될 수 있는 특징을 가지고 있다.

하나의 패턴은 관련된 여러 클래스들로 구성되며, 클래스들 간의 관계와 객체 간의 메시지 교환 등의 설계 수준의 결정이 이미 포함되어 있다. 따라서, 디자인 패턴을 적용해서 목표 시스템을 설계할 경우 설계 생산성 향상은 물론, 목표 시스템의 품질도 향상되는 효과가 있다. 지금까지 알려진 모든 디자인 패턴들은 객체지향 패러다임을 적용하여 구조적인 측면과 실행시의 동적인 측면을 명세하고 있다.

* 컴포넌트

컴포넌트 기반 개발(CBD) 방식은 한 도메인 안에 있는 여러 애플리케이션 개발에 범용으로 사용될 수 있는 컴포넌트들을 개발 확보하고, 이를 기반으로 목표 애플리케이션을 경제적으로 만드는 장치를 지원한다.

대부분의 컴포넌트는 여러 클래스들 및 여러 객체들로 구성되며, 컴포넌트 수준의 상위 인퍼페이스를 제공한다. UML은 컴포넌트 다이어그램을 통해서 컴포넌트의 내부 구조, 컴포넌트 인터페이스, 컴포넌트들 간의 협력(Collaboration) 관계를 명세할 수 있게 한다.

이러한 CBD 컴포넌트 개발 및 활용에는 클래스, 객체, 메시지 교환, 인터페이스 등 객체지향 패러다임이 그 근간이 되고 있다. 특히, CBD는 객체지향 패러다임을 확장한 재사용 장치로 볼 수 있다.

* 서비스 (Service)

서비스 지향 아키텍처(Service-Oriented Architecture, SOA)나 클라우드 컴퓨팅에서는 서비스가 기본적인 재사용 단위가 된다. 이 서비스는 어떤 언어로도 개발될 수 있지만, 서비스의 인터페이스는 객체지향 인터페이스 정의 방식을 사용하여 정의된다. 즉, 서비스 인터페이스는 여러 개의 오퍼레이션으로 구성되며, 각 오퍼레이션은 이름, 매개변수, 반환값 타입(Return Type)으로 이루어진 시그니처(Signature)로 명세된다.

SOA 관련 기술 중 하나인 Enterprise Service Bus (ESB)의 경우에도 객체지향 패러다임의 클래스, 오퍼레이션 시스니처와 기능 명세로 구성되어 있다.

1.3.4. 상호 연동을 위한 인터페이스 표준화

산업계 다양한 분야에서 표준화의 중요성이 커지고 있다. 금융 분야를 보면, 외국 은행과의 송금을 위해서는 국가 간에 준수되고 있는 외환 시스템 인터페이스에 대한 표준이 있어야 한다. 통신 분야를 보면, 이동통신 사업자가 외국 사업자와의 로밍(Roaming) 서비스를 자동화하기 위해서 시스템 간의 이동통신 서비스 및 과금 체제의 인터페이스 표준이 있어야 한다. 이러한 시스템 간의 인터페이스를 정의하는 데 객체지향 패러다임이 적용되고 있다. 대표적인 예를 들면 다음과 같다.

*** 자동차 분야의 AUTomotive Open System Architecture (AUTOSAR)**

AUTOSAR는 자동차의 다양한 부품들을 제어하거나 주행 관련 다양한 기능을 제공하는 소프트웨어의 설계 및 명세를 위한 국제 표준 아키텍처이다. BMW, Daimler AG, Bosch, Volkswagen, Toyota, GM 등 주요 회사들이 참여하는 컨소시엄이 2003년부터 표준화 작업을 진행해 왔다.

자동차에서 소프트웨어가 차지하는 비중이 커지면서 기능적 복잡도가 증가하고 품질 요구사항이 점점 높아지고 있다. 이에 따라, 자동차 소프트웨어에 대한 체계적인 개발 및 품질 관리를 위해 AUTOSAR 표준이 정의되었다. 또한, 이 표준을 준수하는 OEM 부품 개발을 통해서 수많은 자동차 부품들 간의 상호 연동을 추구하기 위한 목적도 가지고 있다.

AUTOSAR 아키텍처는 세 개의 계층으로 구성되어 있고, 각 계층에 속한 컴포넌트별 표준 인터페이스를 정의하고 있다. AUTOSAR는 CBD 개발 방법론의 컴포넌트 단위로 자동차 소프트웨어를 구성하고 있고, 이 컴포넌트 개발의 요소기술은 객체지향 프로그래밍이다. 이 표준은 자동차 회사들에게 기계공학과 금속공학뿐 아니라, 소프트웨어 공학의 중요성을 인식시키는 큰 계기가 되었다.

＊ 산업 도메인 별 OMG 표준 모델

1989년에 출범한 OMG 컨소시엄은 UML, BPMN, SysML, CORBA 등 시스템 개발 및 운영에 관한 표준을 제정할 뿐 아니라, 산업계의 각 도메인 별로 표준 비즈니스 모델 및 표준 인터페이스 명세를 개발하여 제공하고 있다.

현재 수십여 개의 산업계 도메인에 대한 표준 인터페이스가 개발되어 이미 활용되고 있고, 새로운 도메인에 대한 표준화 작업이 진행되고 있다. 도메인 별로 정의된 표준 인터페이스를 사용하면, 개발하려는 목표 시스템에 대해 어떠한 주요 기능과 객체들이 있는지에 관한 국제적인 인식과 설계 모델을 얻을 수 있다. 또한 이 표준을 기반으로 개발된 시스템 간의 연동이 보장되며, 나아가 같은 도메인에 있는 여러 시스템이나 그 부품들에 대한 재사용도 가능해진다. 금융분야의 외환, 항공 트래픽 컨트롤, 의료 등 분야에서 OMG 표준 모델이 잘 활용되고 있다.

＊ 통신망 및 통신 서비스 분야

국제 전기 통신 연합(International Telegraph Union, ITU)의 통신 분야 표준화 부문인 ITU-T는 이기종 환경의 다양한 교환 장비 간의 상호연동성과 효율적 통신을 위한 표준 및 관련 인터페이스를 제공한다. 대표적으로 Telecommunications Management Network(TMN)은 네 개의 계층과 계층별 컴포넌트들로 구성되며, 이들의 인터페이스 포인트(Interface Point)를 정의하고 있다. 이런 일련의 표준은 이미 객체지향 패러다임을 적용하여 정의되어 있으므로, 목표 시스템을 보다 효율적으로 설계 및 구현할 수 있게 된다.

1.3.5. 비즈니스 프로세스 리엔지니어링 (BPR)

BPR은 소프트웨어와 관련된 기술이 아니라, 기업 경영을 위한 프로세스를 최적화하는 기법이다. 즉, BPR은 조직 내 업무 및 다양한 프로세스를 저비용 고효율로 수행하기 위해 조직 진단, 조직 재정비 및 프로세스 개선을 하는 작업이다. 이 과정에 객체지향 패러다임을 적용하는데, 예를 들면 Object-Oriented BPR이 있다. 이는 객체지향 패러다임이 가지고 있는 캡슐화, 정보 은닉, 모듈성, 재사용성, 상속을 이용하여, 조직의 현재 프로세스의 명세, 비효율성 판단, 개선된 프로세서의 명세 등을 효과적으로 수행할 수 있게 한다.

1.3.6. 기타 분야

위에서 살펴본 분야 이외에도 객체지향 기술은 IT 분야의 다양한 분야에 활용되고 있다. 예를 들면 CAD/CAM분야, 그래픽 편집기, 게임 캐릭터 모델링 등이 있다.

1.4. 절차적 프로그래밍의 시각

1.4.1. 절차적 프로그램의 구조

소프트웨어에 대한 전통적 시각과 객체지향적 시각을 비교해 보면, 객체지향 프로그래밍의 특징과 개념을 쉽게 파악할 수 있다. 소프트웨어에 대한 전통적인 시각은 절차적(Procedural) 언어로 작성된 프로그램의 구성에서 찾아볼 수 있다. 즉, 그림 1-3과 같이 한 프로그램에서 필요로 하는 모든 데이터 속성(Attribute)들을 데이터 부분으로 한군데에 모아놓고, Main( )을 포함한 모든 오퍼레이션들을 기능 부분으로 별도로 모아둔다. 모든 절차적 프로그램은 그 크기와 무관하게 데이터 부분과 기능 부분이 별도로 정의되는 구조를 가진다.

이러한 절차적 프로그램에서는 데이터 부분의 각 속성이 전역변수의 범위(Global Scope)를 가지게 되므로 어떤 오퍼레이션이라도 접근하여 그 값을 읽고 바꿀 수 있다. 예를 들면 int i; 의 'i' 라는 변수는 어떤 오퍼레이션이라도 접근할 수 있다. 전역 변수의 사용은 다음 절에서 설명하는 여러 문제들을 야기시키는 원인이 될 수 있다.

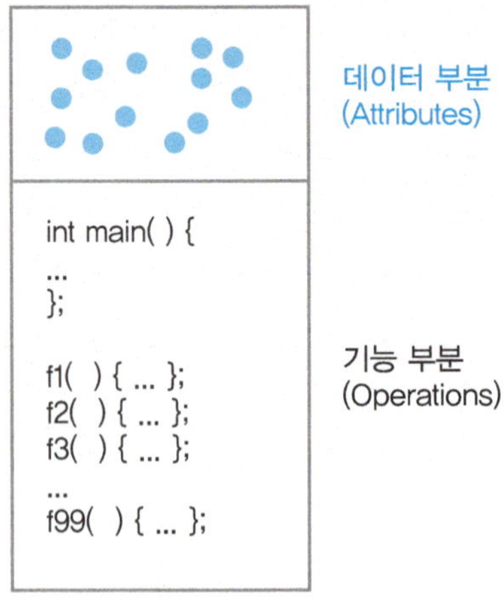

그림 1-3 절차적 프로그램의 구성

1.4.2. 절차적 프로그램의 문제점

절차적 프로그램은 다음과 같은 구조적인 문제점을 가지고 있다.

*** 그룹핑 (Grouping) 장치 결여로 인한 개발생산성 저하**

절차적 프로그램에서는 데이터 속성들이 데이터 부분에 모두 모여 있고 오퍼레이션들은 별도로 모여 있기 때문에, 관련된 속성들과 오퍼레이션들을 하나의 단위에 묶을 수 있는 장치가 없다. C언어의 구조체인 struct 장치는 관련된 속성들만 모을 수 있고, struct 데이터를 사용하는 오퍼레이션들은 함께 묶어서 표현할 수 없다. 그 결과, 상호 연관된 데이터와 함수들이 별도의 독립된 정보인 것처럼 취급되고 있다.

예를 들어, 원(Circle)이라는 도형을 설계할 때, 중앙점의 좌표를 나타내는 x와 y, 반지름을 나타내는 radius는 다른 속성들과 함께 데이터 부분에 모여 있고, 이 속성들을 사용하는 move( ), resize( ) 등의 오퍼레이션들은 속성들과는 떨어져서 별도로 모여 있다. 즉, 원과 관련된 속성들과 오퍼레이션들만을 하나의 단위 안에 그룹핑할 수 있는 장치가 없다.

그림 1-4는 절차적 프로그램에서 관련된 속성들과 오퍼레이션들의 분산된 예제를 보여준다. 'x', 'y' 라는 속성들이 다른 여러 속성들과 함께 묶어져 있고, 이 속성을 사용하는 오퍼레이션들인 f1( ), f7( ), f18( )은 다른 오퍼레이션들과 함께 묶어져 있다. 즉, 관련된 속성들과 오퍼레이션들이 한 프로그램 안에서 분산되어 있다.

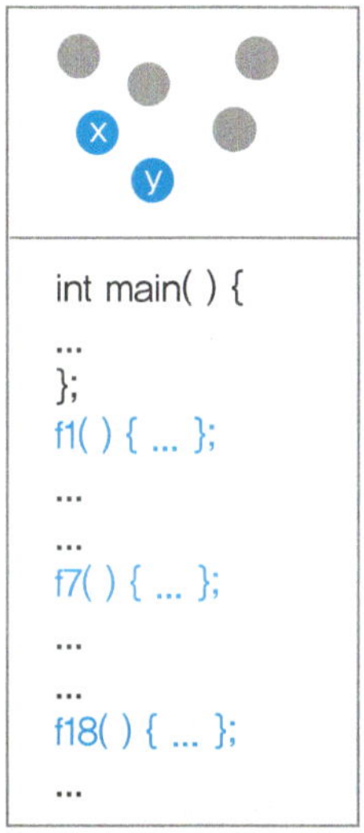

그림 1-4 관련된 속성과 오퍼레이션들이 분산된 형태

복잡한 기능을 제공하는 중 · 대형 프로그램에서 관련된 속성들과 오퍼레이션들이 여러 곳에 분산되어 있으면, 개발자가 관련된 항목들을 식별하거나 추적하기 어려워진다. 또한, 이런 구조를 가진 프로그램은 독립적인 모듈로 분리하기 어렵기 때문에 여러 개발자가 개발 업무를 나누어 병렬로 개발할 수 없다. 그럼에도 불구하고 병렬 개발을 진행하면, 개발자들이 작성한 코드 간의 의존도가 높아져 일관성 유지를 위한 의사소통 비용이 높아지며 그 결과 개발 생산성이 떨어진다.

특히, 대형 프로그램에서 많은 변수들을 변수들끼리만, 함수들은 함수들끼리만 별도로 모아 둔다면, 프로그램 작성 시 효율성 및 프로그램 가독성이 더욱 저하된다.

*** 구성요소들 간의 높은 결합도 (Coupling)로 인한 유지보수성 저하**

절차적 프로그램에서 선언된 속성과 오퍼레이션은 전역 변수의 영역을 가지므로 어떤 제약도 없이 구성요소들 간의 상호 참조가 가능해진다. 그 결과 프로그램의 구성요소들 간의 결합도가 높아진다.

그림 1-5를 보면, 전역 변수와 오퍼레이션 간에 세 가지 형태의 참조가 발생한다. 데이터 속성 D_2는 F_1, F_2, F_4 오퍼레이션들에 의해 참조되고 있고, 오퍼레이션 F_4는 D_2, D_3, D_5 속성들을 참조하고 있다. 또한, 여러 오퍼레이션들 간에도 함수 호출을 통한 상호 참조가 되고 있다.

이처럼 한 프로그램 안에서 데이터 속성들과 오퍼레이션들의 참조 관계를 모두 선으로 표현하면, 스파게티 누들(Noodle)색들이 얽혀있는 모양을 상상할 수 있다. 특히, 대형 과제의 프로그램에서 이런 스파게티 형태의 참조 관계는 개발 비효율성과 유지보수의 어려움을 가중시킨다.

기업들이 경험한 Year 2000 (Y2K) 문제는 년도를 나타내는 전역 변수에 년도의 뒷 두 자리만 저장함으로써 프로그램이 1999년과 2000년 사이의 선행관계를 혼돈하여

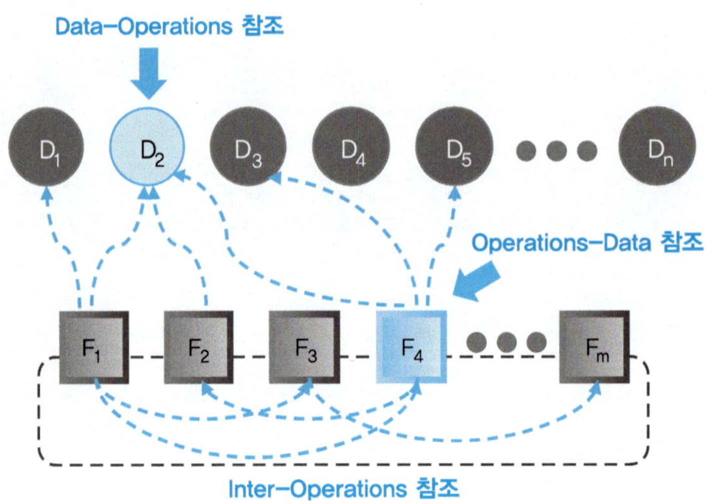

그림 1-5 전역 변수와 오퍼레이션들 간의 참조 형태

발생한 것이다. 이를 해결하기 위해, 네 자리 수의 년도를 저장하도록 변경하는 데 상당히 많은 비용과 노력을 필요로 했다. 즉, 년도를 나타내는 데이터 타입을 수정할 때, 이를 참조하는 모든 오퍼레이션들과 함께 수정해야 하는 비효율적인 문제가 발생하였다.

* 데이터 무결성 (Integrity) 보장의 어려움

데이터의 무결성이란 어떤 속성, 즉 변수가 항상 유효한(Valid) 값을 가지고 있는 특성을 나타낸다. 예를 들면, 피보나치(Fibonacci) 값을 가지는 정수 변수를 int fino; 라고 선언하면 이 변수는 1, 2, 3, 5, 8, 13 등의 유효한 피보나치 값을 가져야 한다. 이 fino 변수가 4나 7등의 유효하지 않은 값을 가지고 있으면, 이 변수의 데이터 무결성이 지켜지지 않은 것이다.

절차적 프로그램에서 전역 변수에 유효하지 않은 값을 저장하려 할 때, 이를 근본적으로 막을 수 있는 체계적인 장치가 없다. 예를 들어, x라는 정수가 4라는 값을 가지고 있다고 할 때, fino = x 라고 해도 개발 시 컴파일러나 어떤 도구가 이런 오류를 발견할 수 없다.

프로그램을 작성하는 과정에서 이런 유사한 경우는 자주 발생한다. 대학에서 학생들의 학점을 나타내는 grade 라는 변수가 A, B, C, D, F 중에서 어떤 값을 가지고 있어야 유효하고, 은행 고객의 계좌 잔고를 나타내는 balance가 0 이하의 값을 가지지 않아야 유효하며, 그래픽 원의 반지름을 나타내는 radius는 반드시 양수의 값을 가져야 유효하다. 이런 유효한 값을 항상 가지도록, 즉 데이터 무결성을 보장하는 장치가 없기 때문에, 프로그램의 여러 곳에서 사용자가 정확한 값을 입력하는지에 대한 유효성을 일일이 확인해야 한다. 만약 사용자나 개발자의 실수로 유효하지 않은 값들이 저장되어 무결성이 지켜지지 않을 경우, 프로그램 실행 시 여러 형태의 오류가 발생할 가능성이 커진다.

1.5. 객체지향 프로그래밍의 시각

1.5.1. 객체지향 프로그램의 구조

객체지향 프로그래밍은 절차적 프로그램의 문제점을 근본적으로 발생하지 않는 구성요소와 구조를 가지고 있다. 객체지향 프로그램은 여러 개의 객체(Object)들로 구성되며, 각 객체는 필요한 데이터 속성들과 이 속성을 처리하는 오퍼레이션을 한 곳에 묶어 정의한다. 즉, 그림 1-6에서처럼, 각 객체는 관련된 소수의 속성들과 이 속성을 처리하는 오퍼레이션들로 구성된다.

객체지향 프로그램에서는 절차적 프로그램에서 사용되던 전역 범주를 가진 속성, 즉 전역 변수를 사용하지 않는다. 따라서 절차적 프로그램에서와 같이 전역 변수 사용으로 인한 문제점은 객체지향 프로그램에는 발생하지 않는다.

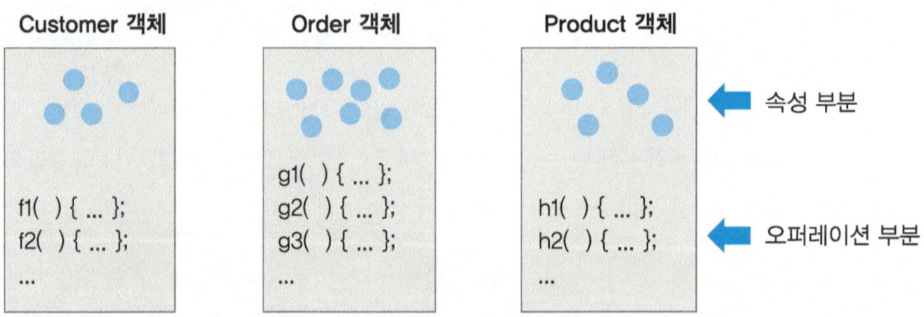

그림 1-6 객체의 구성요소

1.5.2. 객체지향 프로그램의 장점

객체지향 프로그램은 절차적 프로그램이 가지는 일련의 문제들을 해결하면서 다음과 같은 장점이 있다.

∗ 관련된 데이터와 오퍼레이션을 그룹핑하는 장치 제공

관련된 데이터 속성들과 이를 사용하는 오퍼레이션들을 그룹핑할 수 있는 '객체' 라는 단위를 제공한다. 이로 인해 스파게티 프로그램에서 발생하는 프로그램 구성요소들 간의 불필요한 결합도가 발생하지 않으며, 그 결과 높은 개발 생산성과 유지보수성을 기대할 수 있다.

∗ 복잡한 기능을 제공하는 대형 프로그램의 개발 효율성 향상

객체지향 프로그래밍은 요구사항이 복잡한 대형 프로그램 개발에 더욱 효과적으로 활용될 수 있다. 아무리 복잡한 프로그램이라도 전체 데이터와 오퍼레이션들이 객체라는 단위로 분할되어 모델링되고 구현되기 때문에, 프로그램 개발 및 유지보수로 인한 부담은 소형 프로그램과 크게 달라지지 않는다. 즉, 소형 프로그램 개발 시의 개발생산성이 대형 프로그램을 개발할 때도 유사하게 나타난다.

∗ 데이터 무결성 보장

Java 등으로 작성된 순수 객체지향 프로그램에는 전역 범주를 가지는 속성, 즉 전역 변수를 선언할 수 없다. 따라서 전역 속성들이 가지는 문제점이 객체지향 프로그램에서는 발생하지 않는다. 즉, 객체 안의 속성들은 'private' 라는 가시성을 통해 그 객체 외부에서는 접근할 수 없도록 감추어져 있다. 그 결과, 이런 속성들은 그 객체에 정의된 오퍼레이션만 접근할 수 있게 된다. 그러므로 이 오퍼레이션에서 모든 속성이 유효한 값을 가질 수 있도록 설계하면 객체의 무결성을 보장할 수 있게 된다.

1.6. 본 장의 정리

본 장에서는 우선 소프트웨어 위기의 현상 및 그 원인을 살펴보았고, 객체지향 프로그래밍 기술이 소프트웨어 위기의 원인을 어떻게 효과적으로 해결할 수 있는지를 알아보았다. 이어서, 객체지향 기술이 처음 태동한 60년대부터 지금까지 어떻게 발전해 왔는지를 연대별로 살펴보았다. 60년대는 객체지향 패러다임의 탄생, 70년대는 객체지향 프로그래밍 언어의 보급, 80년대는 산업계에 본격적인 객체지향 기술의 정착, 90년대는 OOAD 개발 방법론의 발전, 2000년대 이후에는 UML의 ISO 표준화와 객체지향 플랫폼의 보급으로 요약된다.

객체지향 기술은 정보기술(Information Technology, IT)의 다양한 분야에 활용되고 있다. 대표적으로 프로그래밍 언어, 운영체제, 재사용 소프트웨어 자산, 표준 인터페이스, BPR 분야에서 어떻게 객체지향 기술이 적용되고 있는지와 그 사례를 살펴보았다.

객체지향 프로그래밍은 절차적 프로그래밍과 구조적인 차이점을 가지고 있다. 절차적 프로그래밍이 가지고 있는 여러 기술적인 문제점들을 알아보았고, 객체지향 프로그램 구조 및 패러다임이 이런 문제점들을 어떻게 해소하는지 학습하였다. 객체지향 프로그래밍의 기술적 우수성으로 인해, 오늘날 산업계의 시스템 개발 프로젝트에는 객체지향 기술이 가장 널리 사용되고 있다.

— 연습문제 —

1. 소프트웨어 위기의 두 가지 원인이 무엇인지 설명하고, 각 원인에 해당되는 구체적인 사례를 찾아 적으시오.

2. 객체기술의 발전 과정에서, 90년대가 80년대에 비해서 어떤 측면에서 어떻게 차이가 있는지 분석하시오.

3. 객체기술은 프로그래밍 언어, 분석 설계 방법론, 개발 운영 플랫폼의 순서로 발전하였다. 왜 이러한 순서로 발전했는지, 그 발전 과정에 산업계의 어떤 수요가 있었는지 기술하시오.

4. 객체지향 프로그래밍 언어는 순수 객체지향 언어와 절차적 프로그래밍 등 여러 개발 패러다임을 지원하는 혼성 객체지향 언어로 구별된다. 이 두 종류의 객체지향 언어들에 대하여 장 · 단점을 나열하시오.

5. 대표적인 객체지향 프로그래밍 언어들을 나열하고, 순수 객체지향 언어와 혼성 객체지향 언어로 분류하시오.

6. 객체지향 패러다임을 적용해서 운영체제를 개발할 때 얻을 수 있는 장점들을 설명하시오.

7. 프로그램의 어떤 변수에 유효하지 않은 값이 저장되었을 때, 즉 데이터 무결성이 무너진 경우에 발생할 수 있는 문제점들을 쓰시오.

8. 절차적 프로그래밍이 가지는 문제점들이 대형 프로그램 개발 시 더욱 심각하게 발생하는 이유는 무엇인가?

9. 절차적 프로그램에는 있는 장치로서 객체지향 프로그램의 구조에는 없는 것이 무엇인가? 객체지향 프로그램에는 있는 장치로서 절차적 프로그램에는 없는 것이 무엇인가?

10. 객체지향 프로그래밍이 잘 적용될 수 없는 시스템 개발 분야가 있다면 쓰고, 그 이유를 기술하시오.

제 2 장

객체 (Object)

＊ 본 장의 목표

- 객체의 개념을 실세계 관점과 프로그래밍 관점에서 정의하고, 잘 설계된 객체가 되기 위한 조건들을 학습한다.
- 물리적 객체와 개념적 객체에 대해서 알아보고, 이들의 차이점도 살펴본다. 그리고 이들이 비즈니스 프로세스의 실행에 어떻게 사용되는지 알아본다.

2.1. 객체의 정의

2.1.1. 실세계 관점의 정의

객체는 객체지향 패러다임에서 프로그램을 구성하는 기본 단위이다. 이 객체는 개발자가 인위적으로 만들어 내는 것이 아니라, 개발하려는 시스템의 문제 영역(Problem Domain)에 실제로 존재하는 어떤 사물이나 개념을 나타낸다. 따라서 프로그램 개발자의 시각이 아니라, 그 문제 영역의 업무 프로세스와 요구사항을 잘 이해하고 있는 도메인 전문가의 시각에서 객체를 식별해야 한다. 그림 2-1은 실세계에 존재할 수 있는 다양한 객체의 예를 보여준다.

- **Person: 인사관리 시스템에 사용되며, 조직의 직원을 나타내는 객체**
- **Car: 자동차 생산관리 시스템에 사용되며, 생산된 자동차를 나타내는 객체**
- **Book: 서점의 도서판매 시스템에 사용되며, 판매할 책을 나타내는 객체**
- **Account: 은행 입출금 시스템에 사용되며, 고객의 은행 계좌를 나타내는 객체**

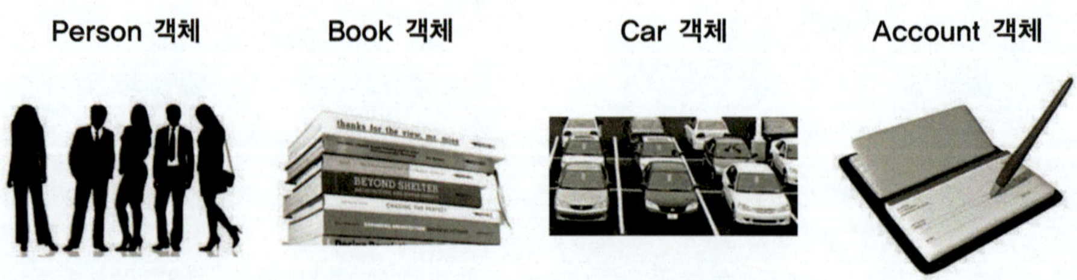

그림 2-1 실세계에 존재하는 객체의 예

예제에서 보여준 대로, 목표 시스템의 업무 영역에 실제로 존재하는 어떤 사물, 개체 또는 개념이 바로 객체가 된다. 따라서 객체를 식별하는 일은 개발 요구사항을 분석하고 그 안에 존재하는 객체를 찾아내는 작업이기 때문에, 공학적인 기술이 요구되는 것이 아니라 도메인 지식이 요구된다.

2.1.2. 프로그램 구조 관점의 정의

객체지향 프로그램은 여러 개의 객체들로 구성되어 있으며, 각 객체는 상태 정보를 기록 유지하기 위한 속성들과 이 속성들을 처리하는 오퍼레이션들의 집합으로 정의된다. 즉, 각 객체는 관련성이 높은 속성들과 오퍼레이션들을 포함하고 있으며, 이를 다음과 같이 나타낼 수 있다.

> 프로그램 = 객체 + 객체
>
> 객체 = 속성 + 오퍼레이션

객체는 관련성이 있는 속성들과 이를 사용하는 오퍼레이션들만 포함하기 때문에 한 객체를 구현한 코드의 크기가 작다. 다양한 클래스 라이브러리 등을 분석해 보면, 한 객체를 구성하는 속성의 개수나 오퍼레이션의 개수가 각각 20여개를 넘는 경우는 매우 드물다. 예를 들어, 15개 정도의 속성과 15개 정도의 오퍼레이션을 가지고 있는 객체를 작성할 경우, 그 코드가 1,000 라인을 넘지 않는다. 이는 프로그래머가 프로그램 구조와 구성 요소를 머리 속에 기억할 수 있는 정도의 크기이다. 따라서 아무리 복잡한 프로그램이라고 해도 작은 크기의 객체 단위로 나누어서 개발할 수 있으므로, 객체지향 개발 방식은 대형 프로그램의 개발에도 효과적이다. 또한, 객체는 필요한 모든 것을 다 가지고 있는 덩어리로서 독립성이 높도록 설계되기 때문에, 잘 설계된 객체는 재사용의 기본 단위가 된다.

객체가 가지고 있는 속성은 그 객체의 상태(State)를 저장하는 데 사용되며, 객체의 오퍼레이션은 그 속성들의 값을 처리하여 필요한 기능성을 제공하는 데 사용된다. 예를 들어, 원을 나타내는 Circle 객체는 소스코드 2-1과 같이 정의할 수 있는데, 네 개의 속성들은 원의 상태를 유지하는 데 사용된다. 어떤 원 객체가 정의된 순서대로 200, 200, 50, blue라는 속성값을 가지고 있다면, 그것은 해당 객체의 현재 상태를 나타낸다. 즉, 현재 객체는 중앙점이 (200, 200)이고, 반지름이 50이며, 라인의 색상은 blue인 상태를 가지고 있다. resize( ) 오퍼레이션은 radius 속성에 새로운 반지름 값을 저장하며, 그 결과 객체의 상태가 변경된다.

소스코드 2-1 C++로 작성된 원 객체의 속성과 오퍼레이션

```
class Circle {
    int xPostion, yPosition;           // 중앙점을 저장하는 속성들
    int radius;                        // 반지름을 저장하는 속성
    colorType color;                   // 원의 색상을 저장하는 속성
public:
    boolean move (int x, int y);       // xPosition, yPosition 속성값을 변경함.
    boolean resize (int x);            // radius 속성값을 변경함.
    colorType getColor ( );            // color 속성값을 반환함.
    void setColor (colorType c);       // color 속성값을 변경함.
}
```

2.1.3. 객체의 예제

본 절에서는 객체의 여러 예제들을 살펴보며, 각 객체가 가지는 주요 속성들과 오퍼레이션들을 열거해 본다.

- **책 (Book)**

속성: 책 제목, 출판사, 출판연도, ISBN 번호, 구매일, 책 상태, …

오퍼레이션:

책 정보를 검색하다(Retrieve Book Info),

책 상태를 변경하다(Set Book Status), …

- **(전자상거래) 제품**

속성: 제품 이름, UPC 코드, 생산자, 생산일, 소매가, 판매가, …

오퍼레이션:

제품 정보를 생성하다(Add Product),

제품을 판매하다(Sell Product), ..

- **자동차**

속성: 자동차 모델, 자동차 고유번호(VIN), 자동차 번호, 연도, 주행거리, …

오퍼레이션:

연간 평균 주행거리를 계산하다(Compute Yearly Mileage),

자동차 번호를 교체하다(Change License Place Number), …

- **병원 진료**

속성: 환자, 진료의사, 진료일자, 증상, 검사, 진료비, 약처방, …

오퍼레이션:

환자를 진료하다(Treat Patient),

진료비를 계산하다(Compute Treatment Fee), …

위의 예제들을 통해 살펴본 것처럼, 각 객체는 소수 개의 속성들을 가지며, 이 속성값들을 사용하는 오퍼레이션들로 구성된다. 따라서 각 객체는 응집도(Coupling)가 높은 프로그램의 단위가 된다.

2.2. 객체의 조건

객체는 그림 2-2 와 같이 세 가지 조건을 모두 갖추어야 한다. 이 중에서 하나의 조건이라도 충족되지 않으면 객체의 역할을 다 하지 못하고, 객체지향 프로그래밍의 장점을 살릴 수 없다.

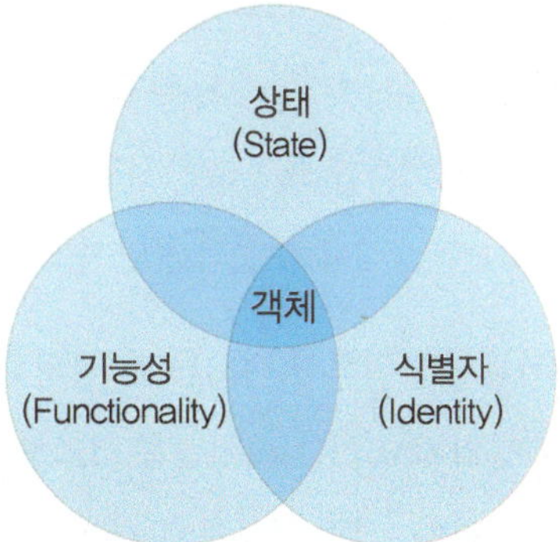

그림 2-2 객체가 되기 위한 세 가지 조건들

2.2.1. 조건 1. 상태 (State) 유지

객체는 현재 상태 정보를 저장하고 유지하여야 하며, 이를 위해서는 속성을 가져야 한다. 분석 설계 단계에서 사용하는 용어인 속성은 프로그래밍 언어의 변수로 구현된다. 속성이란 용어는 각 프로그래밍 언어에서 지원하는 제공되는 변수들의 데이터 타입과는 독립적인 모델링 단계에서 모델 수준의 정보 저장소를 표현하기 위해 사용된다.

객체의 상태는 객체에 포함된 속성들이 현재 가지는 값에 의해서 정해진다. 즉, 속성에 값을 저장함으로써 객체의 상태 정보를 유지하며, 속성의 값이 변경되면 그 객체의 상태도 변경된다.

속성의 개수는 객체마다 다를 수 있지만, 객체는 대부분 하나 이상의 속성을 가지고 있다. 속성이 전혀 없이 오퍼레이션만 정의되어 있으면 객체로 볼 수 없다. 잘 설계된 객체를 정의하기 위해, 객체가 나타내는 실세계의 대상을 분석하여, 객체의 상태를 나타내는데 필요한 속성들이 모두 도출되어야 한다.

2.2.2. 조건 2. 기능성 (Functionality) 제공

객체는 특정 기능성을 제공하는데, 이 기능성은 객체의 오퍼레이션들을 통해서 제공된다. 따라서 객체는 하나 이상의 오퍼레이션을 가지고 있어야 한다. 오퍼레이션이 전혀 없이 속성만 가지고 있다면 이는 객체가 아니라, 데이터 부분만 묶어 둔 C 언어의 struct 장치에 불과하다.

객체가 제공하는 기능성은 객체의 프로토콜, 객체의 책임(Responsibility), 또는 객체의 서비스라고도 표현한다. 이러한 표현들을 보면, 객체의 기능성은 객체의 외부, 즉 주변 객체들에 의해 호출(Invocation)되어 사용될 것임을 알 수 있다.

좋은 설계를 위해서 객체는 잘 정의된(Well-Defined) 오퍼레이션들을 가지고 있어야 한다. 즉, 각 객체가 가지고 있는 속성들을 처리하는 데 필요한 일체의 오퍼레이션들이 빠짐없이 정의되어 있어야 한다. 이는 대부분의 객체 속성들이 외부 객체로부터 직접적인 접근을 허용하지 않고 객체 내부의 오퍼레이션들에 의해서만 처리되기 때문이다. 잘 정의된 오퍼레이션들을 찾기 위한 방법은 제3장의 캡슐화의 원칙에서 상세하게 다룬다.

2.2.3. 조건 3. 고유의 식별자 (Identity) 제공

각 객체는 고유의 식별자가 부여되어야 한다. 좋은 객체의 세 번째 조건은 각 객체를 다른 객체와 구분할 수 있는 고유한 식별자(Unique Identity)가 있어야 한다는 것이다. 이는 객체는 동일한 집합의 속성과 오퍼레이션들을 가지고 있어도 다른 객체와 구분될 수 있어야 하기 때문이다. 예를 들어, 동일한 모델에 대한 여러 대의 자동차가 있어도, 각 자동차는 고유 식별자인 차대번호(Vehicle Identification Number, VIN)나 자동차에 부착된 차량 번호판(License Plate)으로 구별될 수 있는 것과 같다. 객체도 이와 같이 고유한 식별자를 가져야 하는데, 그 용도에 따라서 식별자의 형태가 다음과 같이 다양하다.

＊ 식별자 유형 1. 프로그램 세션 (Session) 내에서의 식별자

객체지향 프로그램 실행과 종료 사이의 기간인 한 프로그램 세션 동안에만 유효한 식별자가 있다. 이 식별자는 객체 생성자(Constructor)에 의해 생성되며, 각 객체가 생성될 때 일반 변수들처럼 객체의 이름을 정하면 된다. 예를 들면, c1이란 식별자를 가진 객체를 다음과 같이 생성한다.

```
Circle c1 (100, 100, 50);                // C++에서 객체 식별자 생성
Circle c1 = new Circle (100, 100, 50);   // Java에서 객체 식별자 생성
```

프로그램 세션 내에서의 식별자는 소멸자(Destructor) 내에서 또는 프로그램이 종료될 때 삭제된다.

＊ 식별자 유형 2. 영구 (Persistent) 식별자

프로그램 세션 내의 식별자는 프로그램 실행 세션이 종료되면 그 객체가 가지고 있는 내부 정보, 즉 상태 정보와 함께 지워진다. 그러나 어떤 객체들은 세션이 종료된 이후에도 그 상태값을 저장하고 이후 세션에서 그 상태값을 참조해서 기능성을 수행해야 하는 경우도 있다. 이러한 객체를 영구 객체(Persistent Object)라고 하며, 이런 객체들은 영구 식별자를 가져야 한다. 객체지향 프로그램에서 대부분의 객체들은 영구 객체

이며, 영구 식별자의 예는 다음과 같다.

- **은행 고객의 계좌 (Bank Account) 객체의 식별자**
- **전자상거래의 주문 (Order) 객체의 식별자**
- **병원진료 시스템의 환자 진료 (Treatment) 객체 식별자**

객체 영구성을 구현할 때 자주 사용되는 방법은 객체와 관계형 데이터베이스 간(Object Relational, OR)의 매핑이다. 이는 객체의 각 속성을 데이터베이스 테이블의 열(Column)에 매핑을 하고, 객체의 상태를 그 테이블의 행(Row)에 저장하는 방법이다.
영구 객체를 구현하기 위해서, 객체의 상태 정보를 영구 저장소나 데이터베이스에 저장하고 필요할 때 저장된 정보를 읽어 들여 객체의 상태를 복구해야 한다. 이때 영구 식별자가 필요하지만, 이는 객체지향 프로그래밍 언어 자체가 제공하지 않기 때문에 개발자가 이를 설계 구현하여야 한다.

개발자가 직접 영구 식별자를 구현하지 않고, 객체지향 미들웨어가 제공하는 영구 식별자 장치를 활용할 수 있다. Enterprise JavaBeans(EJB) 3.0의 경우, 데이터베이스 테이블과 매핑을 가지는 영구 객체를 구현하고 이를 참조하는 장치를 제공한다. 마이크로소프트의 .NET 프레임워크의 경우, Persistence API와 OR 매핑 장치를 통하여 객체의 영구성을 관리하고, 영구 식별자를 정의한다.

* 식별자 유형 3. 글로벌 식별자 (Global Identity)

프로그램 세션 내의 식별자나 영구 식별자는 별도의 미들웨어를 사용하지 않는 한, 한 컴퓨터 노드(Node) 안에서만 유효한 식별자다. 예를 들면, 서울에 있는 한 컴퓨터에 설치된 객체지향 프로그램 내의 객체 식별자는 해외에 있는 다른 어떤 컴퓨터에서는 그 효력을 상실한다. 이는 식별자가 현재 컴퓨터나 지역망의 범주를 가지고 있어서, 유효한 지역을 떠나면 글로벌하게 인식되지 않기 때문이다.

어떤 애플리케이션은 현재 컴퓨터 노드나 네트워크를 넘어서, 외부 컴퓨터나 해외 어떤 네트워크에서도 참조가 가능한 식별자를 필요로 한다. 예를 들면, 전 세계에 소포 및 택배를 배송하는 회사의 경우, 배송할 각 소포 및 택배를 나타내는 객체는 글로벌 식별자를 가져야 세계 여러 곳에 분산 설치되어 있는 배송 조회 애플리케이션에서 조회가 가능해진다. 자동차 분야에서 각 자동차를 글로벌하게 관리하기 위해서, ISO 3833에 정의되어 있는 VIN 체계를 사용하고 있다.

객체의 글로벌 식별자는 이미 정의된 표준을 사용하거나, 시스템 별로 자체적으로 정의한 식별자 체계를 사용하면 된다. 대표적인 표준 식별 체계로는 Universally Unique Identifier (UUID)의 일환인 Globally Unique Identifier (GUID) 등이 있다.

2.2.4. 세 가지 조건을 갖춘 객체의 예제

그림 2-3은 앞의 세 가지 조건을 갖춘 객체의 예로 원 객체를 정의한 것을 보여준다. 원의 중심(Center)과 반지름(Radius)을 나타내기 위해 세 개의 속성이 정의되었으며 이들은 원 객체의 상태를 나타낸다. 또한, 이 객체는 세 가지 오퍼레이션들을 통하여 그 기능성을 제공한다. 즉, 원의 중심을 이동하는 move() 오퍼레이션, 반지름을 설정하는 changeRadius() 오퍼레이션, 그리고 원의 넓이를 계산하는 computeArea( ) 오퍼레이션이 있다. 생성된 원 객체를 참조하기 위해 myCircle 식별자가 사용되고 있다.

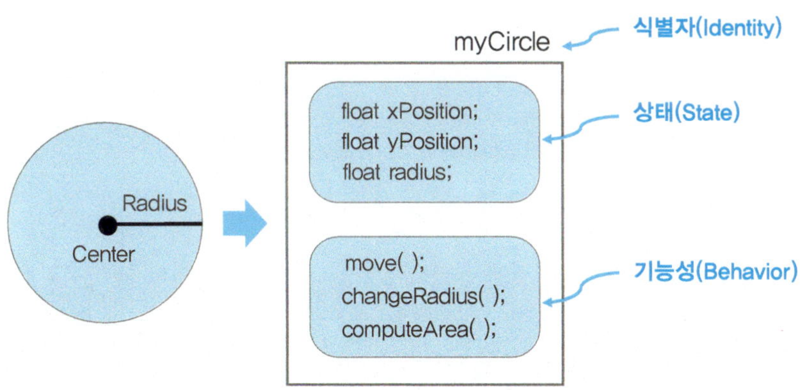

그림 2-3 세 가지 조건을 갖춘 원(Circle) 객체

2.3. 물리적 객체와 개념적 객체

2.3.1. 물리적 객체 (Physical Object)

객체지향 패러다임을 적용하여 소프트웨어를 개발할 때, 문제 영역에 있는 객체들을 먼저 식별하고, 이를 설계 및 구현한다. 따라서 개발 초기에 필요한 객체를 정확히 찾아야 하며, 객체의 두 가지 분류를 이해하는 것은 객체 식별에 큰 도움이 된다.

물리적 객체는 문제 영역에서 눈으로 식별하거나, 직접 만져볼 수 있는 형태를 갖춘 대상을 나타낸다. 다음은 다양한 문제 영역에서 전형적으로 식별될 수 있는 물리적 객체들의 예이다.

- **도서 대출 시스템** (Library Loan Management System)

  책, 잡지, 논문, 직원, 이용자, 오디오북 CD 등

- **전자상거래 시스템** (eCommerce System)

  물품, 창고, 회원, 직원, 납품 회사 등

- **호텔 예약 체크인 시스템** (Hotel Reservation & Check-in System)

  방, 로비, 레스토랑, 체육실, 세탁장, 고객, 직원 등

- **자동차 대여 시스템** (Car Rental System)

  자동차, 사업장, 고객, 직원 등

- **진료 관리시스템** (Treatment Management System)

  의사, 간호사, 진료실, 검사실, 약 등

이처럼, 물리적인 객체는 문제 영역에서 실제 공간을 차지하고 있어서 보거나 만질 수 있기 때문에 식별하기 쉽다.

2.3.2. 개념적 객체 (Conceptual Object)

개념적 객체는 물리적인 형태를 가지고 있지 않으며 문제 영역의 업무를 수행하는 과정에서 생성되는, 즉 비즈니스 프로세스 처리의 결과물을 나타낸다. 전산 시스템은 각 기관의 고유 업무에 해당되는 여러 개의 비즈니스 프로세스들을 구현하는 장치라고 할 수 있다. 예를 들면, 도서 대출 시스템의 경우, 다양한 서적을 구매하고, 예약하고, 대출하고, 반납하는 등의 비즈니스 프로세스들을 가지고 있다. 이러한 비즈니스 프로세스를 실행하고 난 후, 그 결과는 개념적 객체에 저장되고 처리된다. 그림 2-4는 비즈니스 프로세스, 물리적 객체, 개념적 객체 간의 관계를 보여준다.

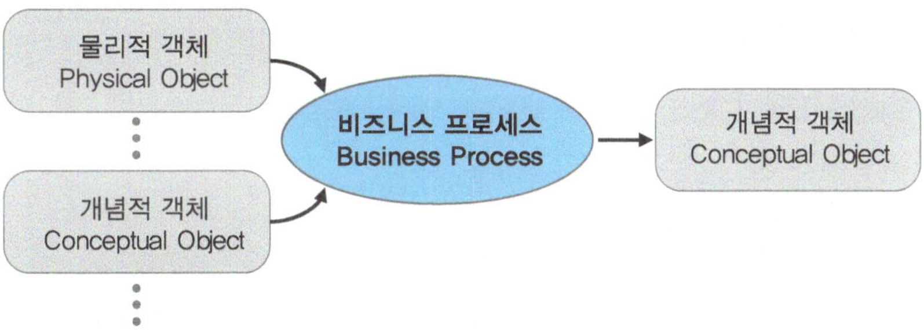

그림 2-4 비즈니스 프로세스와 객체 간의 관계

하나의 비즈니스 프로세스는 대부분의 경우 여러 물리적인 객체들 또는 개념적 객체들을 함께 사용하여 해당되는 업무를 처리한다. 이때, 그 처리된 결과는 개념적 객체에 저장된다. 일부 비즈니스 프로세스는 업무 처리를 위해 물리적 객체뿐 아니라 개념적 객체 정보도 사용하며, 업무 처리 결과가 개념적 객체뿐 아니라 물리적 객체에도 일부 저장될 수 있다.

그림 2-5의 예제처럼, 자동차 대여 시스템의 '차를 대여하다' 라는 비즈니스 프로세스는 고객과 자동차라는 물리적 객체들을 사용하여 대여 업무를 처리하며, 그 결과는 '대여' 라는 개념적 객체에 저장된다. 따라서 이 객체는 대여의 결과물을 저장할 수 있는 충분한 속성들을 가지고 있어야 하는데, 대여를 한 고객, 대여된 자동차, 대여 일, 반납 예정일, 실제 반납일, 대여 금액, 지불한 금액, 보험내역 등이 그 속성의 예이다. 이처럼 '대여' 와 같은 개념적 객체는 해당 비즈

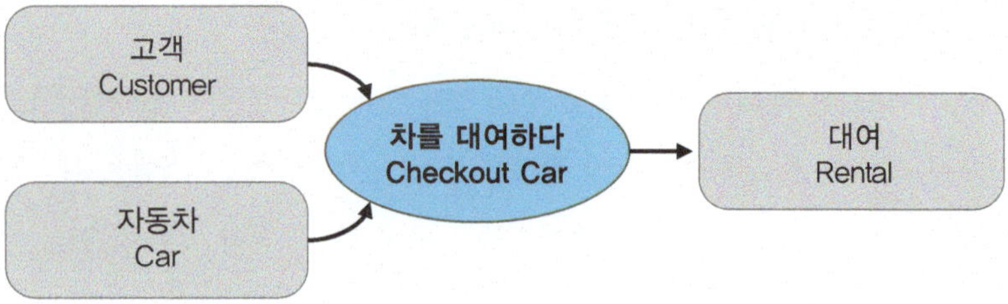

그림 2-5 비즈니스 프로세스와 객체 간의 관계 예제

니스 프로세스를 실행한 결과물을 저장한다.

다양한 도메인에서 전형적으로 식별될 수 있는 개념적 객체를 더 살펴본다.

- **도서 대출 시스템 (Library Loan Management System)**

  도서 예약(Reservation), 도서 대여(Loan) 등

- **전자상거래 시스템 (eCommerce System)**

  주문(Order), 결제(Payment), 배송(Delivery) 등

- **호텔 예약 체크인 시스템 (Hotel Reservation & Check-in System)**

  방 예약(Reservation), 입실(Check-in), 룸서비스 내역 등

- **자동차 대여 시스템 (Car Rental System)**

  자동차 예약(Reservation), 자동차 대여(Rental) 등

- **진료 관리시스템 (Treatment Management System)**

  예약(Reservation), 진료(Treatment), 검사(Medical Test), 처방 등

이러한 개념적 객체의 특징으로 인해, 비즈니스 업무 활동의 통계 및 결과 보고서는 관련된 개념적 객체들의 정보를 검색하고 통계 처리함으로써 쉽게 생성할 수 있다. 예를 들어, 월간 도서 대출 실적보고서를 생성하려면, 개념적 객체의 종류인 '도서 대여(Book Loan)' 객체들 중에서 해당되는 월에 생성된 객체들만 통계 처리하면 된다.

2.4. 본 장의 정리

본 장에서는 객체의 정의를 두 가지 관점에서 살펴보았다. 실세계 관점에서 객체는 문제 영역에 존재하는 어떤 물건, 개념, 덩어리를 나타낸다. 문제 영역에 대한 정확한 이해가 있어야 객체들을 정확히 도출할 수 있다.

프로그램 구조 관점의 객체는 관련된 속성들과 이를 처리하는 오퍼레이션들의 집합으로 정의된다. 이런 그룹핑 장치는 C언어 등 절차적 언어에서는 제공되지 않는다.

객체지향 패러다임의 장점을 살리기 위해서는 세 가지 조건을 만족하는 객체를 정의하여야 한다. 즉, 객체는 상태 정보를 유지하기 위한 속성을 가져야 하며, 각 객체에게 요구되는 기능성을 처리하기 위한 오퍼레이션들을 가져야 하며, 생성된 객체는 고유의 식별자를 가져야 한다. 이 중 어떤 조건이라도 충족되지 않으면, 객체로서의 역할을 수행할 수 없다.

주어진 문제 영역의 객체들은 물리적 객체와 개념적 객체로 분류된다. 물리적 객체는 눈으로 볼 수 있고 만질 수도 있는 물리적인 실체임에 비해, 개념적 객체는 비즈니스 프로세스의 실행 결과를 저장하기 위한 논리적 객체이다. 대부분의 경우, 한 비즈니스 프로세스가 여러 개의 물리적 객체들을 사용하여 업무를 처리한 후, 그 결과는 개념적 객체에 저장된다.

연습문제

1. 객체는 문제 영역에 있는, 즉 실세계에 존재하는 어떤 대상을 나타낸다. 문제 영역에 있는 대상인데도 개발자가 발견하지 못하여 객체로 도출하지 못한 경우 어떤 문제가 발생하는가? 또한, 문제 영역에는 원래 없는데 개발자가 인위적으로 도출된 객체가 있을 경우 어떤 문제가 발생하는가?

2. 프로그램 구조 관점에서 객체는 C 언어의 struct 구조체와는 달리 속성들 뿐 아니라 관련된 오퍼레이션들도 포함하고 있다. 이런 객체가 struct 장치와 비교해 어떤 장점이 있는가?

3. 객체가 가지는 상태 정보를 저장하고 관리하기 위해서 속성을 사용한다. 객체의 상태와 이 상태를 유지하기 위한 속성은 어떻게 관계를 가지는가?

4. 객체는 상태를 유지하기 위해 속성을 가지고, 이 속성 정보를 처리하는 기능성을 가진다. 이 속성과 기능성은 어떤 관계인가?

5. 프로그램 세션 내의 식별자가 가지는 한계점을 두 가지 쓰시오.

6. 객체의 영구 식별자와 글로벌 식별자는 각각 다른 용도로 사용된다. 어떤 경우에 영구 식별자만 사용하는가? 어떤 경우에 글로벌 식별자만 사용하는가? 어떤 경우에 한 객체 안에 영구 식별자와 글로벌 식별자를 모두 사용해야 하는가?

7. 물리적 객체를 전혀 필요로 하지 않고, 개념적 객체만 사용하는 객체지향 프로그램의 예를 드시오. 또한, 그 반대의 경우에 해당되는 프로그램의 예를 드시오.

8. 비즈니스 프로세스의 결과를 물리적 객체에 저장하지 않고, 대부분 개념적 객체에 저장하는 이유는 무엇인가?

9. 객체지향 프로그램이 운영될 때, 물리적 객체 및 개념적 객체 중에서 일반적으로 어떤 종류의 객체가 더 많이 생성되는지 쓰고, 그 이유를 설명하시오.

제 3 장

캡슐화 (Encapsulation)

*** 본 장의 목표**

- 잘 설계된 객체를 정의하기 위한 원칙인 캡슐화를 이해하고, 이 원칙의 중요성과 장점을 알아본다.
- 캡슐 안에 포함되는 속성과 오퍼레이션 간의 상호 관련성에 대해 학습한다.
- 객체가 가지고 있는 오퍼레이션들의 종류를 학습하여, 이를 오퍼레이션 도출 및 정의에 활용하도록 한다.

3.1. 실세계에서의 캡슐화 원칙

캡슐화의 개념은 프로그래밍뿐 아니라, 생활 속에서 집, 학교, 회사 등의 다양한 조직을 구성하는 데 오래 전부터 적용되어 온 보편적인 사고 방식이다.

3.1.1. 집 공간에서의 캡슐화

우리가 생활하는 집은 여러 공간으로 이루어져 있으며, 각 공간은 필요한 시설(Facility)과 이 시설을 사용하는 용도(Usage)를 가지고 있다. 예를 들면, 집에는 거실, 침실, 부엌, 욕실, 서재 등이 있으며, 표 3-1은 각 공간의 시설과 용도를 나타낸다.

거실은 가족모임, TV 시청, 휴식 등의 고유한 용도로 사용되며, 이 용도에 맞게 필요한 시설로 소파, TV 등을 가지고 있다. 즉, 거실은 필요한 시설물들을 한 공간에 모아두고, 그 공간에서 거실의 용도에 맞게 사용될 수 있도록 구성되어 있다. 거실은 필요한 시설과 이 시설을 사용하는 용도로 이루어진 캡슐이라 볼 수 있다. 침실, 부엌 등 다른 공간들도 각각 용도를 고려하여 필요한 시설들을 배치시킨 캡슐 단위이다.

만일 캡슐화 원칙을 고려하지 않고 집 내부를 구성하면, 어떤 문제가 생길까? 부엌에는 부엌

표 3-1 집의 방 별 구성요소

	시설 (Facility)	용도 (Usage)
거실	소파, TV, 오디오, 전화 등	가족모임, TV시청, 음악감상 등
침실	침대, 옷장, 거울, 화장대 등	수면, 의류착용, 화장 등
부엌	조리도구, 그릇, 음식, 냉장고 등	음식 조리, 음식 보관, 세척 등
욕실	세면대, 샤워기, 수건류, 변기 등	세면, 샤워, 변기사용 등
서재	책상, 의자, 책, 스탠드 등	학습, 독서 등

관련 시설물들이 있는데 이곳을 샤워하는 용도로 사용하거나, 침실에는 침구 등이 있는데 이곳에서 음식을 조리하는 용도로 사용한다면, 생활이 비효율적이고 불편해진다. 이런 비효율성과 불편함은 연관성이 높은 시설물과 용도를 한 장소에 모아두지 않음으로 인해 생긴 문제이다. 이처럼 집의 모든 공간은 캡슐화의 개념을 적용하여 구성하여야 한다.

집의 예제에서 시설은 객체의 속성 부분에 해당되며, 용도는 객체의 기능성을 제공하는 오퍼레이션 부분이 된다. 객체지향 프로그래밍에서는 관련된 속성들과 오퍼레이션들을 하나의 캡슐로 묶어서 사용한다.

3.1.2. 회사 공간에서의 캡슐화

회사는 회계팀, 홍보팀, 개발팀, 영업팀 등 여러 부서들로 구성되어 있다. 각 팀은 고유의 업무를 수행하며, 그 업무 수행에 필요한 서류와 집기들을 팀 내부에서 관리한다. 예를 들면, 회계팀은 회계 관련 업무를 수행하면서, 회계 업무와 관련된 여러 서류나 자료들을 가지고 있다. 개발팀은 개발 관련된 업무를 수행하면서, 개발에 필요한 여러 장비들과 자료들을 관리한다.

회계팀이 필요로 하는 회계 서류를 개발팀에 보관하지는 않는다. 개발팀이 필요로 하는 서류를 회계팀의 회계 업무 수행에 사용하지는 않는다. 회사의 조직도 캡슐화의 원칙을 적용하여, 관련된 서류와 업무를 한 곳에서 관리하고 수행하도록 구성한다.

집, 회사뿐 아니라 모든 생활과 사회 공간에서 캡슐화 개념을 적용하여 관련된 구성요소들을 한 곳에 모아두고 그곳에서 관련된 업무를 수행하도록 구성하는 것은 매우 보편적이다.

3.2. 객체의 캡슐화 원칙

집이나 회사에서 적용한 캡슐화 개념이 객체지향 패러다임에도 그대로 적용된다. 객체지향 패러다임의 캡슐화는 연관된(Related) 속성들과 연관된 오퍼레이션들을 하나의 단위인 객체로

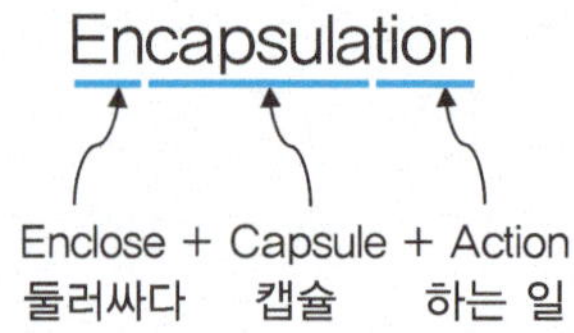

그림 3-1 캡슐화의 의미

묶어서 정의하는 원칙이다. 캡슐화의 영어 단어인 Encapsulation은 그림 3-1과 같이 세 단어로 이루어져 있다.

그림처럼, 캡슐화는 관련된 항목들을 캡슐로 둘러싸고 있다는 의미를 가진다. 그림 3-2는 의약품 캡슐과 객체 캡슐을 보여준다. 의약품 캡슐은 특정 질병을 낫게 하는 여러 입자들로 구성되어 있고, 각 입자들은 질병을 유발하는 원인들을 제거하는 역할을 한다. 객체도 마찬가지로, 객체가 특정 기능을 제공하는 데 필요한 속성 및 오퍼레이션을 한 캡슐에 모아서 정의해야 한다.

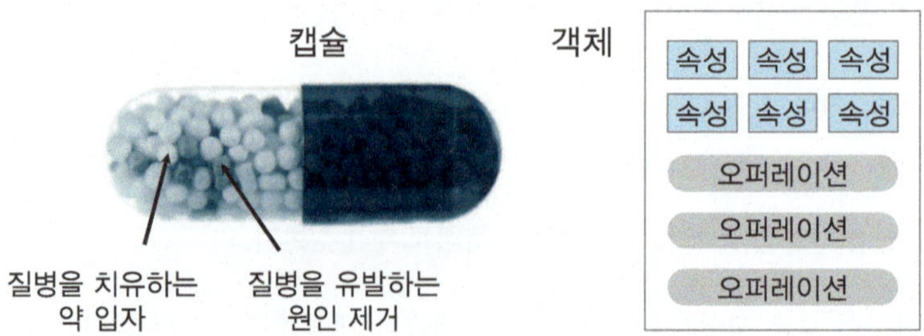

그림 3-2 의약품 캡슐과 객체 캡슐

3.3. 객체 안의 관련성 (Dependency) 종류

객체는 관련된 속성들과 오퍼레이션들을 모아놓은 캡슐인데, 여기서 관련이 있다는 것이 구체적으로 무엇을 의미하는지 살펴본다. 객체의 관련성은 그림 3-3과 같이 세 가지의 종류가 있다.

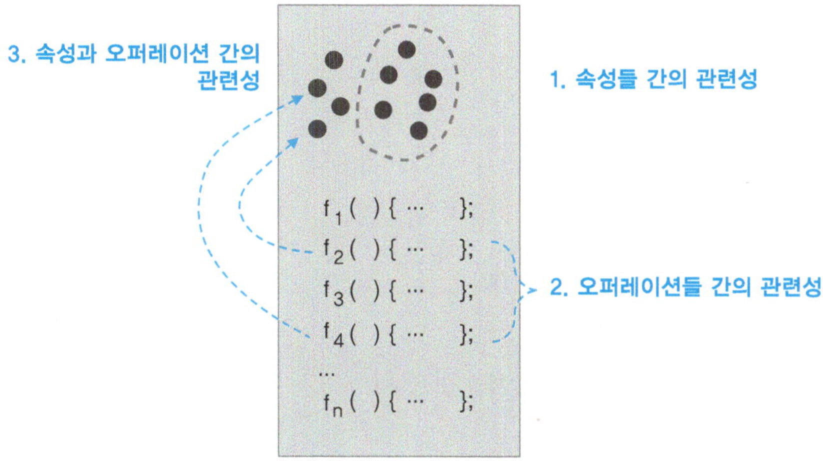

그림 3-3 객체 안의 세 가지 종류의 관련성

3.3.1. 속성들 간의 (Inter-Attributes) 관련성

객체는 관련이 있는 여러 속성들로 구성되어야 하는데, 이 속성들 간의 관련성은 두 가지 형태로 나타난다.

*** (유형 1) 상태 유지 완전성 관점의 관련성**

객체는 그 상태 유지를 위해 필요한 속성들의 완전한 집합을 가져야 한다. 따라서 한 객체가 가지는 속성들은 모두 모여서 그 객체의 상태를 유지하기 위한 정보 저장소(Storage)를 구성하는 관계를 가지고 있다.

예를 들면, 원(Circle)이란 도형 객체의 상태를 유지하기 위해서 x, y 라는 중심점 좌표, radius 라는 반지름, color 라는 선 색상이 필요하며, 이들은 원 객체의 정보 저장소를 구성한다. 이 중에서 radius라는 속성이 누락되어 있다면 원의 상태를 기록 유지할 수 있는 저장소가 완전히 정의되지 못한 것이다. 따라서 x, y, radius, color 등 이 모든 속성들은 이 객체의 상태 유지를 위해 하나의 완전한 집합을 구성하는 역할과 관계를 가진다.

```
class Circle {
  float x, y;              // 원의 중심점 좌표
  float radius;            // 원의 반지름
  ColorType color;         // 선 색상
  …
}
```

＊ (유형 2) 속성들 간 의존성 관점의 관련성

한 객체 안에 속한 속성들끼리 서로 관계가 있는 경우가 있다. 원의 예를 보면, x와 y는 둘이 모여야만 원의 중앙점을 나타낸다. x나 y 둘 중 하나만으로 원의 중앙점을 나타내기에 충분하지 않다. 따라서 x와 y의 속성들은 서로 관련이 있고 이 둘 모두 객체 안에 포함되어야 한다.

또 다른 예로, 자동차 대여 정보를 저장하는 Rental 객체의 경우, 차를 대여한 날짜를 나타내는 dateCheckOut이라는 속성이 정의되어 있으면 이와 관련된 차를 반납한 날짜를 나타내는 dateCheckIn이라는 속성 역시 필요하다. 차를 대여한 날짜를 기록할 속성이 있는데, 차를 반납한 날짜를 기록할 속성이 없다면 Rental 객체의 상태를 유지할 저장소가 완전히 정의되지 않은 것이다.

이렇게 여러 속성들 간의 관련성을 고려하면 객체 안에 들어갈 속성들을 보다 완전히 식별할 수 있다.

3.3.2. 오퍼레이션들 간의 (Inter-Operations) 관련성

속성 외에 객체는 관련이 있는 여러 오퍼레이션들로 구성되어야 하는데, 한 객체 안에 있는 오퍼레이션들 간의 관계는 다음과 같이 두 가지 유형으로 나타난다.

∗ (유형 1) 기능성 유지 완전성 관점의 관련성

객체 전체의 시각에서 보면, 객체 안에 정의된 모든 오퍼레이션들의 집합은 그 객체가 가지고 있는 전체 기능성을 나타내어야 한다. 즉, 객체가 제공해야 하는 기능성은 그 객체의 오퍼레이션들을 통해서 실현된다. 전체 기능성 중에서 어떤 부분의 기능을 실행하는 오퍼레이션이 없다면, 객체의 설계가 미흡한 것이다. 예를 들면, 원이라는 객체의 기능성이 원의 생성, 원의 삭제, 원의 이동, 원 크기 확대, 원 크기 축소, 원의 선 색상 변경으로 이루어져 있으면, 이 각각의 기능을 실행시킬 수 있는 오퍼레이션들이 모두 식별되고 포함되어야 한다.

∗ (유형 2) 기능 간 의존성 관점의 관련성

한 객체 안에 포함된 여러 오퍼레이션들 간에 관련성이 있는 경우가 있다. 원의 경우를 보면, '생성' 오퍼레이션과 '삭제' 오퍼레이션은 원의 수명을 다루는 기능 측면과 관련이 있고, '확대' 오퍼레이션과 '축소' 오퍼레이션은 원의 크기 조정과 관련이 있다. 또한, 자동차 Rental 객체의 경우, 차 대여와 차 반납은 서로 관련 있는 기능들이다. 관련된 오퍼레이션들 중에 일부를 누락해서 객체를 설계하면, 객체의 원래 기능성을 완전히 제공하지 못하게 된다.

이렇게 두 가지 형태의 오퍼레이션 간의 관련성을 고려하면 객체 안에 포함될 모든 오퍼레이션을 보다 효과적으로 식별할 수 있다.

3.3.3. 속성과 오퍼레이션 간의 (Attribute to Operation) 관련성

한 객체 안에 정의된 속성과 오퍼레이션 간에는 밀접한 관련성이 있다. 객체지향 프로그래밍은 전역 속성을 사용하지 않고, 각 객체의 상태를 유지하기 위한 속성들이 해당 객체 내부에 정의된다. 또한, 이런 속성들은 동일한 객체 안에 정의된 오퍼레이션들에 의해 처리(Manipulation) 된다. 따라서 속성과 오퍼레이션 간에는 다음과 같은 유형의 관련성이 존재한다.

*** (유형 1) 속성 별 처리해야 할 오퍼레이션의 관점**

객체 안의 각 속성을 처리하는 오퍼레이션들이 동일한 객체 안에 존재해야 한다. 어떤 속성이 선언되어 있으나 이를 처리하는 오퍼레이션이 없으면 불필요한 속성을 선언했거나 이를 처리하는 오퍼레이션을 누락한 것이다.

*** (유형 2) 오퍼레이션이 사용하는 속성 및 데이터의 관점**

객체 안의 오퍼레이션은 동일한 객체 안의 속성들을 처리해야 하며, 다른 객체에 정의된 속성을 직접 처리하면 안 된다. 물론 오퍼레이션 실행에 필요한 데이터는 매개변수, 사용자 입력, 데이터베이스, 네트워크를 통해 전달받을 수 있다. 이러한 형태로 구해지는 데이터가 아니면 동일한 객체의 속성들만 처리하도록 설계해야 객체의 모듈성이 높아진다.

그림 3-4의 원 객체 정의를 살펴보면, 위에서 설명한 객체의 세 가지 종류의 관련성을 확인해 볼 수 있다. 즉, xPoisition과 yPosition이 속성들 간의 관련성에 의해 도출되었고, getColor( )와 setColor( )가 오퍼레이션 간의 관련성을 고려하여 도출되었으며, radius와 resize( )는 속성과 오퍼레이션 간 관련성으로 정의된 것이다. 이처럼, 객체 안에 속한 구성요소들은 서로 밀접한 관계가 있다.

객체 안의 항목들 간의 세 가지 관련성을 이해하면, 객체를 식별하고 객체의 속성들과 오퍼레이션들을 효과적으로 식별할 수 있다.

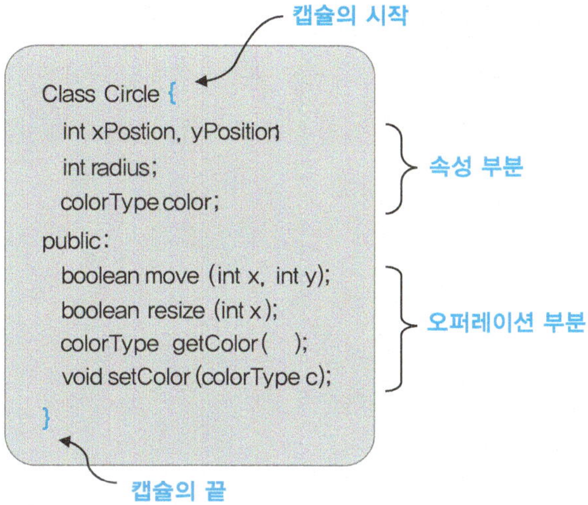

그림 3-4 객체지향 언어의 캡슐장치

3.4. 캡슐화 언어 장치

C++나 Java 등 대부분의 객체지향 언어에서는 중괄호, 즉 '{' 부호와 '}' 부호 사이에 관련된 속성들과 오퍼레이션들을 캡슐화시켜 정의한다. 그림 3-4의 원(Circle) 객체 정의를 보면, 열린 중괄호가 캡슐의 시작점이고, 닫힌 중괄호가 캡슐의 끝나는 점을 나타낸다. 이 캡슐 안에 필요한 속성들과 오퍼레이션들을 정의한다.

3.5. 오퍼레이션의 종류

객체 안에 포함된 오퍼레이션들은 그 용도에 따라서 다음과 같이 분류될 수 있다. 이 분류 체계를 이해하면, 객체가 필요로 하는 오퍼레이션들을 찾는 데 도움이 된다.

3.5.1. Getter, Setter 오퍼레이션

객체에 포함된 속성들은 대부분 객체 내부에서만 접근할 수 있도록 외부로부터 감추어져 있다. 이렇게 감추어진 속성들은 외부 객체가 직접 접근할 수 없다. Getter와 Setter 오퍼레이션들은 이런 속성들을 객체의 외부에서 간접적으로 접근할 수 있게 하는 용도로 사용된다. 예를 들면, private int x; 라고 선언된 속성 'x' 에 대해서 다음과 같이 Getter와 Setter 오퍼레이션들을 정의할 수 있다.

```
public int get_x( );
public void set_x (int xx);
```

이때 get_x( ) 오퍼레이션은 'x' 의 값을 외부로 전달해 주고, set_x(int xx) 오퍼레이션은 입력 매개변수인 'xx' 의 값이 유효하면 'xx' 값을 'x' 에 저장하는 역할을 한다.

3.5.2. 데이터 처리의 CRUD 오퍼레이션

데이터의 종류에 상관없이, 각 데이터를 처리하는 오퍼레이션들은 Create, Retrieve, Update, Delete(CRUD)의 네 가지로 구분된다. 그러므로 객체 내에 정의된 각 속성 별로 CRUD를 고려하면 필요한 오퍼레이션들을 효과적이며 체계적으로 찾을 수 있다.

그림 3-5는 도서 대출 시스템의 회원(Member) 객체가 가지고 있는 전화번호라는 속성/데이터에 대해 CRUD를 고려하여 도출한 오퍼레이션을 보여준다.

```
AddPhoneNumber( );       // 'C'reate 적용
GetPhoneNumber( );       // 'R'etreive 적용
ChangePhoneNumber( );    // 'U'pdate 적용
RemovePhoneNumber( );    // 'D'elete 적용
```

그림 3-5 '전화번호' 속성에 대한 CRUD 오퍼레이션

데이터 항목에 CRUD 오퍼레이션들이 반드시 있어야 하는 것은 아니고, 요구사항에 따라 CRUD 중 일부만 적용될 수 있다. 또한, CRUD의 각각에 대해서 반드시 하나의 오퍼레이션만 도출되는 것이 아니라, 여러 개의 오퍼레이션들이 정의될 수 있다.

3.5.3. 비즈니스 고유 (Business Intrinsic)의 오퍼레이션

한 객체는 일반적으로 여러 개의 오퍼레이션들을 가진다. 이 중 일부 오퍼레이션들은 그 객체의 비즈니스 고유(Business-Intrinsic) 업무를 처리하는 목적으로 정의된다. 이런 오퍼레이션들은 단순한 Getter, Setter가 아니라, 그 해당 객체가 비즈니스 도메인에서 반드시 수행해야 하는 그 객체 고유의 기능을 제공한다. 예를 들면 다음과 같다.

- **자동차 대여 시스템의 Rental (대여) 객체**

```
checkOutCar( );        // 차를 대여하다.
returnCar ( );         // 차를 반납하다.
calculateFee( );       // 대여료를 계산하다.
```

좋은 객체는 비즈니스 고유의 오퍼레이션을 잘 정의하고 있어야 하며, 이런 오퍼레이션들은 대부분 그 객체의 상태를 변경시킨다. 즉, 객체의 속성 값을 변경하는 결과를 가진다.

3.5.4. 객체의 생명주기 처리의 오퍼레이션

객체의 생명주기란 객체가 생성되어 삭제되기 전까지의 전 기간을 의미한다. 객체의 생명주기를 다루는 오퍼레이션은 다음과 같이 나누어진다.

*** 객체를 생성하는 오퍼레이션 (Constructor)**

프로그램 내에서 객체를 생성하는 오퍼레이션, 즉 생성자로서 메인 메모리 상에 객체의 저장소 공간을 할당하고, 객체의 상태를 초기화한다.

*** 객체를 삭제하는 오퍼레이션 (Destructor)**

생성되어 있는 객체를 메인 메모리에서 지우는 오퍼레이션, 즉 소멸자로서 객체가 가지고 있는 여러 자원(Resource)을 반환하고 해당 객체를 메인 메모리에서 삭제한다.

*** EJB, .NET 등의 미들웨어에서 객체 인스턴스를 관리하는 오퍼레이션**

객체지향 미들웨어를 사용하면 효율적인 객체 관리를 위해서 객체 풀(Object Pool)을 사용한다. 이에 따라 미들웨어가 제공하는 객체 생성 및 삭제 오퍼레이션을 사용해야 한다. 객체지향 언어의 생성자와 소멸자를 사용하지 않고 미들웨어를 사용해서 객체의 수명을 관리할 때는 객체 풀(Object Pool) 관리 등 미들웨어가 제공하는 유용한 기능을 활용할 수 있다.

3.5.5. 객체의 영구성 (Persistency) 관리의 오퍼레이션

객체의 영구성을 관리하기 위한 가장 보편적인 방법은 객체의 상태를 데이터베이스 테이블에 저장하는 것이다. 이때 사용되는 오퍼레이션들의 용도는 객체 상태를 데이터베이스에 저장하고, 데이터베이스에 저장된 객체의 상태를 불러와서 객체를 복구하는 일이다.

데이터베이스는 대부분 권한이 있는 접근만 허용하기 때문에, 이런 오퍼레이션들은 외부에 직접 노출되지 않고, 객체 내부의 다른 오퍼레이션들이 객체 상태를 저장하거나 복구할 때에 호출할 수 있도록 'private' 으로 정의한다. 즉, 객체의 영구성을 처리하는 오퍼레이션들은 객체 외부에서 노출되지 않고, 그 객체 내부의 다른 오퍼레이션들에 의해 호출되어 영구성 관리에 사용된다.

3.5.6. 오퍼레이션의 분류의 활용

객체의 오퍼레이션 종류를 이해하면, 객체 별로 필요한 오퍼레이션을 효과적으로 도출할 수 있다. 객체가 모든 종류의 오퍼레이션을 가져야 하는 것은 아니지만, 개발자가 각 종류 별로 필요한 오퍼레이션이 무엇인지 판단할 수 있다.

한 오퍼레이션이 위에서 분류한 종류 중에서 한 종류에만 속할 필요는 없다. 앞의 오퍼레이션의 분류는 그 용도 별로 나눈 것이므로, 한 오퍼레이션이 여러 용도로 사용되도록 정의되었다면 여러 분류에 속할 수 있다. 예를 들어, registerMember( )는 데이터 처리의 'C reate에 해당하는 오퍼레이션인 동시에 객체 생성을 처리하는 오퍼레이션에 해당된다.

3.6. 캡슐화의 장점

3.6.1. 프로그램의 추상화 수단 제공

객체지향 패러다임의 캡슐화는 대상 프로그램에 대한 추상화(Abstraction) 수단을 제공한다. 즉, 프로그램 안에 어떤 속성들과 오퍼레이션들이 있는지 구체적으로 이해할 필요 없이, 캡슐화된 객체의 단위로 목표 프로그램을 분석 및 설계할 수 있게 한다. 이는 전산학에서 오래 전부터 연구되어 온 추상 데이터 타입(Abstract Data Type, ADT)의 장점과 동일하다. 특히, 대형 프로그램일수록 많은 숫자의 속성들과 오퍼레이션들을 이해하고 도출하는 것이 어려운 작업이다. 이때, 객체 단위로 요구사항을 분석하고, 이후 각 객체 별로 속성 및 오퍼레이션을 정의하면 보다 효율적으로 목표 시스템을 개발할 수 있다.

3.6.2. 높은 재사용성 제공

소프트웨어 재사용은 비용 절감을 위한 매우 효과적인 방법이다. 객체지향 패러다임의 객체는 설계 및 코드 재사용하는 기본 단위가 된다. 한 객체에는 관련된 속성 및 오퍼레이션이 모두 캡슐화 형태로 정의되어 있으므로, 객체의 모듈성(Modolarity)과 응집도(Cohesion)가 높아진다. 즉, 캡슐화 원칙을 준수하여 설계된 객체는 재사용성이 높아진다.

절차적 프로그램의 한 함수를 재사용하려고 하면, 그 함수가 사용하는 전역 변수 및 다른 함수들을 파악하고, 이를 함께 재사용해야 한다. 이때 재사용하려는 함수와 관련된 다른 요소들이 그 함수와 함께 있지 않고 다른 파일이나 외부에 있을 수 있기 때문에, 재사용 효율성이 떨어진다. 객체지향의 캡슐화는 이런 절차적 프로그램의 문제를 근본적으로 해결하는 장치이다.

3.6.3. 유지보수 효율성 향상

프로그램 유지보수란 이미 작성되어 있는 프로그램에 새로운 기능을 추가하거나 기존의 기능을 변경하는 작업을 의미한다. 객체지향 프로그램은 객체 단위로 설계 구현되며, 각 객체는 관련된 모든 속성들과 오퍼레이션들을 한 캡슐에 포함하고 있다. 그렇기 때문에, 객체지향 프로그램을 유지보수할 때, 수정 대상이 되는 특정 객체만 수정하면 된다.

절차적 프로그램을 유지보수할 때, 전역 변수를 공유하는 여러 함수들 간의 의존 관계로 인해, 즉 스파게티 코드의 구조로 인해, 유지보수 노력과 비용이 상당히 높다. 대표적으로 유지보수의 어려움과 비용 문제는 많은 기관들이 2000년 문제(Year 2000, Y2K Problem)를 통해서 이미 경험을 하였다.

3.7.
본 장의 정리

본 장에서는 객체의 캡슐화 장치를 학습하였다. 캡슐화는 실세계에서 이미 오래전부터 존재하는 매우 익숙한 개념으로, 복잡한 개념을 보다 쉽게 조직화하기 위해 효과적으로 사용된다. 객체지향 캡슐화는 관련된 속성들과 오퍼레이션들을 한 단위에 그룹핑하는 장치이다.

캡슐화 원칙에서 가장 중요한 키워드인 '관련된'에 대한 의미를 정확하게 파악하기 위해, 객체 안에 정의된 속성과 오퍼레이션 간의 세 가지 유형의 관련성을 살펴보았다. 이런 관련성을 고려하여 속성 및 오퍼레이션을 모두 식별해야 모듈성과 재사용성이 높은 객체의 설계가 가능해진다.

또한, 객체가 가져야 하는 오퍼레이션들의 종류를 다섯 가지로 나누어서 알아보았다. 오퍼레이션의 종류를 이해하고 있으면 오퍼레이션 도출 및 검토를 효과적으로 수행할 수 있다. 마지막으로, 캡슐화의 장점인 추상화, 재사용성 향상, 유지보수성 향상에 대해서 알아보았다.

— 연습문제 —

1. 실세계에서 캡슐화 원칙을 적용하지 않은 예제를 찾고 효율성 측면에서 발생할 수 있는 문제점에 대해 기술하시오.

2. C 언어 등 절차적 프로그래밍 언어는 객체지향의 캡슐화 장치를 제공하지 않는데, 이로 인한 기술적인 문제점을 쓰시오.

3. 한 객체 안에 관련된 속성 또는 오퍼레이션이 일부 누락되어 정의되었다면 어떤 문제가 발생하는지 쓰시오.

4. 자동차 대여 시스템에서 '차량 예약(Car Reservation)' 객체가 가져야 하는 속성들과 오퍼레이션을 모두 찾으시오.

5. 항공 예약 및 탑승 시스템에서 '탑승(Board)' 객체는 모든 고객의 탑승 관련 정보를 관리한다. 이 객체가 가져야 하는 속성들과 오퍼레이션을 모두 찾으시오.

6. 객체 안의 오퍼레이션은 다섯 종류로 구별될 수 있는데, 각 종류 별로 어떤 경우에 사용해야 하는지를 쓰시오.

7. 전자상거래 시스템의 '구매(Purchase)' 객체에 대한 비즈니스 고유의 오퍼레이션을 찾으시오.

8. 캡슐화가 잘된 객체일수록 유지보수성이 높아지는데, 그 이유를 작성하시오.

제 4 장

정보 은닉 (Information Hiding)

*** 본 장의 목표**

- 객체의 정보 은닉 원칙을 이해하고, 이를 지원하는 가시성 장치에 대해 살펴본다.
- 정보 은닉을 이용하여 객체의 무결성을 보장할 수 있는 설계 원칙들을 학습한다.
- 캡슐화와 정보 은닉은 별도의 원칙인데, 객체 설계에 두 가지 원칙이 적용되어야 하는 이유에 대해 알아본다.

4.1. 정보 은닉의 개념

정보 은닉은 객체가 가지고 있는 속성과 오퍼레이션의 일부를 감추어서, 객체의 외부에서는 접근이 불가능하게 하는 원칙이다. 이는 그림 4-1처럼, 객체를 블랙박스 형태로 정의하여, 외부에서 일부 속성 및 오퍼레이션을 직접 접근할 수 없게 하는 것이다.

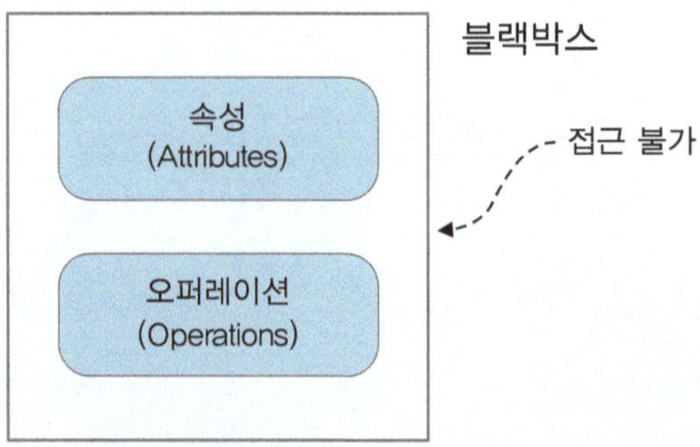

그림 4-1 정보 은닉으로 인한 블랙박스 효과

캡슐화는 관련된 속성과 오퍼레이션들을 한 객체 안에 그룹화하는 원칙이다. 그러나 캡슐화 원칙만으로 객체 안에 있는 항목들이 외부에 노출되지 않는다는 것을 의미하지는 않는다. 좋은 객체를 설계하기 위해서는 캡슐화와 정보 은닉의 두 가지 원칙이 모두 적용되어야 한다.

4.2. 가시성 (Visibility) 명시자

가시성 명시자는 객체 안에 정의된 속성과 오퍼레이션이 외부로 노출되어 접근을 허용할지 여부를 지정하는 장치이다. 프로그래밍 언어마다 차이가 있지만, 객체지향 패러다임에서는 public, private, protected, package의 네 가지 가시성 명시자를 지원한다. 가시성 명시자는 속성 및 오퍼레이션을 정의할 때 지정하며, 그 방법은 다음과 같다.

속성을 정의할 경우

[가시성 명시자] [속성 데이터 타입] [속성 이름]

예) **private** int age;

오퍼레이션을 정의할 경우

[가시성 명시자] [반환 타입] [메소드 이름] ([매개변수 목록])

예) **public** void setAge (int age) {…}

속성 및 오퍼레이션을 정의할 때 가장 먼저 가시성 명시자를 지정함으로써, 해당 속성 및 오퍼레이션을 어느 범위까지 노출시킬지를 결정한다. 가시성 명시자를 먼저 지정한 후, 필요한 속성과 오퍼레이션을 정의한다.

본 장에서는 정보 은닉과 관련이 있는 public, private, package를 살펴보며, protected는 제6장의 상속에서 살펴본다.

4.2.1. public 가시성

객체의 속성이나 오퍼레이션이 public이란 가시성으로 정의되어 있으면, 그 객체 외부에서 직접적인 접근이 가능하다는 것을 의미한다. 즉, public 가시성은 정보 은닉이 필요 없고 외부에서 직접 접근을 허용할 경우에 사용된다. public으로 정의된 속성의 값은 객체 외부에서 직접 접근하여 그 값을 수정할 수 있으므로 절차적 프로그래밍 언어의 전역 변수가 가지는 문제를 가지게 된다.

4.2.2. private 가시성

객체의 속성이나 오퍼레이션이 private이란 가시성으로 정의되어 있으면, 객체 외부에서 직접적인 접근이 불가능하며, 동일한 객체 내부에서만 접근 및 처리가 가능하다. 즉, private 가시성은 객체 내부의 정보를 은닉할 목적으로 사용되며, 주로 오퍼레이션보다는 속성에 적용된다.

4.2.3. package 가시성

객체지향 패러다임에서 패키지(package)는 관련된 여러 클래스들의 집합을 의미하며, UML이나 Java 언어 등에서 지원되고 있다. package 가시성은 하나의 패키지 안에 있는 모든 객체들의 접근은 허용하지만, 다른 패키지에 있는 객체들의 접근은 허용하지 않는다. 즉, 해당 패키지 안에서만 전역으로 사용되고 다른 패키지 사이에서는 private으로 사용되기 때문에, public 가시성과 private 가시성의 중간 형태에 해당된다.

4.3. 객체의 인터페이스

객체의 인터페이스는 그림 4-2에서처럼 객체의 외부에서 접근할 수 있는 정보나 실행시킬 수 있는 오퍼레이션들의 집합이다. 객체 내에 public으로 선언된 속성들과 오퍼레이션들이 그 객체의 외부 인터페이스를 구성한다.

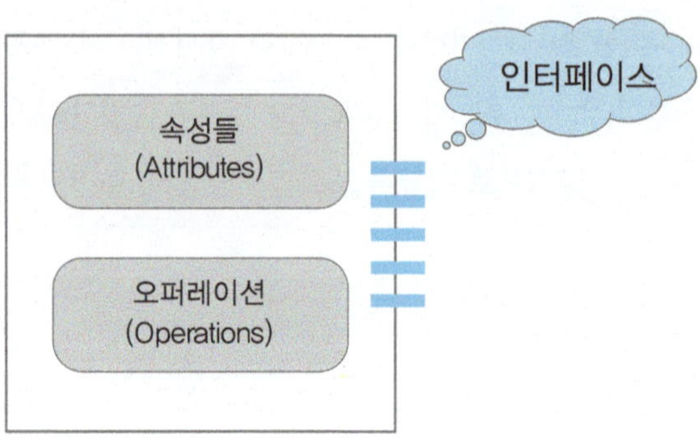

그림 4-2 객체의 외부 인터페이스

∗ 인터페이스의 public 속성

public 속성은 객체 외부에서 어떤 제약사항 없이 그 값을 읽거나 변경할 수 있음을 의미한다. 이는 절차적 프로그래밍에서 전역 변수처럼, 누구나 접근하여 값을 저장할 수 있으므로 그 속성값의 유효성을 보장하기 어려운 문제를 가지고 있다. 따라서 속성을 public으로 선언하여 인터페이스에 포함하는 경우는 그 속성값의 유효성 문제가 없을 것으로 예상되는 경우에만 사용해야 한다. 그렇지 않은 경우는 private을 사용하여 정보 은닉을 하는 것이 보편적이다.

∗ 인터페이스의 public 오퍼레이션

public 오퍼레이션은 객체 외부에서 해당 오퍼레이션을 실행시키기 위한 오퍼레이션의 시그니처(Signature)를 통해 노출된다. 오퍼레이션 시그니처는 오퍼레이션 이름, 입력 매개변수, 반환 타입으로 구성되며, 이 시그니처를 이용하여 해당 오퍼레이션을 호출할 수 있게 된다. 그러나 public 오퍼레이션이 가지는 내부 알고리즘과 코드는 노출되지 않는다. 객체가 가지고 있는 대부분의 오퍼레이션들은 public으로 선언된다.

4.4. 정보 은닉을 통한 무결성 보장

객체가 가지고 있는 속성이나 오퍼레이션이 모두 private으로 외부로부터 감추어질 수 있지만, 대부분의 경우 속성들은 private으로, 오퍼레이션들은 public으로 정의한다. 이는 객체의 무결성(Object Integrity)을 보장하기 위한 효과적인 방법이다.

1.4.2. 절에서 살펴본 것처럼, 절차적 프로그래밍의 큰 단점은 데이터 무결성 보장이 어렵다는 것이다. 객체지향 프로그램에서는 이런 문제를 정보 은닉 장치를 이용하여 근본적으로 차단할 수 있다. 즉, 객체의 모든 속성이 항상 유효한(Valid) 값을 가질 수 있도록 다음과 같은 원칙들을 적용하여 객체를 설계한다.

원칙 1. 유효성이 지켜져야 하는 속성을 private으로 선언한다.

원칙 2. 이 속성의 값을 변경시키는 오퍼레이션을 public으로 선언한다.

원칙 3. 모든 public 오퍼레이션 안에서 if 조건문을 이용하여 입력 매개변수 값의 유효성을 확인한 후 해당 속성의 값을 변경하도록 한다.

만일 입력 매개변수의 값이 유효하지 않을 경우, 해당 속성의 값을 변경하지 않는다.

```
Class Circle {
  int xPostion, yPosition;
  int radius;
  colorType color;
public:
  boolean move (int x, int y);
  boolean resize (int x);
  colorType getColor( );
  void setColor(colorType  c);
}
```

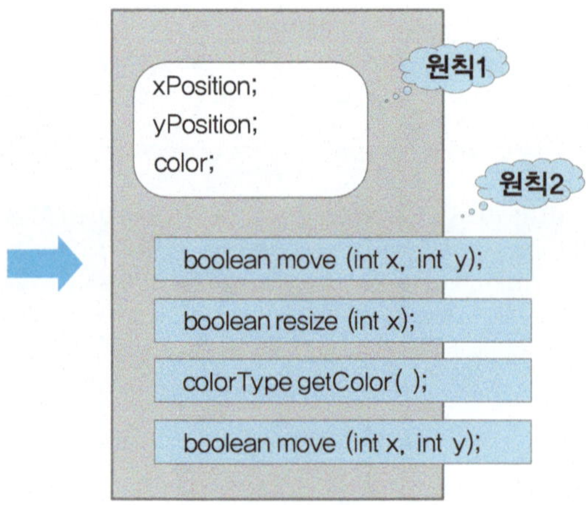

원칙3

```
..
boolean move (int x, int y) {
  if ( … ) {   // x, y유효성 확인
      xPosition += x;
      yPosition += y;
      return true;
  } else
      return false;
};
...
```

그림 4-3 정보 은닉을 이용한 Circle(원) 객체의 무결성 보장

그림 4-3은 이 절차를 적용하여 설계한 Circle 객체의 예제를 보여준다. 원칙 1을 적용하여 xPosition, yPosition 등의 속성들을 private으로 선언한다. 원칙 2를 적용하여 private 속성값을 변경시키는 move ( ) 등의 오퍼레이션을 public으로 선언한다. 원칙 3을 적용하여 move ( ) 등의 오퍼레이션 내부에서 if 문장을 이용하여 입력 매개변수의 값이 유효한지 확인한 후 해당 속성값을 변경시키도록 작성하였다.

4.5. 캡슐화와 정보 은닉의 관계

캡슐화와 정보 은닉은 객체를 잘 설계하기 위해 준수해야 하는 두 가지 원칙이지만, 이 둘은 서로 별개의 개념이다. 캡슐화는 관련된 구성요소들을 한 단위에 묶는 원칙이다. 정보 은닉은 객체 안의 속성값을 외부의 접근으로부터 감추고 이를 처리하는 오퍼레이션을 공개한 후, 오퍼레이션을 통해서 숨겨진 속성을 접근하는 원칙이다.

한 객체가 캡슐화 원칙을 준수하여 정의되었다고 하더라도, 이 객체가 반드시 정보 은닉 원칙을 준수한 것이라고 할 수 없다. 즉, 객체 안의 public 속성은 외부에 노출되므로 객체의 무결성이 무너질 수도 있다. 반대로, 객체가 정보 은닉이 되었다고 해서 관련된 구성요소가 늘 캡슐화되었다고 볼 수 없다. 한 객체 안에 private으로 선언된 속성이 있고, 이를 처리하는 오퍼레이션이 다른 객체에 속해 있다면 캡슐화의 원칙이 적용되지 않은 것이다. 따라서 모듈성, 재사용성, 유지보수성, 무결성을 제공하는 좋은 객체를 설계하기 위해서는 이 두 원칙이 모두 적용되어야 한다.

4.6. 정보 은닉의 장점 및 단점

4.6.1. 객체 무결성 보장

4.3.절에서 설명한대로, 정보 은닉은 객체의 속성을 private으로 감추고 이를 사용하는 public 오퍼레이션에서 입력 매개변수의 유효성 검사를 통해서 객체 무결성을 보장하게 한다. 즉, 무결성 보장을 위한 세 가지 원칙을 적용하면, 객체의 외부에서 객체의 속성에 유효하지 않는 값을 저장할 수 없다.

4.6.2. 높은 재사용성 제공

객체를 재사용할 때, 객체의 속성 등 내부 정보를 알 필요 없이 외부로 노출된 인터페이스 정보만 이용하여 원하는 기능을 실행시킬 수 있다. 정보 은닉은 캡슐화와 함께 재사용성을 높이는 장점을 제공한다.

4.6.3. 유지보수 효율성 향상

정보 은닉은 객체의 유지보수성을 높여주는 장점을 제공한다. 객체의 어떤 속성이 private으로 정보 은닉이 되었다면, 이후 그 속성의 이름이나 데이터 타입을 변경할 경우, 외부 객체에게 어떤 직접적인 영향을 미치지 않는다. 다만, 이 수정된 속성을 사용하는 오퍼레이션들만 수정된 이름이나 데이터 타입을 사용하도록 변경해주면 된다.

Y2K 문제에서 날짜(Date) 정보를 객체로 구현하고, 연도를 나타내는 year 속성을 private 으로 감추고 이를 사용하는 오퍼레이션들을 public으로 외부에 공개하면, 절차적 프로그래밍에서 발생한 Y2K 문제는 발생하지 않는다.

4.6.4. 간접 접근에 따른 실행 효율성 저하

정보 은닉의 원칙에 따라 객체의 속성을 private으로 감추고 이를 접근하는 Getter, Setter 오퍼레이션들을 사용하는 경우, 이 오퍼레이션을 통해서 간접적으로 속성값을 읽거나 새로운 값으로 수정하게 된다. 프로그램 실행 시, 직접 해당 속성값을 접근하는 데 소요되는 런타임 시간에 비하면, 오퍼레이션을 통한 간접 접근에 소요되는 시간이 더 길다. 그러나 컴퓨터 하드웨어의 성능 향상과 객체지향 컴파일러의 최적화 기법을 통하여, 사용자가 이 시간의 차이를 느끼지 못하게 할수 있다.

4.7. 본 장의 정리

본 장에서는 객체를 설계하는 데 적용되는 두 번째 원칙인 정보 은닉 개념에 대해 살펴보았다. 정보 은닉을 선언하는 데 활용되는 네 가지 가시성 명시자인 public, private, protected, package 중 protected를 제외한 세 가지 가시성 명시자에 대해서 알아보았다.

정보 은닉은 객체를 블랙박스 형태로 정의하여 속성을 외부에서 직접 접근할 수 없게 하고, 해당 속성은 외부로 노출된 오퍼레이션을 통해서만 접근하게 하는 원칙이다. 속성 및 오퍼레이션을 외부로부터 노출시키지 않게 하기 위해서는 private이라는 명시자를 이용해서 정의하고, 반대로 외부로 노출되어 다른 객체가 아무런 제약 없이 접근할 수 있게 하기 위해서는 public 명시자를 이용해 정의한다. package는 private과 public의 중간 형태로, 동일한 패키지 내에 있는 모든 객체들은 package로 정의된 속성 및 오퍼레이션을 접근할 수 있지만, 다른 패키지에 있는 객체들은 접근할 수 없다.

정보 은닉을 준수하여 객체를 설계하면, 객체의 속성을 외부에 노출시키지 않기 때문에 객체의 무결성을 보장할 수 있다. 이런 객체의 무결성을 보장하기 위해 정보 은닉 원칙을 활용하는 방법을 살펴보았다. 먼저, 객체의 속성을 private으로 정의하고, 이를 접근하는 오퍼레이션을 public으로 정의한다. 그리고 public으로 정의된 오퍼레이션 내에 입력 매개변수 값의 유효성을 확인하는 알고리즘을 작성하여, 유효한 값으로만 해당 속성이 변경될 수 있게 한다. 이런 과정을 거쳐, 객체 내의 속성이 늘 유효한 값을 가지는 것을 보장할 수 있다.

그리고 객체를 설계하는 데 준수해야 하는 두 가지 원칙인 캡슐화와 정보 은닉의 관계에 대하여 알아보았다. 이 둘은 서로 다른 의미를 내포하고 있으므로, 좋은 객체를 설계하기 위해서는 반드시 이 두 원칙을 모두 준수해야 한다.

마지막으로 본 장에서는 정보 은닉이 제공하는 장점 및 단점에 대해서 살펴보았다.

연습문제

1. 객체의 정보 은닉은 속성과 오퍼레이션을 private 명시자를 사용하여 정의함으로써 객체 외부로부터 직접적인 접근을 감출 수 있는 장치이다. 그러나 대부분의 객체지향 설계에서 속성은 private으로 감추고 오퍼레이션은 public으로 공개하는 이유는 무엇인가?

2. 객체의 대부분 속성은 private으로 감추어지는데, 어떤 경우에 public 속성을 사용하는지 설명하시오.

3. 객체의 대부분 오퍼레이션은 public으로 공개되는데, 어떤 경우에 private 오퍼레이션를 사용하는지 설명하시오.

4. 객체의 모든 속성과 모든 오퍼레이션을 private으로 선언하면, 어떤 문제점이 발생하는가?

5. 객체의 모든 속성과 모든 오퍼레이션을 public으로 선언하여 사용하지 않은 이유는 무엇인가?

6. 객체의 무결성 보장을 위한 원칙들 중에서 세 번째 원칙을 적용하지 않으면 어떤 문제가 발생하는가?

7. 캡슐화와 정보 은닉은 둘 다 유지보수성을 높여주는 장점을 가진다. 그러나 각각이 유지보수성을 높여주는 방법은 다른데 이를 설명하시오.

제 5 장

클래스(Class)

＊ 본 장의 목표

- 객체지향 프로그래밍의 기본 단위인 클래스를 세 가지 관점에서 살펴본다.
- 클래스와 인스턴스 간의 관계를 알아보고, 인스턴스 생성 및 삭제를 위한 생성자와 소멸자에 대해 학습한다.
- 객체들 간의 상호 작용을 위한 메시지에 대해 살펴본다.
- 여러 객체들을 속성들로 포함하고 있는 복합 객체의 개념과 사용 방법을 알아본다.
- 객체가 아니라, 클래스 그 자체에 할당되는 Static 속성과 이를 사용하는 Static 메소드에 대해 살펴본다.

5.1. 클래스의 개념

객체지향 프로그래밍의 핵심 개념인 클래스를 다음의 세 가지 관점에서 해석할 수 있다.

5.1.1. 객체들의 집합을 의미하는 클래스

클래스는 분석, 설계, 구현에 이르기까지 널리 사용되는 용어이다. 분석 및 설계 단계에서 클래스는 목표 시스템을 구성하는 객체들의 '집합' 으로 사용된다. 예를 들면, 한 회사에서 여러 명의 직원들이 있지만 이들은 모두 '직원' 이라는 그룹에 속한다. 즉, '직원' 이란 클래스는 여러 직원들의 집합을 의미한다.

클래스는 집합이며, 그 클래스에 속한 멤버는 객체가 된다. 이런 집합과 멤버의 관계는 일상 생활에서 보편화된 개념이다. 예를 들어, '도시' 가 집합의 의미로 사용된다면, 서울, 부산 등은 그 멤버가 된다.

5.1.2. 객체 생성을 위한 템플릿 (Template) 역할의 클래스

설계 및 구현 단계에서 클래스는 그 클래스에 속한 여러 객체들이 필요로 하는 속성들과 오퍼레이션들을 명세하는 템플릿(Template)이다. 그림 5-1은 Employee(직원) 클래스의 예제를 보여준다. 이 클래스는 이름, 부서, 직위, 급여, 입사일 등과 같이 회사의 여러 직원들에 대한 정보를 나타내는 데 필요한 속성들을 정의하고 있다. 또한, 이 클래스는 '입사하다' , '승진하다' , '부서 이동하다' , '퇴사하다' 등과 같이 직원 정보를 처리하는 데 필요한 오퍼레이션을 정의한다.

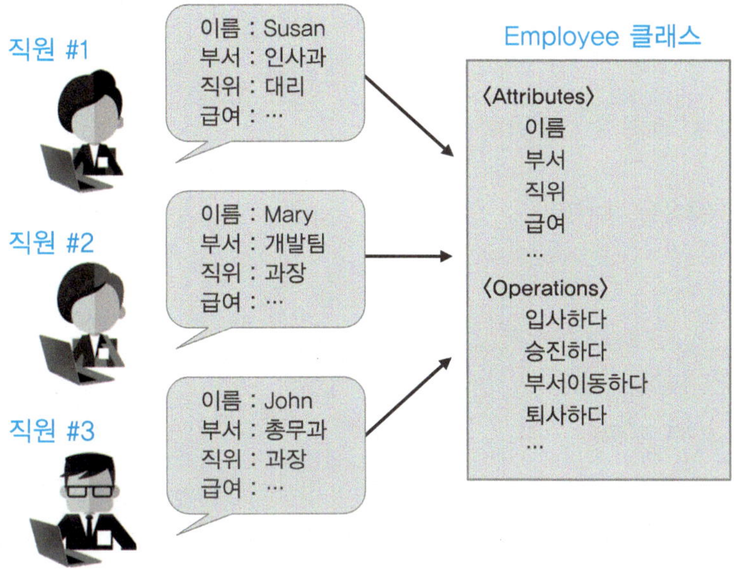

그림 5-1 템플릿 역할의 클래스

그럼 객체지향 프로그래밍 언어에서 클래스를 어떻게 정의하는지 살펴보자. 클래스는 그림 5-2와 같이 Java 또는 C++에서 동일하게 class라는 키워드와 중괄호 ({…})를 이용해서 정의한다.

```
class Class_Name {
   // 속성 (Attribute) 정의
   // 오퍼레이션 (Operation) 정의
}
```

그림 5-2 클래스의 정의

소스코드 5-1은 Java로 작성한 Employee(직원) 클래스 예제이다.

소스코드 5-1 Java로 작성한 Employee 클래스

```
1.  class Employee {
2.      // 속성 정의
3.      String name;                // 이름
4.      deptType dept;              // 부서
5.      titleType title;            // 직위
6.      int salary;                 // 급여
7.      …
8.      // 오퍼레이션 정의
9.      …
10.     public void promote (titleType newTitle) {         // 승진하다.
11.         …
12.     }
13.     public void changeDept (deptType newDept) {    // 부서이동하다
14.         …
15.     }
16.     …
17. }
```

1번째 줄에서 class 키워드와 함께 클래스의 이름을 명시한다. 그리고 중괄호 { … } 안에 캡슐화와 정보 은닉의 원칙에 맞춰 속성들과 (3번째 줄 ~ 6번째 줄) 오퍼레이션들을 (10번째 줄 ~ 15번째 줄) 정의한다. 이처럼, 클래스는 이로부터 생성된 객체들이 가져야 하는 속성들과 오퍼레이션들을 정의하는 템플릿을 의미한다.

5.1.3. 사용자 정의 데이터 타입 (User-Defined Datatype) 역할의 클래스

데이터 타입은 다양한 종류의 데이터를 구별하기 위한 수단이며, int, char, Boolean 등이 있다. 데이터 타입은 해당 타입이 가질 수 있는 가능한 값들의 범위와 이 값들을 처리할 수 있는 가능한 오퍼레이션들을 정의한다. 예를 들어, Java에서 int는 -2,147,483,648에서 2,147,483,647 안의 정숫값을 가질 수 있다는 범위를 정의하며, 사칙 연산 (+, -, *, /) 등의 처리 가능한 오퍼레이션들을 정의한다.

클래스는 사용자가 필요로 하는 새로운 데이터 타입을 정의하는 장치의 역할을 한다. 앞의 Employee 클래스의 예를 보면, 직원이라는 클래스는 해당 객체 타입이 가지는 속성값들의 범위와 적용 가능한 오퍼레이션들을 정의한다. 즉, Employee라는 데이터 타입을 새롭게 정의하고, 정의된 방식대로만 사용하도록 한다. 이런 측면에서 클래스를 사용자가 정의한 데이터 타입으로 해석한다. 그림 5-3은 프로그래밍 언어가 가지고 있는 기본 데이터 타입들과 사용자가 정의한 클래스 형태의 데이터 타입들, 고객(Customer), 자동차(Car), 대여(Rental) 등을 보여준다.

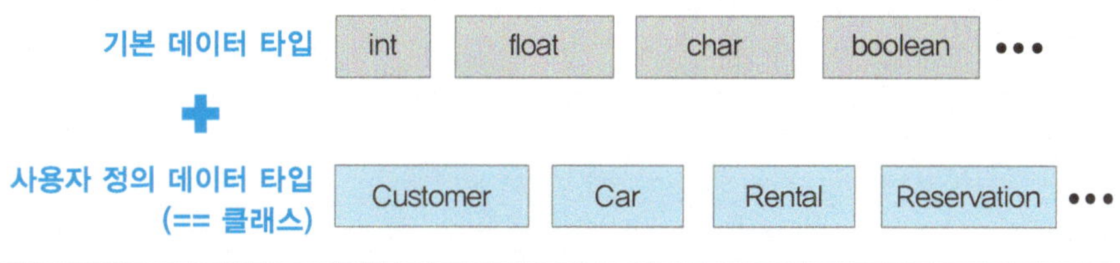

그림 5-3 사용자 정의 데이터 타입으로서의 클래스

프로그래밍 언어에서 데이터 타입을 사용하는 목적이 그 데이터가 가질 수 있는 값의 범위와 처리 가능한 오퍼레이션들을 정의하는 것인데, 이는 클래스를 사용하는 목적과도 일치한다.

5.2.
인스턴스 (Instance)

클래스가 집합, 그룹의 의미를 가지는 반면, 그 클래스에 속한 각 객체를 인스턴스(Instance) 라고 부른다. 순수 객체지향 언어에서는 모든 객체가 인스턴스이므로, 객체와 인스턴스는 동일하게 사용된다. 단, 객체라는 용어는 목표 시스템에 대한 분석과 개략 설계 과정에서 그 시스템 도메인에 있는 어떤 정보를 표현할 때 주로 사용된다. 반면에 인스턴스는 상세 설계와 구현 단계에서 어떤 클래스에서 생성된 객체라는 '생성' 의 의미를 강조할 때 사용된다.

인스턴스를 만드는 과정을 객체 생성(Object Instantiation)이라고 한다. 즉, 클래스에 정의되어 있는 속성들의 주 메모리 공간을 인스턴스에 할당하고, 정의되어 있는 오퍼레이션들이 실행될 수 있도록 설정하는 과정을 의미한다.

그림 5-4는 'Employee' 클래스와 인스턴스의 관계를 보여준다. 'Employee' 클래스는 속성들과 오퍼레이션들을 정의하는 템플릿이며, Bob, Susan 등 여러 직원 인스턴스를 생성한다. 그림에서 Employee Bob; 이란 구문은 Employee 클래스에서 Bob이라는 이름의 인스턴스를 생성함을 의미한다.

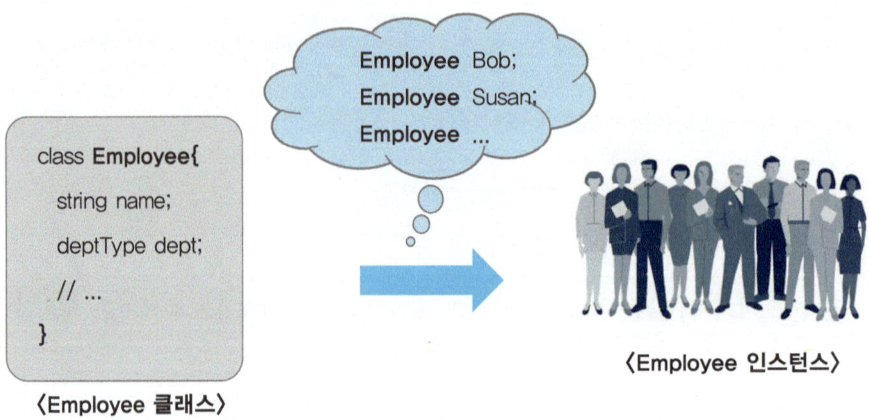

그림 5-4 클래스와 인스턴스의 관계

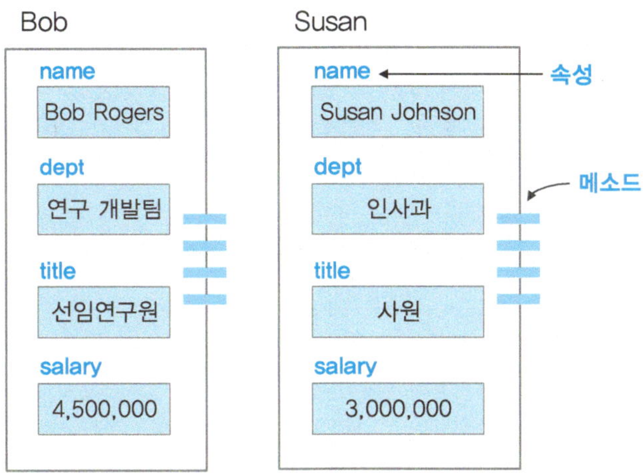

그림 5-5 인스턴스 별 할당된 메모리 형상

하나의 클래스에서 생성된 모든 인스턴스들은 그 클래스에 정의되어 있는 속성들에 해당되는 메모리 공간을 할당 받는다. 그림 5-5 는 Employee 클래스에서 생성된 두 개의 인스턴스들에 할당된 메모리 형상을 표현한다.

'Employee' 클래스에서 생성된 'Bob' 과 'Susan' 인스턴스는 name ('이름'), dept ('부서'), title ('직위'), salary ('급여') 의 네 가지 동일한 속성들을 가진다. 그러나 이 두 개의 인스턴스들이 가지고 있는 속성들의 값은 다를 수 있다. 예를 들면, Bob의 dept는 '연구 개발팀' 이란 값을, Susan의 dept는 '인사과' 라는 값을 가지고 있다. 지금까지 알아본 내용을 정리하면 인스턴스는 다음의 특징을 가진다.

- **한 클래스에서 생성되는 모든 인스턴스는 같은 종류의 속성 집합을 가지지만, 인스턴스마다 각 속성의 값은 다를 수 있다. 즉, 인스턴스들의 상태(State)는 다를 수 있다.**
- **한 클래스로부터 생성되는 모든 인스턴스는 동일한 오퍼레이션 집합을 가진다.**

이제 프로그래밍 언어를 이용하여 클래스로부터 어떻게 인스턴스를 생성할 수 있는지를 알아본다. 인스턴스를 생성하는 방법은 프로그래밍 언어마다 약간의 차이가 있다.

5.2.1. C++에서 인스턴스 생성 방법

C++에서는 인스턴스의 정적 생성과 동적 생성을 모두 지원한다. 소스코드 5-2는 이 두 가지 방식의 객체 생성 예제를 보여준다.

소스코드 5-2 C++에서의 인스턴스 생성 코드

```
1. // 정적으로 인스턴스를 생성하는 방법
2. Employee bob;
3.
4. // 동적으로 인스턴스를 생성하는 방법
5. Employee *anEmployee= new Employee();
6.
7. Employee *honorEmployee1, *honorEmployee2;
8. honorEmployee1 = &bob;
9. honorEmployee2 = anEmployee;
```

정적으로 인스턴스를 생성하는 방법은 일반적인 변수를 선언하는 방식과 동일하게 [클래스명] [인스턴스명]을 선언하는 것이다. 소스코드의 2번째 줄은 Employee 클래스에서 bob 이라는 인스턴스의 정적 생성을 선언하는 것이며, 이 프로그램을 시작하면 정적 생성으로 선언된 모든 인스턴스들에 대한 메모리가 미리 할당된다.

동적으로 인스턴스를 생성하는 방법은 new 키워드와 클래스명과 동일한 이름을 가진 생성자를 사용하는 것이다. 소스코드의 5번째 줄을 보면 anEmployee는 어떤 인스턴스를 가리키고 있는 포인터 변수이며 오른쪽의 new Empoyee( )는 익명 인스턴스를 동적으로 생성하는 것이다. 그리고 할당 연산자 ("=")를 사용하여 동적으로 생성된 인스턴스를 anEmployee 포인터에게 할당한다. 여기서 "*" 기호를 사용하여 선언된 anEmployee는 인스턴스 자체가 아니라, 생성된 인스턴스를 가리키는 포인터 (Pointer) 변수임을 기술한다.

소스코드의 7번째 줄에는 honorEmployee1과 honerEmployee2의 인스턴스 포인터들을 선언

하였고, 8~9번째 줄에서 이미 생성된 인스턴스인 bob과 anEmployee를 honorEmployee1과 honerEmployee2에 각각 할당한다. 이 때 bob은 정적으로 생성된 인스턴스이므로 "&" 연산자를 사용하여 그 주소값을 할당하고, anEmployee는 인스턴스를 가리키는 포인터이므로 "&"를 사용하지 않는다.

그림 5-6은 C++에서 인스턴스 생성 방법에 따라 메모리에 인스턴스가 어떻게 할당되는지를 보여준다.

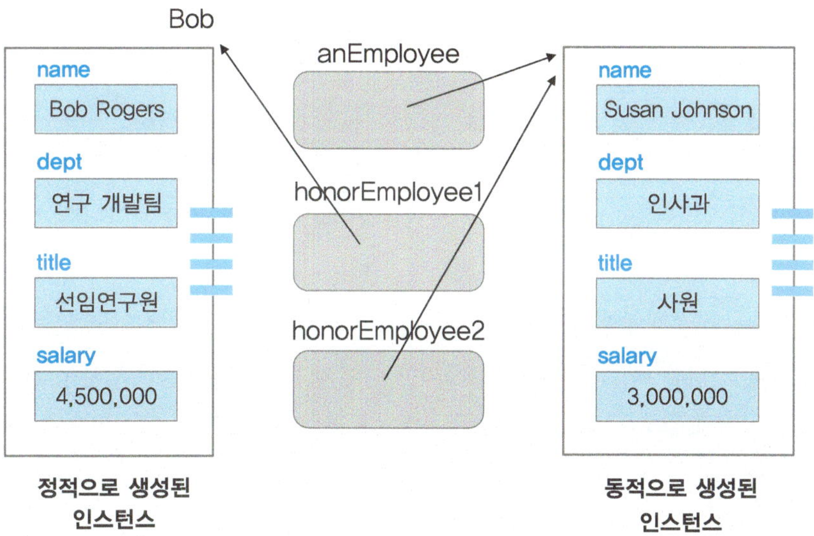

그림 5-6 C++에서의 인스턴스 생성 방법에 따른 메모리 할당

소스코드 5-2의 2번째 구문으로 정적으로 객체를 생성할 경우에는 그림 왼쪽과 같이 메모리 영역에 bob 인스턴스가 생성된다. 소스코드 5-2의 5번째 구문처럼 런타임에 new 를 사용해서 생성된 인스턴스의 경우에는 이름이 없는 인스턴스가 만들어지고 그 인스턴스의 주소값이 반환된다. 이를 anEmployee 라는 포인터에 저장하게 되면 그림과 같이 이 포인터가 익명 인스턴스를 가리키게 된다.

5.2.2. Java에서 인스턴스 생성 방법

Java는 C++와 다르게 동적 인스턴스의 생성만 지원하며, C++와 동일하게 new라는 키워드를 이용한다. 소스코드 5-3은 Java에서 Employee 클래스로부터 동적으로 인스턴스를 생성하는 예제를 보여준다.

소스코드 5-3 Java에서의 동적 인스턴스 생성 예제

```
1. Employee susan = new Employee( );
```

C++와 Java에서 동적 인스턴스를 생성하는 구문은 new 키워드를 이용하는 것으로 동일하다. 그러나 C++의 경우에 인스턴스 이름 앞에 "*" 부호를 사용하여 객체 포인터를 선언하고 이 포인터 변수가 인스턴스를 가리키게 한다. Java의 경우에는 "*"를 명세할 필요가 없는데, 이는 Java에서 선언하는 객체 변수는 객체 그 자체가 아니라, 객체를 가리키는 객체 참조(Object Reference) 변수이기 때문이다. 그러므로 소스코드 5-3에서 정의된 susan은 객체 자체가 아니라, 동적으로 생성된 객체를 가리키고 있는 객체 참조 변수가 된다. 즉, 그림 5-6에서 표기된 C++의 객체 포인터와 같은 역할을 하지만, 포인터를 의미하는 '*' 라는 부호를 사용하지 않는다.

5.3 생성자(Constructor)

생성자는 새로운 인스턴스를 생성할 때 사용되는 오퍼레이션으로, 다음의 특성을 가지고 있다.

- **생성자의 이름은 속한 클래스의 이름과 동일하다. 예를 들면, Employee 클래스의 생성자는 Employee( ) 가 된다. 또한, 반환(Return) 타입이 없어야 한다.**
- **생성자는 새로운 인스턴스가 만들어 질 때 자동적으로 한 번만 실행 된다.**

그리고, 생성자는 다음의 두 가지 일을 순서대로 수행한다.

- **주 메모리 내에 새로운 인스턴스가 위치할 수 있도록 공간을 할당하고 인스턴스를 생성한다.**
- **생성된 인스턴스의 상태를 초기화한다. 즉, 인스턴스의 전부 혹은 일부 속성들에 지정된 초기값들을 저장한다.**

소스코드 5-4는 Java에서 생성자를 사용하는 예제를 보여준다.

소스코드 5-4 Java에서의 생성자 정의

```
class Employee {
    private String name;
    private String dept;
    private String title;
    private int salary;

    // 생성자 정의
    public Employee () { }      // 기본 생성자 (Default Constructor)

    public Employee (String name, int salary) {
        this.name = name;
        this.salary = salary;
    }

    public Employee (String name, String dept, String title, int salary) {
        this.name = name;
        this.dept = dept;
        this.title = title;
        this.salary =salary
    }
    …
}
```

이 예제에서 Employee 클래스는 8번째 줄, 10번째 줄, 15번째 줄에서 세 개의 생성자를 정의하고 있다. 8번째 줄은 매개변수가 없는 생성자인 기본 생성자 (Default Constructor)를 정의하고 있다. Java와 같은 일부 객체지향 언어 컴파일러는 클래스의 기본 생성자가 선언되지 않은 경우에 자동적으로 기본 생성자를 정의한다. 자동으로 생성된 기본 생성자는 해당 인스턴스가 가진 모든 속성들을 프로그래밍 언어가 지원하는 타입 별 디폴트값으로 초기화하는 역할을 하며, Java의 경우 integer 형태의 변수는 0, Boolean 타입의 변수는 false, String을 포함한 사용자 정의 데이터 타입의 변수는 null 로 초기화한다.

10번째 줄에 정의된 생성자 Employee(String name, int salary)는 두 개의 매개변수들을 이용하여 해당되는 속성들만 초기화한다. 15번째 줄에 정의된 생성자 Employee(String name, String dept, String title, int salary)는 네 개의 매개변수들을 이용하여 클래스의 모든 속성들을 초기화한다.

소스코드 5-5는 C++를 사용한 생성자의 예제를 보여준다.

소스코드 5-5 C++에서의 생성자 정의

```
class Employee {
private:
    string name;
    string dept;
    string title;
    int salary;

public:
    Employee() { }        // 기본 생성자 (Default Constructor)

    // 2 개의 인자를 받아 초기화 하는 생성자
    Employee(string name, int salary) {
        this.name -> name;
        this.salary -> salary;
```

```
15.     }
16.
17.     //  4 개의 인자를 받아 초기화 하는 생성자
18.     Employee(string name, string dept, string title, int salary) {
19.         this.name -> name;
20.         this.dept -> dept;
21.         this.title -> title;
22.         this.salary -> salary
23.     }
24.     …
25. }
```

이 예제에서도 9번째 줄, 12번째 줄, 18번째 줄에 세 개의 생성자를 정의하고 있다. 하나의 클래스에는 대부분 복수 개의 속성을 가지고 있으며, 이 속성들 전부 혹은 일부만 초기화하는가에 따라, 여러 종류의 생성자를 정의한다. 그래서 한 클래스에 여러 개의 생성자가 있는 경우가 있는데, 이를 생성자가 오버로딩(overloading)되어 정의되어 있다고 표현한다. 여기서 오버로딩이라는 것은 메소드 이름, 반환값을 동일하며, 입력 매개변수만 다르게 정의하는 것을 의미한다. 오버로딩은 7.2.절에서 상세히 다룬다.

5.4. 소멸자 (Destructor)

소멸자(Destructor)는 생성되어 있는 인스턴스를 주 메모리에서 삭제할 때 사용되는 오퍼레이션이다. 소멸자는 다음의 두 가지 일을 순서대로 수행한다.

* **인스턴스가 사용하던 모든 자원들을 반환한다.**
* **메모리에서 인스턴스를 삭제한다. 그 결과 인스턴스에 할당된 메모리가 반환된다.**

소멸자는 우선, 해당 인스턴스가 사용하고 있던 자원을 모두 반환하다. 여기서 자원은 해당 인스턴스에 의해 참조되고 있던 사용자 정의 데이터 타입의 변수 (C++에서는 포인터로 연결된 변수), 파일이나 데이터베이스를 처리하기 위한 핸들(Handle), 네트워크 통신을 위해 사용되는 소켓 등을 포함한다. 모든 자원이 회수되면, 해당 인스턴스는 메모리에서 지워진다. 인스턴스가 사용한 자원을 제대로 회수하지 않으면, 어떤 객체도 참조하지 않고, 즉 사용하지 않는 자원이 그대로 남아 있게 되고 이로 인해 메모리 부족 현상이 발생할 수 있기 때문에, 소멸자의 역할이 매우 중요하다.

이제 소멸자를 프로그래밍 언어로 어떻게 작성하는지 알아보자. 생성자와 달리, 소멸자 정의는 C++와 Java 간에 큰 차이가 있다. C++에서는 프로그래머가 직접 자원을 회수하도록 설계되어 있는 반면에, Java는 Java 언어의 기본 원칙인 단순성(Simplicity)을 기반으로 하여 자원 회수 등 다소 복잡한 작업은 가상 머신에서 자동적으로 처리하도록 설계되어 있기 때문이다.

5.4.1. C++에서의 소멸자 정의

C++에서 소멸자를 정의할 때, 먼저 다음과 같은 조건을 만족해야 한다.

- **1) 소멸자 이름은 ~[클래스명] 으로 한다.**
- **2) 소멸자는 입력 매개변수와 반환 타입을 가지지 않는다.**
- **3) 소멸자는 오버로딩을 하지 않고, 클래스에 반드시 한 개만 존재해야 한다.**

소스코드 5-6은 위의 조건을 만족시키도록 C++에서 소멸자를 어떻게 정의하는지 보여준다.

소스코드 5-6 C++에서의 소멸자 정의

```
class Line {
private:
    string name;
    double length;

public:
    …
    Line () {…}                    // 기본생성자 선언
    Line(string n, double len) {…}// 생성자 오버로딩

    //소멸자 정의
    ~Line() {
        cout << "Object(" << name  << ") is being deleted" << endl;
        name.clear();
    }
    …
    int main( ) {
        Line line1;
        line1.setLength(6.0);
        cout << "Length of line : " << line1.getLength() <<endl;

        Line* line2 = new Line ("anotherLine", 10);
        cout << "Length of line : " << line2->getLength() <<endl;
        delete line2;

        return 0;
    }
}
```

12번째 줄에 Line 클래스의 소멸자로 ~Line()을 정의하였다. 이 소멸자는 해당 인스턴스가 참조하는 name 변수에 저장된 값을 삭세하여 해당 자원을 반환한다.

그럼 소멸자가 호출되는 시점에 대해 좀 더 자세히 알아보자.

C++에서 인스턴스를 생성하는 방법은 5.3.절에서 언급하였듯이 그 시점에 따라 2가지가 있었다. 18번째 줄과 같이 작성하면 line1 인스턴스가 정적으로 생성되며, 22번째 줄과 같이 작성하면 line2 인스턴스가 동적으로 생성된다.

이와 유사하게 소멸자가 호출되어 인스턴스가 삭제되는 시점이 다르다. 정적으로 생성된 인스턴스의 경우에는 해당 인스턴스를 생성한 메소드의 실행이 끝나는 시점에 소멸자가 호출된다. 소스코드 5-6의 경우에는 main() 메소드가 26번째 줄까지 실행을 완료한 후에, 소멸자가 호출되어 해당 객체가 메모리에서 삭제된다.

동적으로 생성된 인스턴스는 해당 인스턴스를 삭제하고자 할 때 delete 연산자로 소멸자가 호출된다. 소스코드 5-6의 24번째에서 런타임에 생성된 인스턴스인 line2를 delete 연산자를 이용하여 삭제하고 있다. 이 시점에 소멸자인 ~Line()이 호출된다.

이 내용을 정리하면 표 5-1과 같다.

표 5-1 C++에서의 생성자 및 소멸자 호출 시점

	정적 인스턴스 생성	동적 인스턴스 생성
생성자 호출 시점	객체 정의 시 (ex. Line line1)	new 연산자로 객체 생성 시 (ex. Line *line2 = new Line())
소멸자 호출 시점	해당 인스턴스를 생성한 메소드 실행이 완료될 때	delete 연산자로 해당 인스턴스를 삭제할 때

5.4.2. Java에서의 소멸자 정의

Java에서는 C++와 같이 소멸자가 없으며, 그 대신 Java 클래스 라이브러리의 최상위 클래스인 Object에 정의된 finalize()를 이용하여 소멸자와 유사하게 인스턴스 삭제 시 자원 회수하는 역할을 정의할 수 있다.

Java에서는 소멸자가 아닌 가비지 컬렉션(Garbage Collection)을 통하여 인스턴스와 연관된 자원들을 반환한 후 자바 가상머신(Java Virtual Machine, JVM)이 메모리에서 해당 인스턴스를 제거한다. 가비지 컬렉션이 수행되면 JVM은 finalize( ) 메소드를 호출하며, 이때 인스턴스와 연관된 자원들을 회수한다. finalize( ) 메소드는 가비지 컬렉션을 수행할 때 자원 반환시 반드시 수행되어야 할 순서 등의 로직이 있을 경우 프로그래머가 직접 해당 로직을 구현함으로써 보다 정확하게 자원을 반환하기 위한 목적으로 사용된다

소스코드 5-7은 Java에서 finalize( )를 사용하여 소멸자와 유사한 기능을 정의한 예를 보여준다.

소스코드 5-7 Java에서의 소멸자 정의

```
public class Triangle {
    private Point points[];          // 사용자 정의타입인 Point형의 배열
    private String color;

    public Triangle(Point p1, Point p2, Point p3, String color) {
        points = new Point[] {p1, p2, p3} ;
        this.color = color;
    }

    // finalize 메소드 오버라이딩
    protected void finalize() throws Throwable {
        super.finalize();
        points = null;
        System.out.println ("finalize() is invoked!");
    }
```

```
16.     …
17.     public static void main (String [] args) {
18.         Point p1 = new Point (1,2);
19.         Point p2 = new Point (2,4);
20.         Point p3 = new Point(1,4);
21.         Triangle t1 = new Triangle (p1, p2, p3, "blue");
22.         t1.draw();
23.
24.         p1 = null;
25.         p2 = null;
26.         p3 = null;
27.         t1 = null;
28.
29.         System.gc();            // 가비지 컬렉션 실행하여 finalize() 호출
30.     }
31. }
```

11번째 줄에서 Object 클래스의 finalize() 메소드를 오버라이드하여, 해당 인스턴스가 참조하고 있는 Point 타입의 배열을 초기화함으로써, 자원을 반환하도록 하고 있다. 여기서 오버라이딩은 기존 클래스에 정의된 메소드를 목적에 맞게 재정의 하는것을 의미하며, 이에 대한 상세한 내용은 7.3.절에서 배울 것이다.

이렇게 정의된 finalize() 메소드는 29번째 줄에서 가비지컬렉션을 명시적으로 실행시킴으로써 호출된다. 그리하여 finalize( ) 메소드 내부에 정의된 내용에 따라서 해당 인스턴스와 관련된 자원이 회수된다.

여기서 유의할 점은 Java에서 가비지 컬렉션은 우선순위가 낮은 작업이기 때문에, JVM이 처리해야 하는 다른 일이 있으면 System.gc()를 명시해도 가비지 컬렉션을 실행하지 않을 수 있다. 그러므로 JVM 실행을 명확히 하기 위해서는, 24~27번째 줄과 같이 해당 프로그램이 사용한 자원을 모두 null 처리해야 한다. 그러지 않으면, JVM은 t1 인스턴스가 현재 사용 중이라고 여기기 때문에 System.gc()를 명시해도 가비지 컬렉션을 실행하지 않는다.

5.5. 메시지 (Message)

실세계에서 '책상' 과 '의자' 의 객체를 보면, '책상' 과 '의자' 각각은 고유한 기능을 수행한다. 그러나 이들 각각은 학생이 공부할 수 있는 완전한 환경을 제공하지는 못한다. 즉, '책상' 과 '의자' 가 서로 상호작용을 함으로써, 학생이 공부할 수 있는 완전한 환경을 제공할 수 있게 된다.

이렇듯, 대부분의 객체는 혼자서 모든 기능을 완벽하게 수행하는 것이 힘들다. 즉, 객체가 그 기능을 성공적으로 수행하기 위해 다른 객체의 기능을 호출하는 것이 필요하며, 객체지향에서는 메시지 전달(Message Passing)을 통해서만 다른 객체의 기능을 호출할 수 있다.

메시지 전달은 한 객체가 다른 객체의 메소드를 호출하는 방법으로, 객체지향 프로그램에서 객체들이 서로 상호작용하는 유일한 수단이다. 그림 5-7은 객체 간 메시지 전달을 보여준다. 송신 객체(Sending Object)의 한 메소드가 그 기능을 수행하는 중간에 수신 객체(Receiving Object)의 메소드를 호출하기 위해 메시지를 전달한다.

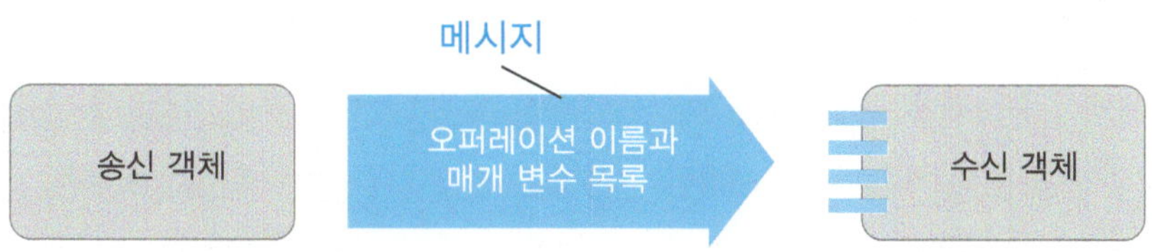

그림 5-7 객체 간의 메시지 전달

메시지는 프로그래밍 언어에 따라 그 형태에 약간의 차이가 있지만, 메시지는 대개 호출하려는 수신 객체 이름, 메소드 이름, 매개변수로 이루어져 있다. 일반적으로 객체 간에 전달되는 메시지의 형태는 다음과 같다.

[수신 객체 이름] . [메소드 이름] ([매개변수 목록])

[수신 객체 이름]은 이 메시지를 받을 객체를 나타내며, [메소드 이름]은 수신 객체의 외부로 노출된 메소드 중의 하나로 수신 객체는 이 메시지를 받은 후 해당 메소드를 수행하게 된다. [매개변수 목록]는 그 메소드가 기능을 실행하는 데 필요로 하는 데이터들을 나타내며, 그 개수는 0에서부터 복수 개로 다양하다. 그리고 [수신 객체 이름]과 [메소드 이름] 사이에 '.' (dot notation)을 작성하여, 메시지가 전달된다라는 의미를 부여한다. Java를 포함한 대부분의 언어에서는 '.' 을 사용하지만, C++에서는 이 외에 '->(화살표)' 가 사용되기도 한다. 소스코드 5-8은 Java를 이용하여 객체 간 메시지 전달을 작성한 예제이다.

소스코드 5-8 메시지 전달을 나타내는 코드

```
1.  myPoint.move (14, 7);
2.  myPoint.changeColor ("yellow");
```

1번째 줄의 'myPoint.move (14, 7)' 은 myPoint라는 인스턴스(수신 객체)에 정의된 move() 라는 메소드를 호출하기 위해 int 타입의 매개변수에 '(14, 7)' 의 값을 전달하는 것을 의미한다. 2번째 줄의 'myPoint.changeColor("yellow")' 는 동일한 myPoint 객체에 정의된 다른 메소드인 changeColor()를 호출하기 위해 String 타입의 매개변수에 "yellow"라는 값을 전달하는 것을 의미한다.

송신 객체에서 수신 객체로 메시지를 전달하면, 수신 객체에 정의된 특정 메소드를 실행시킨다. 그림 5-8은 한 점을 나타내는 myPoint라는 수신 객체에 정의된 메소드와 이를 호출하는 메시지 간의 관계를 보여준다.

'myPoint.move (10, 20)' 은 myPoint 객체의 위치를 움직이기 위해 (10, 20) 값을 move( )오퍼레이션으로 호출하는 메시지이다. 수신 객체인 Point 타입의 myPoint는 메시지 호출을 받고 내부에 정의된 move (int x, int y) 메소드를 실행한다.

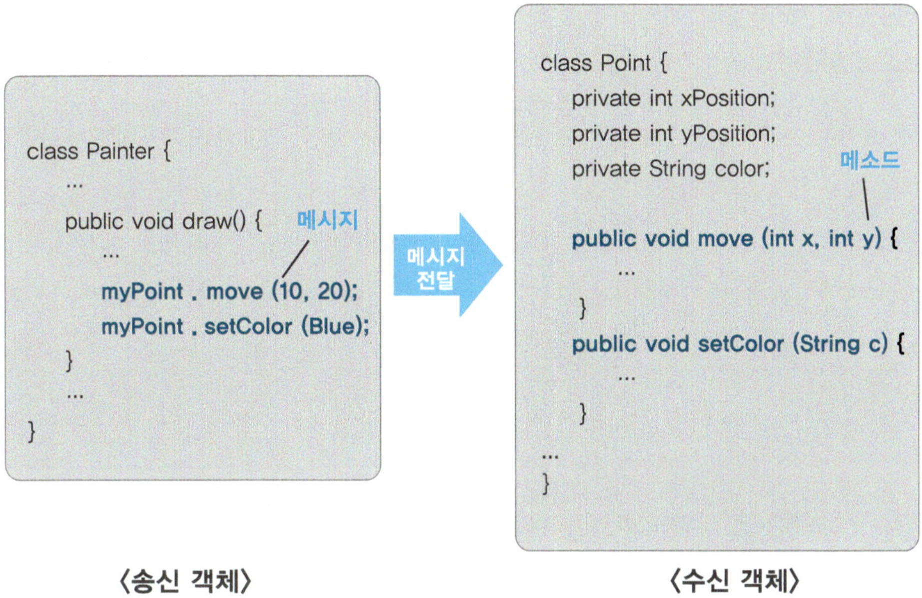

그림 5-8 메시지와 메소드 간의 관계

메소드와 메시지는 유사하게 보이지만, 다음과 같이 명확하게 다른 의미를 가진다.

- **메소드**

  메소드는 한 객체가 행할 수 있는 동작(behavior)에 대한 구현체로서, C++에서는 메소드 대신 멤버 함수(Member Function)라고 흔히 부른다.

- **메시지**

  메시지는 다른 객체에 정의된 특정 메소드를 호출하기 위해 런타임에 전달되는 매체이다.

런타임 시에 보면, 한 수신 객체는 여러 송신 객체로부터 전달되는 여러 메시지를 전달 받아 해당 메소드를 실행하게 된다. 그리고 메소드가 오버라이드된 경우에, 한 메시지는 여러 수신 객체에 정의된 메소드로 전달될 수 있다. 여기서 오버라이드는 상속 관계에 있는 두 객체 사이에서 부모 객체에 정의된 메소드를 자식 객체에서 재정의하는 것을 의미하며, 7.3.절에서 자세히 다룰 것이다.

메시지와 유사한 역할을 하는 '함수 호출 (Function Call)' 이 있다. 메시지와 함수 호출은 모두 다른 메소드를 호출하기 위한 수단으로 사용되지만, 서로 구별되는 차이점을 가지고 있다.

첫째, 메시지는 객체지향 패러다임에서 사용되는 용어이지만, 함수 호출은 객체지향 패러다임보다는 절차적 프로그래밍에서 주로 사용되는 용어로 한 함수에서 다른 함수를 호출하기 위한 수단을 의미한다. 둘째, 함수 호출은 객체지향 패러다임에서 일부 사용되기도 하지만, 이는 한 객체에 정의된 한 메소드에서 동일 객체에 정의된 다른 메소드를 호출하는 경우에 사용된다. 그러므로 함수 호출은 '수신 객체' 를 명시할 필요가 없다.

5.6. 복합 객체 (Composite Object)

5.6.1. 강한 포함 관계와 약한 포함 관계

일상생활에서나 시스템 문제 영역에서 어떤 객체가 다른 객체들을 포함하여 구성되어 있는 경우가 있다. 예를 들면, 자동차는 하나의 엔진과 네 개의 바퀴 및 다른 부속물들로 이루어져 있고, 다각형은 여러 개의 Point (점) 객체들로 구성되어 있다. 이처럼 한 객체가 다른 여러 개의 객체들을 속성으로 가지고 있으면 이를 복합 객체(Composite Object) 또는 전체 객체(Whole Object) 라고 하며, 포함되는 객체를 부품 객체 또는 부속 객체(Part Object)라고 한다. 그리고 이 두 객체들 간에는 포함 관계(Aggregation Relationship)가 있다고 한다.

한 객체가 다른 객체를 포함하는 관계에는 다음과 같은 2가지 종류가 있다.

- **강한 포함 (Strong Aggregation) 관계**

  부속 객체 없이 복합 객체가 생성되지 않으며, 복합 객체가 소멸될 때 부속 객체가 같이 소멸되어야 하는 경우, 이 두 객체는 강한 포함 관계에 있다. 즉, 이 두 객체는 같은 시기에 삭제되기 때문에 그들의 생명 주기(Lifetime)가 동일하다고 할 수 있다.

  그림 5-9에서 사각형(Rectangle) 클래스의 복합 객체인 L1은 네 개의 점(Point) 객체들

과 그 사각형 안을 채우고 있는 그랙픽 번들인 b1객체로 구성되어 있다.

이때 b1객체는 L1 객체안에서만 사용되므로, 이 두 객체들 간에는 강한 포함 관계가 존재한다. 따라서 L1객체를 삭제할 경우 그 안을 채우고 있던 b1 객체 또한 소멸된다.

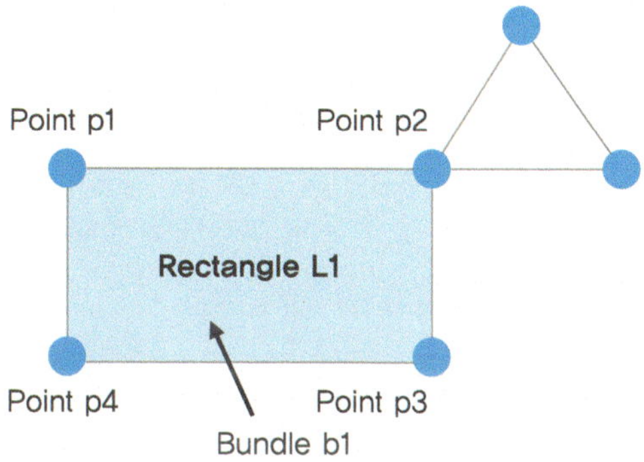

그림 5-9 복합 객체인 사각형 클래스 객체

UML 표준에서는 강한 포함 관계를 Composition 관계라고 하며, 그림 5-10과 같이 채워진 마름모 부호 (◆)를 이용하여 표현한다.

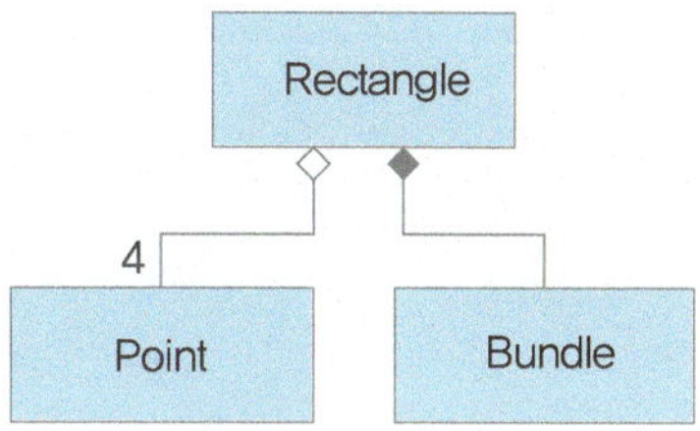

그림 5-10 복합 객체의 UML 표현 예제

또 다른 강한 포함 관계의 예제로, 자동차(Car)와 엔진(Engine)의 관계를 들 수 있다. 엔진 없는 자동차가 존재하지 않으며, 자동차를 폐차할 경우 엔진 역시 폐기 처분한다는 관계를 의미한다.

• **약한 포함 (Weak Aggregation) 관계**

약한 포함 관계와 강한 포함 관계 간의 가장 큰 차이점은 부속 객체의 소멸 시점에 있다. 강한 포함 관계와 동일하게, 약한 포함 관계의 복합 객체는 부분 객체 없이는 생성이 될 수 없다. 그러나 전체 객체가 소멸된다고 하더라도 부속 객체가 소멸될 필요가 없다. 즉, 이 두 객체의 생명 주기는 서로 독립적이다.

그림 5-9의 예제를 보면, 사각형을 삭제하더라도 이를 구성하는 네 개의 점 객체들은 소멸될 필요가 없다. 점 객체인 p2의 경우는 다른 도형에도 포함되어 있으므로, 사각형 객체인 L1을 지워도 p2 객체는 여전히 남아 있다. 그러므로 L1 객체와 Point 클래스의 객체들 간에는 약한 포함 관계가 존재한다.

또 다른 예제로 보면, 자동차(Car)와 바퀴(Wheel)의 경우 약한 포함 관계로 표현될 수 있다. 바퀴 없는 자동차가 존재하지 않으며, 자동차를 폐차하더라도 바퀴의 상태에 따라 이를 다른 차에서 재사용할 수 있기 때문이다.

UML 표준에서는 약한 포함 관계를 Aggregation 관계라고 하며, 그림 5-10과 같이 채우지 않은 마름모 부호(◇)를 이용하여 표현한다.

이제 복합 객체를 Java 언어로 어떻게 작성하는지를 알아보자. 소스코드 5-9는 Rectangle 클래스와 강한 포함 관계를 가지고 있는 Bundle 클래스, 약한 포함 관계를 가지고 있는 Point 클래스를 Java로 작성한 것이다.

소스코드 5-9 Java 로 작성한 Rectangle, Point, Bundle 클래스

```
// 복합 객체의 정의
class Rectangle {
    private Point p1,p2, p3, p4;             // 네 개의 점 객체 선언
    private Bundle b1;                       // 한 개의 그래픽 번들 객체 선언

    public Rectangle (Point p1, Point p2, Point p3, Point p4, Color c, Pattern pa) {
        // 네 개의 점 객체를 입력받아서 사각형 꼭지점으로 할당
```

```
        this.p1 = p1;
        this.p2 = p2;
        this.p3= p3;
        this.p4 = p4;

        // 사각형 생성과 함께 이를 위한 그래픽번들 객체 생성
        b1 = new Bundle (c, pa);
    }

    @Override
    protected void finalize() throws Throwable {
        super.finalize();
        b1 =  null;              // 부분 객체인 b1이 삭제되도록 함
    }

    public void move (int x, int y) {
        p1.move (x, y);             // p1의 move( )를 통해서 점 이동
        p2.move (x, y);
        p3.move (x, y);
        p4.move (x, y);
    }
}

// 약한 포함 관계의 부속 객체인 Point 클래스 정의
class Point {
    private int xPosition;
    private int yPosition;

    public void move (int x, int y) {
        xPosition += x;
        yPosition += y;
    }
```

```
40. }
41.
42. // 강한 포함 관계의 부속 객체인 Bundle 클래스 정의
43. class Bundle {
44.     private Color color;
45.     private Patten pattern;
46.
47.     public Bundle (Color c, Pattern pt) {
48.         color = c;
49.         pattern = pt;
50. }
51. }
```

3,4번째 줄에서 복합 객체인 Rectangle 클래스를 구성하는 4개의 점 객체와 번들 객체를 부속 객체 형태로 선언한다. 6~15번째 줄은 Rectangle 클래스의 생성자로, 복합 객체인 Rectangle이 생성될 때 부속 객체를 어떻게 할당하는지를 보여준다. 부속 객체는 8~11번째 줄과 같이 이미 생성된 객체를 매개변수로 받아 해당 클래스에 정의된 참조 변수에 할당할 수 있고, 14번째 줄과 같이 생성자 내에서 새로운 객체를 생성하여 참조 변수에 할당할 수 있다. 18~21번째 줄은 Rectangle 객체가 소멸될 때 호출되는 소멸자를 정의한 것이다. 20번째 줄에서 소멸자 호출 시 강한 포함 관계로 연결된 부속 객체인 Bundle 객체를 null로 할당함으로써, 해당 객체가 가비지 컬렉션을 통해 삭제될 수 있게 한다. Point 객체는 약한 포함 관계로 연결되어 있기 때문에 소멸자 내에서 해당 객체를 삭제시킬 필요가 없다.

실제로 객체지향 시스템을 개발하다 보면 많은 복합 객체들을 식별하게 된다. 복합 객체는 작은 단위의 부속 객체들을 이용하여 더 큰 객체를 구성할 수 있게 하므로, 효과적인 모듈화를 이용하여 효과적인 소프트웨어 개발을 가능하게 한다.

5.6.2. 부속 객체의 정보 은닉

포함 관계에 있는 두 개의 객체 간에도 정보 은닉의 원칙은 적용된다. 복합 객체가 부분 객체를 포함하고 있기는 하지만, 부속 객체가 가지고 있는 private 속성들을 직접 접근할 수 없다. 그 대신, 부분 객체가 제공하는 외부 인터페이스의 메소드를 통해서만 부분 객체의 내부 정보를 읽거나 바꿀 수 있다.

소스코드 5-9에서 Rectangle 클래스의 복합 객체는 여러 부속 객체들을 포함하고 있다. 23~28번째 줄에서 사각형 위치 이동을 위한 move(int x, int y) 메소드를 구현하였다. 그림 5-11과 같이 사각형의 위치를 이동하기 위해, 해당 사각형 객체를 구성하는 4개의 Point 객체인 p1, p2, p3, p4의 외부 인터페이스인 move(int x, int y) 메소드를 호출하여 각 점의 위치를 이동시킨다. 만약 p1.xPosition++; 와 같이 부속 객체의 내부 속성에 대해 직접 접근을 시도하면, 에러가 발생될 것이다.

이렇듯, 부속 객체 내에서 private으로 선언된 속성은 직접 접근할 수 없고, 모든 부속 객체는 외부 인터페이스를 통해 제어될 수 있음을 알 수 있다. 이는 부속 객체의 정보 은닉을 지켜주어 부속 객체의 무결성, 유지보수성을 보장하기 위함이다. Point 객체의 정보 은닉이 보장되면, Point 객체의 내부가 수정되어도 Rectangle 객체는 Point의 표준 인터페이스를 통해서 Point 객체를 사용하기 때문에 Rectangle 객체의 내부는 수정될 필요가 없다.

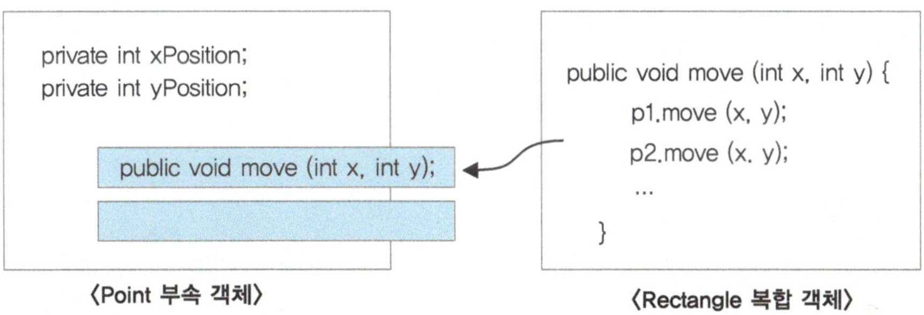

그림 5-11 부속 객체의 정보 은닉

5.7. Static

5.7.1. Static 속성

한 클래스에서 정의된 일반적인 속성들은 이 클래스에서 생성된 각 객체 별로 그 속성들에 대한 메모리가 할당된다. 따라서 한 클래스에서 생성된 여러 객체들은 각각 다른 상태를 유지할 수 있게 된다. 반면에 한 클래스에서 Static으로 정의된 속성들은 각 객체 별로 메모리가 할당되지 않으며, 그 클래스 자체에 Static 속성들의 메모리가 할당된다. 따라서 한 클래스에서 아무리 많은 객체들이 생성되어도, Static 속성에 대한 메모리 할당은 그 클래스 한곳에서만 이루어진다. 그 결과, 이 여러 개의 객체들이 Static 속성들의 값은 공유하여 사용할 수 있게 된다.

각 객체들마다 생성되는 일반적인 속성을 인스턴스 속성(Instance Attribute)이라고 부르며, 클래스 자체에 생성되는 속성을 Static 속성이라고 부른다.

Static 속성은 다음과 같이 C++와 Java에 동일하게 속성 정의 시 static 키워드를 사용하여 정의한다.

```
static [데이터타입] [속성 이름]
ex) static int total;
```

소스코드 5-10은 Java를 이용하여 Static 속성을 정의한 것이다.

소스코드 5-10 Java로 작성한 Static 속성 예제

```java
class Employee {
    private String name;
    private int salary;

    // 총 직원수를 관리하기 위한 Static 속성 선언
    private static int total  = 0;
```

```
7.      // 생성된 직원 인스턴스를 저장하기 위한 Static 속성 선언
8.      private static Vector<Employee> employees = new Vector<Employee>();
9.
10.     public Employee (String name, int salary) {
11.         this.name = name;
12.         this.salary = salary;
13.         employees.add(this);   // 생성된 직원을 employees 배열에 저장
14.         total++;      // 총 직원(total) 수 1 증가
15.     }
16.     …
17.     public static void main (String [] args) {
18.         Employee e1 = new Employee ("John", 35,000,000);
19.         Employee e2 = new Employee ("Mary", 40,000,000);
20.         Employee e3 = new Employee ("Bob", 50,000,000);
21.         …
22.     }
23. }
```

6~8번째 줄에서 static 키워드를 이용하여 전체 직원 수와 직원 목록을 관리하는 Static 속성인 Total과 employees를 정의한다. 10번째 줄에서 생성자를 정의하였으며, 주의깊게 보아야 할 부분은 static 변수를 접근하는 13번째와 14번째 줄이다. 13번째 줄에서는 한 명의 직원이 생성될 때마다 현재 직원을 employees 벡터에 저장한다. 이때, 방금 생성된 Employee 인스턴스를 employees 벡터에 저장하기 위해 this라는 키워드를 사용하였다. 14번째 줄에서는 직원이 생성될 때마다 total을 하나씩 증가시킨다.

그림 5-12는 3개의 직원 인스턴스를 생성한 후의 결과를 도식화한 것으로, 인스턴스 속성과 Static 속성의 차이를 보여준다.

그림에서 total은 Static 속성, name은 인스턴스 속성으로 정의되어 있다. total은 Employee 클래스 수준에 정의된 것으로, Employee 클래스에서 생성된 모든 객체들이 공통으로 사용한다. 그러므로 각 객체들은 모두 3으로 할당된 total 속성을 사용하게 된다. 이와 반대로, name은

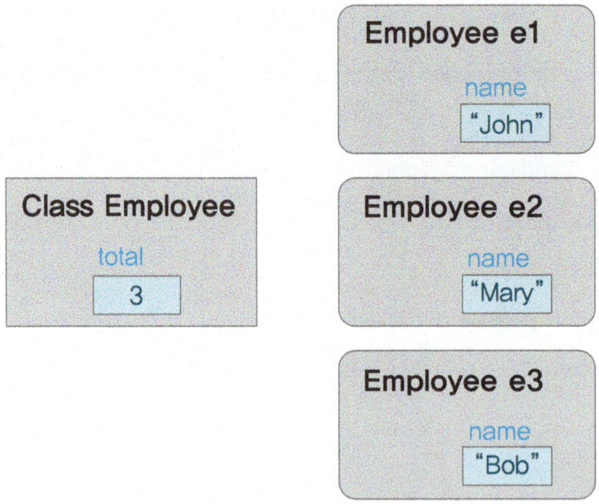

그림 5-12 인스턴스 속성 vs. Static 속성

Employee 클래스의 인스턴스 수준에 정의된 것이므로, 각 인스턴스마다 'John', 'Mary', 'Bob'과 같이 다른 값으로 할당된다.

이렇듯, Static 속성은 클래스로부터 파생된 모든 인스턴스에 적용 가능한 속성을 의미하며, 클래스의 각 인스턴스들은 같은 Static 속성값을 공유한다.

5.7.2. Static 오퍼레이션

한 클래스에 Static 속성이 정의되어 있다면, 이를 처리하기 위한 오퍼레이션이 필요한데, 이를 Static 오퍼레이션 또는 Static 메소드라고 부른다. 클래스 안에 정의된 일반적인 오퍼레이션들은 각 객체들의 상태 값을 처리하기 위한 목적인 반면에, Static으로 선언된 오퍼레이션은 Static 속성 값을 처리하기 위한 목적으로 정의된다. 따라서 Static 오퍼레이션은 Static 속성값만을 사용할 수 있으며, 각 객체에만 국한되는 인스턴스 속성값을 접근할 수 없다.

Static 오퍼레이션은 Static 속성 정의와 유사하게 static 키워드를 사용하여 정의한다. 이 역시 C++ 또는 Java에 상관없이 정의하는 방법이 다음과 같이 동일하다.

```
static [반환타입] [메소드명]([입력매개변수]);
ex) static int getTotal( );
```

소스코드 5-11은 Java를 이용하여 Static 오퍼레이션을 정의한 예제이다.

소스코드 5-11 Java로 작성한 Static 오퍼레이션 예제

```java
class Employee {
    private String name;
    private int salary;

    // 총 직원수를 관리하기 위한 Static 속성 선언
    private static int total  = 0;
    // 생성된 직원 인스턴스를 저장하기 위한 Static 속성 선언
    private static Vector<Employee> employees = new Vector<Employee>();

    public Employee (String name, int salary) {
        this.name = name;
        this.salary =salary;
        employees.add(this);    // 생성된 직원을 employees 배열에 저장
        total++;        // 총 직원(total) 수 1씩 증가
    }

    // 해당 직원의 이름을 얻어오는 인스턴스 메소드
    public String getName() {
        return name;
    }
    // 현재 총 직원수를 얻어오는 Static 메소드
    public static int getTotal() {
        return total;
    }
}
```

18번째 줄에서 각 직원의 이름을 반환하는 인스턴스 메소드를 정의하였고, 22번째 줄에서는 총 직원수를 반환하는 Static 메소드를 static 키워드를 사용하여 정의하였다.

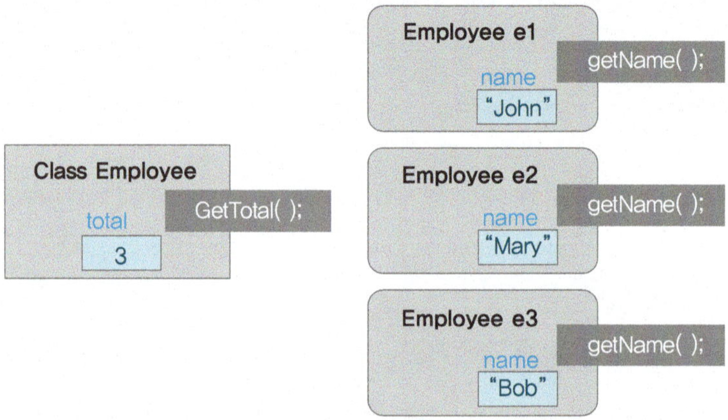

그림 5-13 인스턴스 오퍼레이션 vs. Static 오퍼레이션

그림 5-13은 이 코드를 실행한 후의 결과를 도식화하여 표현한 것으로, 인스턴스 오퍼레이션과 Static 오퍼레이션의 차이를 보여준다.

22번째 정의한 getTotal ()는 Static 변수인 total의 값을 반환하며, 클래스 수준에서 동작하는 Static 메소드이다. 그리고 18번째 정의한 getName() 인스턴스 메소드는 각각 인스턴스에 정의된 인스턴스 속성인 name 값을 반환한다.

이렇듯, Static 메소드는 클래스 수준에 정의되어 클래스 전체에 적용되지만, 인스턴스 메소드는 각 인스턴스를 위한 기능을 수행하는 차이점이 있다.

소스코드 5-12는 소스코드 5-11에서 작성한 Static 속성 및 오퍼레이션을 사용한 Employee 클래스의 예제를 C++언어로 작성한 것을 보여준다.

소스코드 5-12 C++로 작성한 Static 속성 및 Static 오퍼레이션 사용 예제

```
1.  class Employee {
2.  private:
3.      string name;
4.      int salary;
5.
6.      // 총 직원수를 관리하기 위한 Static 속성 선언
7.      static int total;
8.      // 생성된 직원 인스턴스를 저장하기 위한 Static속성 선언
9.      static vector<Employee> employees;
10.
11. public:
12.     Employee(string name, int salary) {
13.         this->name = name;
14.         this->salary = salary;
15.         employees.push_back(*this);
16.         total++;
17.     }
18.
19.     string getName() {
20.         return name;
21.     }
22.
23.     static int getTotal() { // 현재 총 직원수를 얻어오는 static 메소드
24.         return total;
25.     }
26. };
```

7번째 줄과 9번째 줄에서 static 키워드를 사용하여 total과 employees를 Static 속성으로 정의하였다. 그리고 소스코드 5-11의 13,14번째 줄과 동일하게, 15번째 줄과 16번째 줄에서 현재

생성된 직원 인스턴스를 employees 벡터에 저장하고, 전체 직원 수인 total을 하나씩 증가하였다. 23번째 줄에서는 Static 속성인 total 값을 반환하는 Static 오퍼레이션을 정의하였다.

5.7.3. Static 속성과 오퍼레이션의 접근 방법 및 규칙

Static 멤버는 클래스 수준에서 정의되어 있기 때문에, 클래스로부터 인스턴스를 생성하지 않아도 사용 및 접근 가능하다. 그러므로 Static 멤버를 접근하기 위해서 다음과 같이 인스턴스 이름이 아닌 클래스 이름을 사용한다.

Static 속성 접근

Java의 경우 : **[클래스 이름]**.[Static 속성 이름]

C++의 경우 : **[클래스 이름]**::[Static 속성 이름]

Static 오퍼레이션 접근

Java의 경우 : **[클래스 이름]**.[Static 오퍼레이션 이름]([매개변수 목록])

C++의 경우 : **[클래스 이름]**::[Static 오퍼레이션 이름]([매개변수 목록])

Java와 C++와 같은 객체지향 언어에 상관없이, Static 속성을 접근할 경우에는 [클래스 이름]을 기술하고, 접근하고자 하는 [Static 속성 이름]을 작성한다. 이는 해당 속성이 인스턴스 수준이 아니라 클래스 수준에서 정의되어 있음을 의미한다. 여기서 유의할 점은 Static 속성 접근 시 Java에서는 '. (dot)' 을 사용하며, C++에서는 '::' 을 사용한다는 점이다. 예를 들어, Java를 이용해서 Math 클래스 내의 'PI' 클래스 속성을 접근하기 위해서는 'Math.PI' 와 같이 표기해야 하고, C++을 이용할 경우 'Math::PI' 라고 작성해야 한다.

Static 오퍼레이션을 접근할 경우도 마찬가지로 [클래스 이름]을 명시하고, 프로그램 언어에 따라 '.' 또는 '::' 를 이용한다. 그리고, [Static 오퍼레이션 이름]과 [매개변수 목록]을 작성한다. Math 클래스 내의 'sqrt' 이름의 Static 오퍼레이션을 호출하기 위해 Java에서는 'Math.sqrt(900.0)' , C++에서는 'Math:: sqrt(900.0)' 라고 작성한다.

소스코드 5-13은 Static 속성 및 Static 오퍼레이션을 접근하는 예제를 Java로 작성한 것이다.

소스코드 5-13 Java로 작성한 Static 속성 및 Static 오퍼레이션 접근 예제

```
1.  public static void main (String [] args) {
2.      Employee john = new Employee ("John", 3500);
3.      Employee mary = new Employee ("Mary",4000);
4.      Employee bob = new Employee ("Bob", 5000);
5.
6.      System.out.print ("Total Number of Employees  (via static variable): " );
7.      System.out.println (Employee.total);
            // 클래스명을 이용하여 Static 속성 접근
8.
9.      System.out.print ("Total Number of Employees  (via static operation): " );
10.     System.out.println (Employee.getTotal());
            // 클래스명을 이용하여 Static 오퍼레이션 접근
11.
12.     System.out.print ("List of Employees' Names : " );
13.     System.out.println (john.getName()  + ", " + mary.getName() + ", " +
    bob.getName());
14. }
```

7번째 줄에서 클래스 이름인 Employee를 이용하여 Static 속성인 total을 접근하며, 10번째 줄에서도 이와 유사하게 Employee 이름으로 Static 오퍼레이션인 getTotal()를 호출한다.

소스코드 5-14는 Static 속성 및 Static 오퍼레이션을 접근하는 예제를 C++로 작성한 것이다.

소스코드 5-14 C++로 작성한 Static 속성 및 Static 오퍼레이션 접근 예제

```
1.  int Employee::total= 0;                    // Static 속성 초기화
2.  vector<Employee> Employee::employees;      // Static 속성 초기화
3.
4.  int main() {
5.     Employee john ("John", 3500);
6.     Employee mary ("Mary", 4000);
7.     Employee bob ("Bob", 5000);
8.
9.     cout << "Total Number of Employees : " << Employee::getTotal() << endl;
10.        // Static 오퍼레이션인 getTotal() 호출
11.    cout << "List of Employees' Names : " << john.getName() << " , "
           << mary.getName() << " , " << bob.getName() << endl;
12.    return 0;
13. };
```

전체 코드는 Java의 경우와 유사하지만, C++를 이용할 경우에는 다음과 같은 두 가지 차이점을 유념해서 작성해야 한다. 첫째, C++에서는 Static 속성 선언과 초기화를 나누어서 해야 한다. 그러므로 소스코드 5-12의 7, 9번째 줄에서 Static 속성을 선언하였고, 소스코드 5-14의 1~2번째 줄에서 해당 Static 속성을 초기화한다. 둘째, C++에서는 Static 속성 및 Static 오퍼레이션을 접근하기 위해, '::' 을 이용해야 한다. 그러므로 9번째 줄에서 클래스 명인 Employee와 '::' 을 이용해서 Static 오퍼레이션인 getTotal()을 호출한다.

언어마다 약간의 차이는 있지만, Static 속성과 메소드를 접근할 때 객체 이름보다는 클래스명을 사용하는 것을 권장한다. 이는 의미적으로 Static 멤버가 특정 인스턴스에 속한 것이 아니기 때문이며, 코드를 읽는 개발자에게 이 메소드가 Static 메소드임을 쉽게 알 수 있게 하기 때문이다.

Static 속성과 메소드는 인스턴스 속성과 메소드가 메모리에 할당되는 시점보다 먼저 할당이 되기 때문에 표 5-2와 같은 사용 규칙에 대한 제약 사항이 있다.

표 5-2 Static 속성 및 메소드 접근 허용 규칙

속성 / 메소드	인스턴스 속성	Static 속성
인스턴스 메소드	접근 허용	접근 허용
Static 메소드	접근 불가	접근 허용

인스턴스 메소드 내에서는 다른 인스턴스 속성 및 메소드를 접근하거나 Static 속성 및 메소드를 접근하는 데에는 아무런 제약이 없다. Static 메소드 내에서는 Static 속성 및 메소드만 접근 가능하며, 인스턴스 속성 및 메소드를 접근하는 것은 허용되지 않는다. 즉, Static 메소드 내에서 인스턴스 멤버를 접근하려고 할 때, 그림 5-14와 같은 컴파일 에러가 발생한다.

```
Exception in thread "main" java.lang.Error: Unresolved compilation problem:
        Cannot make a static reference to the non-static field instanceAttribute
```

그림 5-14 인스턴스 메소드 내에서 Static 멤버 접근 시 컴파일 에러 화면

컴파일 에러가 나는 원인은 Static 메소드가 클래스 수준에서 정의된 것이기 때문이다. 즉, Static 메소드가 생성되어 접근 가능한 시점에는 어떠한 인스턴스도 생성되지 않은 상태이기 때문에, 특정 인스턴스의 속성이나 메소드를 접근하는 것은 불가능하다. 이런 이유로 Static 메소드 내에서는 오직 Static 속성 및 Static 오퍼레이션 만이 접근 가능하다.

5.7.4. Static의 활용

Static 속성 및 메소드는 한 클래스로부터 나온 모든 인스턴스들에게 공유되기 때문에, 주로 인스턴스들에 대한 요약 정보나 통계 정보를 유지 및 제공하기 위해 사용된다. 다음은 Static 속성 및 메소드를 사용하는 예이다.

- **클래스로부터 생성된 모든 인스턴스의 개수 정보를 관리하기 위해 Static 속성 및 메소드 정의**

- 한 클래스로부터 나온 모든 인스턴스들을 대상으로 검색하기 위해 Static 메소드 정의
- 모든 인스턴스들이 공유해서 사용할 수 있는 데이터베이스로의 핸들을 관리하기 위해 Static 속성 및 메소드 정의
- 새로운 객체 생성 시 모든 객체에게 동일하게 적용되는 기본 정보 저장 위해 Static 속성 정의
- 새로운 객체 생성 시 호출되는 생성자 정의 위해 Static 메소드 정의
  (즉, 생성자도 Static 메소드의 한 종류임)

5.8. 본 장의 정리

본 장에서는 동일한 종류의 객체들이 가지는 속성 및 메소드를 정의하는 단위인 클래스 및 클래스와 관련된 개념에 대해서 알아보았다. 먼저, 클래스를 1) 분석 및 설계 단계에서 동일한 종류의 객체들에 대한 그룹을 의미하는 단위, 2) 구현 단계에서 프로그래밍 언어를 이용해서 객체를 생성하는 데 필요한 템플릿, 3) 프로그래밍 언어에서 사용자 정의 데이터 타입을 정의하는 데 활용하는 단위로 정의하였다.

다음에 클래스로부터 생성되는 각각의 객체를 의미하는 인스턴스와 인스턴스 생성 및 삭제에 호출되는 특별한 메소드인 생성자 및 소멸자에 대해서 알아보았다. 생성자는 클래스 이름과 동일하며 반환 타입이 없는 특별한 메소드로 인스턴스 생성 시에 호출되어, 메모리에 인스턴스를 생성하고, 해당 인스턴스를 초기화하는 역할을 한다. Java 및 C++에 따라 생성자 구문이 약간 차이가 있지만, 둘은 공통적으로 new라는 키워드를 활용한다. 소멸자는 생성자와 반대로 해당 인스턴스가 사용한 자원을 회수하고 메모리로부터 해당 인스턴스를 삭제하는 역할을 한다. Java는 소멸자에 대한 특별한 장치가 없어 Java API의 루트에 위치한 Object 클래스의 finalize() 메소드를 활용하여 소멸자와 유사한 기능을 수행하게 하며, C++는 클래스 이름 앞에 "~"를 붙여 소멸자를 정의한다.

대부분의 클래스는 다른 클래스로 메시지를 전송함으로써 상호작용한다. 메시지는

클래스 간 상호통신을 가능하게 하는 유일한 수단으로, myPoint.move()와 같이 호출하고자 하는 수신 객체 이름과 메소드 이름으로 구성된다. 이렇게 메시지를 전송하면, 해당 수신 객체에 정의된 메소드를 호출함으로써 다른 객체의 기능을 제공받을 수 있다.

그리고 클래스 간의 포함 관계에 대해서 알아보았다. 한 클래스는 다른 클래스를 포함하도록 정의될 수 있으며 이를 복합 객체라고 하고, 포함되는 객체는 부속 객체라고 한다. 복합 객체는 부속 객체 없이 생성될 수 없다. 즉, 부속 객체 없이는 복합 객체를 만들 수 없다. 그러나 복합 객체와 부속 객체의 소멸 시점이 동일한지 그렇지 않은지에 따라 강한 포함 관계와 약한 포함 관계로 나뉜다. 강한 포함 관계로 연결된 객체들은 복합 객체가 소멸되면 관련된 부속 객체들이 모두 소멸되며, 약한 포함 관계로 연결된 객체들은 복합 객체의 소멸과 상관없이 부속 객체가 존재할 수 있다.

마지막으로, 한 클래스에서 생성된 모든 인스턴스들이 서로 공유할 수 있는 Static 속성 및 Static 메소드에 대해서 알아보았다. 대부분의 속성 및 인스턴스는 각 인스턴스에 적용되지만, Static으로 정의된 속성 및 메소드는 여러 인스턴스들의 클래스를 대상으로 적용된다. 그러므로 Static으로 정의된 속성 및 인스턴스는 Math.sqrt()와 같이 클래스 이름으로 접근할 수 있다. Static 속성 및 메소드는 한 클래스로부터 생성된 인스턴스들에 대한 통계 정보를 저장하거나 관리하는 데 사용된다.

— 연습문제 —

1. 클래스의 3가지 정의 중 '객체 생성을 위한 템플릿으로서의 클래스'와 '사용자 정의 데이터 타입 정의를 위한 클래스'의 유사점과 차이점을 기술하시오.

2. 클래스와 객체를 구별하여 정의하고, Java 또는 C++를 이용하여 클래스와 객체의 차이점을 설명하시오.

3. 생성자의 역할과 생성자가 수행하는 2가지 작업을 작성하시오.

4. C++에서 인스턴스를 생성하는 2가지 방법을 작성하고, 각 차이점을 기술하시오.

5. 소멸자에서 수행해야 하는 작업을 나열하시오.

6. Java에서 소멸자를 구현할 수 있는 방법을 작성하고, 그에 대한 예제를 작성하시오.

7. 클래스 간의 통신 수단으로 메시지를 작성할 때, 수신 객체의 이름을 반드시 작성해야 한다. 수신 객체의 이름 없이 메소드 이름만 작성할 경우 어떤 문제가 발생하는가?

8. 강한 포함 관계와 약한 포함 관계의 유사점과 차이점을 작성하고, 각각에 대한 예제를 Java 또는 C++로 작성하시오.

9. Static 속성과 Public 속성의 차이점을 작성하시오.

10. Static 속성 및 메소드를 사용하는 적절한 예제를 찾고, 이를 Java 또는 C++로 작성하시오.

제6장

상속 (Inheritance)

*** 본 장의 목표**

- 실세계의 일반화(Generalization)에 대한 개념을 살펴보고, 이를 객체지향 패러다임에서 어떻게 상속에 적용하는지 학습한다.
- 상속 장치 효과를 네 가지 측면에서 알아보고, 이 장치의 활용 방법을 구체적으로 살펴본다.
- Java와 C++ 언어가 상속 장치를 어떻게 지원하는지에 대해 알아본다.
- 상속 관계에서만 사용되는 가시성인 'Protected' 장치와 일부 언어에서만 지원되는 다중 상속에 대해 학습한다.

6.1.
일반화 (Generalization)와 세분화 (Specialization)

객체지향 패러다임의 상속은 일반화(Generalization)의 개념을 프로그램 설계에 적용하기 위한 장치로 고안되었다. 일반화는 범용적인(Generic) 개체와 좀 더 구체적인(Specific) 개체 간의 관계에서 발생되는데, 구체적인 여러 개체들의 공통적인 요소들을 식별하여 하나의 범용적인 개체 안에 정의하는 장치이다. 예를 들면, '남자', '여자' 의 두 개 개체에서 공통적인 요소들인 이름, 생년월일, 주소 등을 식별하고, 이들을 '사람' 이란 개체 안에 정의한다. 이때 '사람' 이란 개체는 '남자', '여자' 개체들을 일반화한, 즉 추상화한 결과이다.

이처럼 구체적인 개체들에서 공통적인 요소들을 식별하여 범용적인 개체를 도출하는 과정을 일반화라고 한다. 세분화(Specialization)는 일반화와 대비되는 개념으로, 하나의 범용적인 개체에서 여러 개의 구체적인 개체들로 세분화하는 개념적 장치이다. 즉, '사람' 이란 하나의 개체를 '남자', '여자' 란 두 개의 개체들로 구체화하면 이를 세분화라고 한다.

그림 6-1은 그래픽 개체들에 대해 일반화와 구체화의 개념을 적용한 구조를 보여준다. 원(Circle), 삼각 (Triangle), 사각형(Rectangle)이란 세 개의 객체는 도형(Shape)으로서의 공통적인 특징을 가지고 있다. 즉, 도형을 그리거나(Drawing), 움직이거나(Moving), 색상을 바꾸거나(Coloring), 면적을 계산하거나 등의 공통성을 가지고 있다. 따라서 일반화를 적용하여 Shape라는 객체를 정의하고 있다.

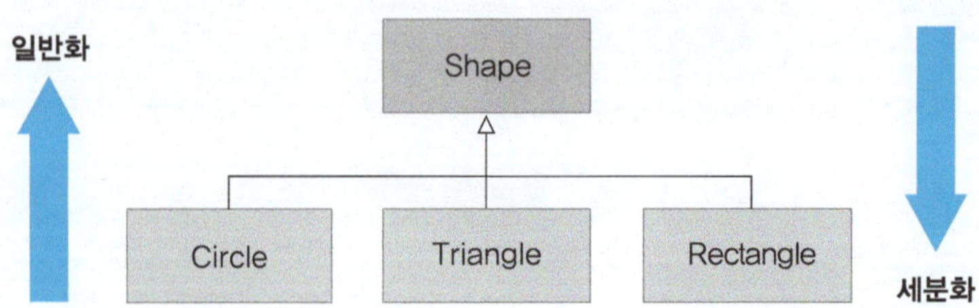

그림 6-1 일반화를 적용하여 Shape 객체 도출

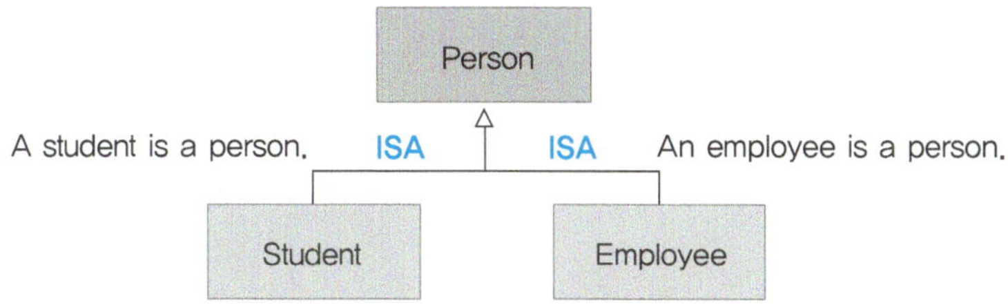

그림 6-2 IS-A 관계의 예제

일반화와는 반대의 장치로서, 하나의 개체에서 세부적인 여러 개체들을 도출해 가는 과정을 세분화(Specialization) 라고 한다. 즉, 그림 6-1에서와 같이 Shape 객체는 보다 구체적인 도형들인 Circle, Triangle, Rectangle 객체들로 세분화된다.

일반화 관계에 있는 두 개의 객체들간에는 ISA(Is-A) 관계가 성립되어야 한다. 그림 6-2는 대학 인사 관리 도메인의 객체들 간 ISA 관계를 보여준다. 학생(Student)은 사람(person)이므로 영어로 표기하면 "A student is a person." 이 된다.

6.2. 상속 장치

6.2.1. 슈퍼클래스와 서브클래스

객체지향 패러다임에서 상속(Inheritance)은 위에서 설명된 일반화 관계를 프로그램으로 실현한 장치이다. 일반화 과정에서 도출된 범용적이며 공통적인 속성들과 메소드들을 가지는 클래스를 슈퍼클래스(Superclass)라고 한다. 슈퍼클래스는 부모 클래스(Parent Class) 또는 베이스 클래스(Base Class)라고도 불린다.

세분화 과정에서 도출된 슈퍼클래스에는 포함되어 있지 않은 추가적인 속성들과 메소드들을 가진 클래스를 서브클래스(Subclass)라고 한다. 서브클래스는 자식 클래스(Child Class) 또는 확장 클래스(Extended Class)라고도 불린다. 서브클래스는 항상 어떤 슈퍼클래스의 하위에 위치한다.

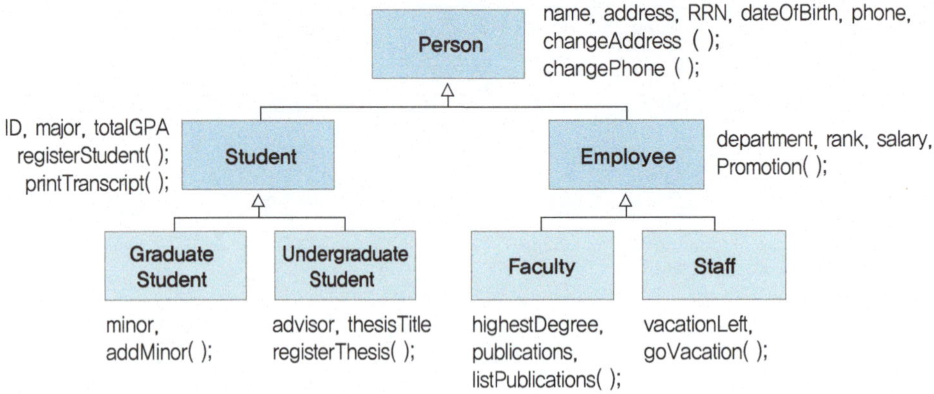

그림 6-3 대학 인사 관리 시스템의 클래스 상속 구조

대학 인사 관리 시스템에서 상속을 적용한 사례를 살펴보자. 그림 6-3에서처럼, 슈퍼클래스인 Person은 서브클래스들인 Student와 Employee로 세분화된다. 나아가 Student 클래스는 Graduate Student(대학원생)과 Undergraduate Student(학부생)이란 클래스들로 세분화된다. 동일한 방식으로, Employee 클래스는 Faculty(교수)와 Staff(교직원)이란 서브클래스들로 세분화된다. 슈퍼클래스들은 보다 범용적인 정보를 포함하며, 서브클래스는 보다 구체적이며 세부적인 정보를 포함한다.

6.2.2. 클래스 상속 구조 (Class Inheritance Hierarchy)

그림 6-3에서처럼, 클래스들 간의 상속 관계를 표현한 다이어그램을 클래스 상속 구조(Class Inheritance Hierarchy)라고 한다. 이러한 구조는 목표 시스템을 구성하는 모든 객체들을 정의하고 있으며, 각 클래스는 객체지향 언어를 이용하여 하나의 클래스로 구현된다. 따라서 클래스 상속 구조는 목표 프로그램의 기본 골격을 이룬다고 볼 수 있다.

클래스 상속 구조에서 가장 상위에 위치하는 클래스를 루트 클래스(Root Class)라고 한다. 그림 6-3의 예에서는 Person이 루트 클래스가 된다. 루트 클래스는 다른 모든 클래스의 상위에 위치하게 되므로, 모든 클래스들이 필요로 한 속성들과 메소드들을 정의하고 있다. 예를 들면, Java 언어에는 java.lang.Object라는 루트 클래스가 있으며 이 클래스에는 다른 모든 Java 클래스들이

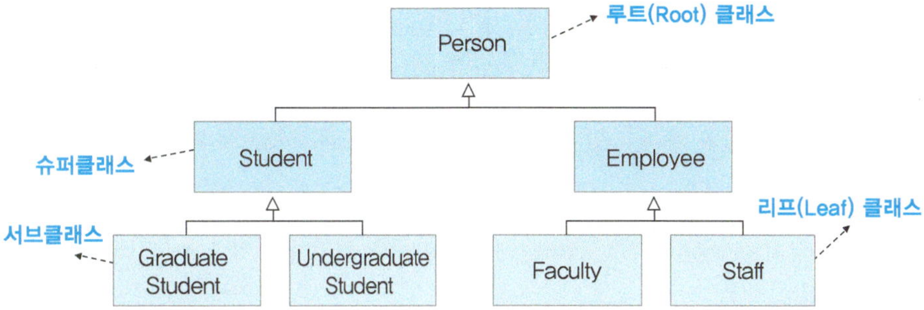

그림 6-4 상속과 관련된 용어들

상속받게 되는 toString( ) 등의 메소드가 있다. Java와 같은 일부 객체지향 언어에서는 언어 자체에서 정의한 루트 클래스를 가지고 있으나, C++ 등 언어에서는 언어 자체에서 정의한 루트 클래스는 지원하지 않는다. 이런 경우에 목표 프로그램 안에서 루트 클래스를 정의하고, 다른 모든 클래스들을 그 하위의 서브클래스로 정의해서 사용하게 된다.

루트 클래스와 반대로 클래스 상속 구조에서 가장 하위에 위치하는 클래스들을 리프 클래스(Leaf Class)라고 한다. 그림 6-3의 예제에서 가장 하위에 있는 Staff 등 네 개의 리프 클래스들이 있다. 리프 클래스는 서브클래스를 가지지 않으므로, 매우 세분화된 구체적인 정보를 나타낸다.

클래스 상속 구조에서 상위에 있는 클래스들은 공통적이며 범용적인 속성들과 메소드들을 가지고 있는 반면, 하위에 있는 클래스들은 각 클래스에서 필요로 하는 추가적인 속성들과 메소드들만 가지게 된다. 이로 인해 상속 장치에 의해서 하위 클래스에서 생성된 인스턴스는 상위 클래스의 인스턴스보다 많은 개수의 속성들과 메소드들을 가지게 된다.

6.2.3. 상속의 대상

슈퍼클래스는 여러 서브클래스들의 공통적인 속성과 메소드들을 가지며, 각 서브클래스는 슈퍼클래스가 가진 모든 것을 상속받고 추가적으로 필요한 속성들과 메소드들만 가지게 된다. 이때 모든 것이란 슈퍼클래스가 가지고 있는 모든 속성들, 모든 메소드들, 주변 클래스와의 관계(Relationship)를 의미한다. 즉, 객체지향에서 상속의 의미는 슈퍼클래스가 가지고 있는 모든 것을 그 서브클래스 자체에서 정의된 것처럼 사용한다는 것이다.

상속의 대상 == (속성) + (오퍼레이션) + (관계)

그림 6-3에서, Person은 name, address 등 다섯 개의 속성들과 changeAddress( ), chanePhone( )이란 두 개의 메소드들을 가지고 있다. 서브클래스인 Student 클래스는 Person이 가지고 있는 모든 속성들과 메소드들을 마치 내것인 것처럼 상속받고, Student 클래스에서 필요한 추가적인 속성인 ID(학번), major(전공') 등의 속성들과 이들을 처리하기 위한 printTranscript( )등의 메소드를 가진다.

그림 6-5는 상속의 효과가 객체 생성에 어떻게 나타나는지를 보여준다. Student 클래스에서 객체를 생성하면, 슈퍼클래스에서 상속받은 다섯 개의 속성들과 Student 클래스 자체에서 정의한 세 개의 속성들을 합쳐서 여덟 개의 속성들이 만들어진다. 오퍼레이션 또한, 상속받은 두 개와 자체에서 정의한 두 개를 합쳐서 네 개가 만들어진다.

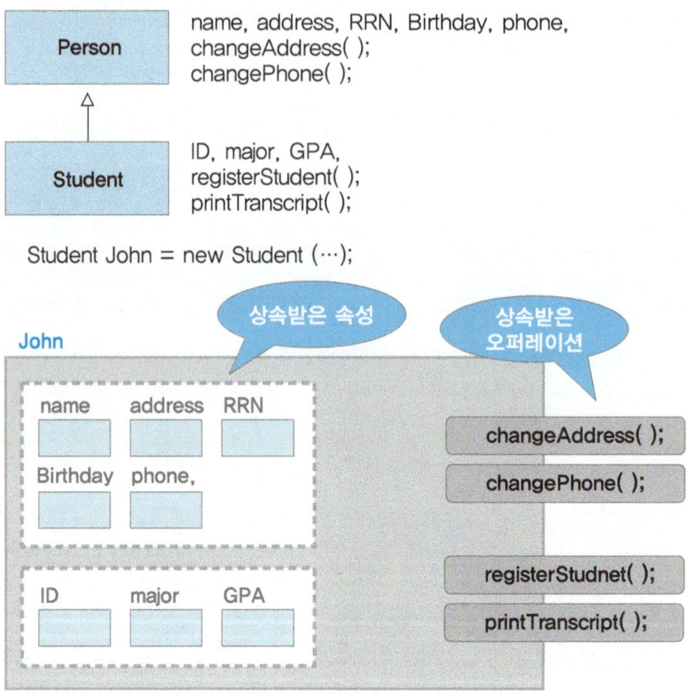

그림 6-5 인스턴스 생성으로 나타난 상속의 결과

이처럼, 객체지향 패러다임에서는 새로운 클래스가 필요할 때, 기존의 어떤 슈퍼클래스로부터 상속을 받아 경제적으로 정의할 수 있다. 서브클래스들이 공통으로 필요로 하는 것을 슈퍼클래스에 추출하여 한번만 정의하고, 이를 여러 서브클래스들이 상속받아 재사용함으로써, 전체 프로그램에서 공통 속성들과 오퍼레이션들이 중복되어 구현되지 않는다. 그 결과, 객체지향 프로그램은 매우 간결해지며, 절차적 프로그램에 비하여 그 크기가 상당히 줄어든다.

6.3. Protected 속성 및 메소드

제4장에서 속성 및 메소드가 가질 수 있는 세 가지 가시성인 public, private, package 에 대해서 알아보았다. 이 외에 상속 관계에 있는 서브클래스에서만 접근할 수 있도록 하는 protected 가시성이 있다.

6.3.1. Protected 가시성

Protected 가시성은 상속 관계에 있는 클래스들끼리 접근 제한을 지정하고자 할 때 사용된다. 슈퍼클래스에 protected로 선언되어 있는 속성 및 메소드는 서브클래스에서 아무런 제약 없이 접근 가능하다. 그림 6-6은 protected로 선언된 속성의 접근성을 보여준다.

그림에서 클래스 A는 세 개의 정수형 속성들을 private, protected, public으로 각각 정의하고 있다. 클래스 B는 슈퍼클래스 A를 상속받으며, 클래스 C는 상속 관계에 있지 않는 독립된 클래스이다. private으로 선언된 속성 'i'는 B와 C 클래스에서 접근이 되지 않는다. protected로 선언된 속성 'j'는 서브클래스인 B에서 접근이 가능하나 별도의 클래스인 C에서 접근되지 않는다. public으로 선언된 'k'는 다른 모든 클래스, 즉 클래스 B와 클래스 C에서 접근이 가능하다. 이처럼, protected 가시성은 서브클래스에게만 접근을 허용할 때 사용된다.

protected로 선언된 오퍼레이션들도 동일한 접근 규칙을 가지고 있다.

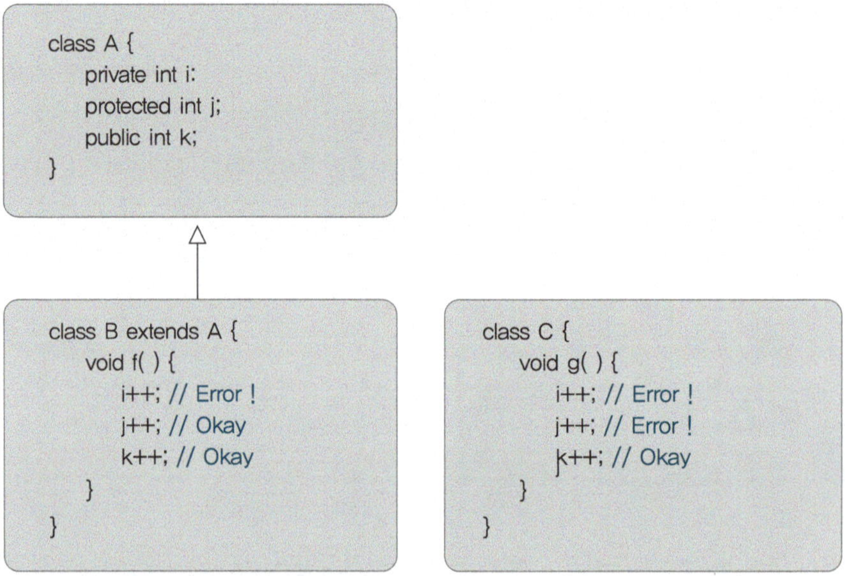

그림 6-6 Protected 가시성

6.3.2. protected 가시성의 단점 및 해결 방법

클래스가 서로 상속 관계에 있다면, 서브클래스는 슈퍼클래스의 protected 속성 및 메소드를 필요 시에 직접 접근할 수 있고, protected로 선언된 속성의 값을 직접 변경할 수 있다. 그러나 protected 속성 및 메소드는 public과 유사하게 다음과 같은 문제가 발생할 수 있다.

*** protected 속성에 대한 유효성 검사가 어려움**

상속 관계에서는 protected 속성은 서브클래스 내에서는 public 속성과 동일한 효과를 가진다. 즉, 서브클래스에서는 슈퍼클래스의 protected 속성을 아무런 제약 없이 접근할 수 있고, 서브클래스가 유효하지 않은 값으로 할당하는 것을 막을 수 없다. 예를 들어, 슈퍼클래스에 protected 로 선언되어 있는 int 형의 나이를 나타내는 age 속성이 선언되어 있다고 가정하자. 음수의 값을 가지는 나이는 존재하지 않지만, 서브클래스에서 "age = -7" 등 유효하지 않은 값으로 할당해도 이를 통제할 수 없다. 즉, protected 속성을 직접 접근할 수 있으므로, 올바른 값으로 할당되는지에 대한 유효성을 확인할 방법이 없다.

* 슈퍼클래스와 서브클래스 간의 의존성 증가

슈퍼클래스에서 선언된 protected 속성은 서브클래스에서 직접 접근 가능하다. 그래서 protected 속성의 이름 또는 데이터 타입을 변경하면 이를 참조하는 모든 서브클래스를 모두 변경해야 한다. 즉, 속성을 직접 참조하기 때문에, 슈퍼클래스와 서브클래스 간의 의존성이 증가하여, 속성을 변경할 경우 이에 따라 부수적으로 관련 있는 모든 서브클래스를 수정해야 하는 번거로움이 발생한다.

protected 속성 및 메소드가 가지는 이런 단점 때문에, 가급적이면 protected 속성 사용을 제한해야 한다. 그러면, protected와 동일한 가시성 효과를 가지면서, protected 속성을 사용하지 않은 방법은 무엇이 있을까? protected 속성을 private 속성으로 변경하고, 이 속성을 접근할 수 있는 Getter와 Setter 오퍼레이션들을 protected로 선언해서 사용한다. 그림 6-7은 나이를 나타내는 age 속성을 protected로 사용한 코드와 이를 변경하여 protected 속성을 전혀 사용하지 않은 코드를 보여준다. 즉, 다음의 순서대로 변경하면 된다.

(1) protected로 선언된 속성을 private으로 변경한다. 그림의 예제에서 age 속성이 해당된다.

(2) 서브클래스가 private 속성을 접근할 수 있도록, Getter, Setter 오퍼레이션들을 protected로 선언한다. 그리고 그 setter 오퍼레이션 내에서 if 구문을 사용하여 매개변수의 유효성을 검사하고, 유효할 경우에만 private 속성의 값을 변경해 준다. 그림의 예제에서 getAge( )와 setAge( )가 있으며, setAge( )안에서 if 구문으로 입력된 값 'x' 의 유효성을 검사한다. 이 값이 유효하지 않으면 age의 값을 수정하지 않고, false를 반납하여 유효하지 않음을 호출자에게 알려준다.

```
class A {
    protected int age;
    ...
}

class B extends A {
    void f() {
        age = -7; // 유효하지 않은 값
    }
}
```

수정 후

```
class A {
    private int age;
    ...
    protected int getAge ( ) {return age;}
    protected boolean setAge (init x) {
        If (x >= 0) {  //유효성 검사
            age = x;
            return true;
        }
        else
            return false;
    }
}

class B extends A {
    void f ( ) {
        // 유효하지 않은 값으로 false 결과값을 받음
        setAge (-7);
    }
}
```

그림 6-7 protected 속성으로 인한 문제의 해결 예제

이와 같이 방법으로 protected 속성의 사용으로 인한 문제를 피하면서, protected 가시성의 본래 목적인 서브클래스에서만 접근이 가능하도록 할 수 있다.

6.4. 상속의 효과

상속은 절차적 프로그래밍 언어에는 지원되지 않으며, 다음과 같은 여러 장점이 있다.

6.4.1. 프로그램 구조에 대한 이해도 (Understandability) 향상

상속 메커니즘을 활용하여 클래스 상속 구조를 정의하면, 클래스들 간의 상속 관계를 보여줄 뿐만 아니라 설계 및 구현 후의 전체 시스템의 구성을 예상할 수 있다. 분석 단계의 상속 구조가 설계 및 구현 과정에서 필요한 세부 정보는 추가되지만 전체의 구조는 유지되기 때문이다. 따라서 상속 구조는 시스템을 쉽게 이해하는 데 큰 도움이 된다.

그림 6-3의 대학 인사 관리 시스템 예에서 상속 구조의 최상위 클래스인 Person 클래스만 보면, 그 하부의 서브클래스들을 모두 보지 않아도 속성과 메소드들로 표현된 '사람' 과 관련 있는 정보들을 알 수 있으며, Person 클래스의 서브클래스들이 공통적으로 갖게 될 특성을 예상할 수 있다.

6.4.2. 재사용성 (Reusability) 향상

상속 메커니즘은 기존 클래스에서 추가적인 속성 및 메소드를 추가하는 Subclassing을 통하여 새로운 클래스를 정의하는 것을 지원한다. 즉, 상속 메커니즘을 이용하면 한 클래스에 필요한 속성 및 메소드를 모두 정의할 필요 없이, 기존의 클래스를 재사용할 수 있다. 그림 6-3의 예에서도 Person 클래스를 재사용하여 Student 클래스와 Employee 클래스를 정의하였다. 이때 Person 클래스에 정의되어 있는 모든 것을 서브클래스들이 재사용하게 되므로, Student 클래스를 상속 없이 처음부터 모두 재 정의하는 것보다 더 경제적이다.

6.4.3. 확장성 (Extensibility) 향상

상속 메커니즘을 이용하여 새로운 클래스를 추가하는 것이 용이해진다. 상속을 이용하면 기존의 클래스를 재사용하는 데 그치지 않고, 목적에 맞게 새로운 속성 및 메소드를 추가할 수 있다. 이는 속성 및 메소드를 모두 새롭게 정의해야 하는 경우보다 쉽게 새로운 클래스를 추가할 수 있다. 그러므로 Subclassing 기법을 활용함으로써 필요로 하는 속성 및 메소드를 최대한 많이 제공하는 클래스로부터 새로운 클래스를 정의하여 프로그램을 쉽게 확장할 수 있다.

그림 6-3의 예에서 비정규직을 의미하는 Temporary Employee를 추가한다고 가정하자. 이 클래스도 Employee이기 때문에, Employee 클래스의 서브클래스에 위치시키고 Employee에서 정의되지 않은 속성 및 메소드만 추가함으로써 보다 쉽게 새 클래스를 추가할 수 있다.

6.4.4. 유지보수성 (Maintainabilty) 향상

클래스 상속 구조를 구성하는 클래스들이 캡슐화 원칙을 준수하여 정의되었다면, 이 프로그램은 보다 효과적으로 유지보수 할 수 있다. 즉, 캡슐화 원칙을 준수하면, 슈퍼클래스에 위치할 속성 및 메소드와 서브클래스에 위치할 속성 및 메소드가 별도로 그룹핑되어 정의된다. 그러면, 관련된 속성 및 메소드가 한 클래스에 위치하기 때문에, 유지보수가 필요한 하나의 클래스만 수정하면 된다.

만약 슈퍼클래스에 위치할 속성 및 메소드가 여러 서브클래스에 산재되어 있으면, 여러 서브클래스를 모두 수정해야 하는 번거로움이 발생한다. 그러므로, 캡슐화 원칙을 준수하여 클래스 상속 구조가 논리적으로 정의되어 있으면, 수정해야 하는 클래스가 줄어들고, 한 클래스를 수정함으로써 다른 클래스까지 부수적으로 수정해야 하는 Change Propagation(수정 전파 현상) 문제가 없어진다.

6.5. 상속 장치의 활용 방법

상속이 객체지향 패러다임의 핵심 메커니즘 중 하나이지만, 이를 목적에 맞게 사용하는 방법을 잘 알고 있어야 그 장점이 극대화된다. 본 절에서는 상속을 올바르게 활용하는 방법에 대해 알아본다.

6.5.1. 공통성 식별을 통한 슈퍼클래스 정의

상속 메커니즘은 클래스 상속 구조를 정의하는 데 활용된다. 일반화 및 세분화 과정을 거쳐 여러 클래스에 공통으로 사용되는 속성 및 메소드는 상위 클래스에 위치시키고, 이를 이용하여 특정 클래스에만 필요한 속성 및 메소드는 하위 클래스에 위치시켜 클래스 간의 상속 구조를 정의할 수 있다. 그림 6-8은 Java API 중 자료 구조를 정의하는 데 사용되는 컬렉션 관련 클래스의 상속 구조이다.

배열, 벡터, 트리, 스택 등의 여러 자료 구조들을 분석하면 크게 중복 값을 허용하는 자료 구조와 그렇지 않은 자료 구조로 구분되므로, 이를 AbstractList 클래스와 AbstractSet 클래스로 정의하며, 이 두 클래스가 공통으로 가지는 속성 및 메소드는 AbstractCollection 클래스에 위치한다. AbstractList의 하위에는 중복 값을 허용하지만 세부 메커니즘이 다른 클래스들이 각자의

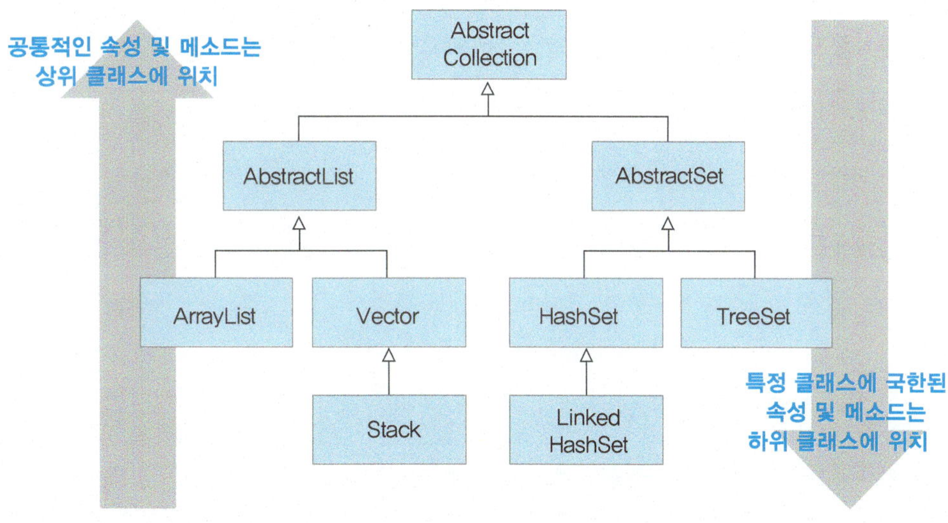

그림 6-8 상속을 이용한 클래스 상속 구조 설계의 예

속성 및 메소드를 추가하여 정의된다. 그리고 AbstractSet 하위에는 중복 값을 허용하지 않지만 구현 메커니즘이 다른 클래스들이 위치한다.

이와 같은 방법으로 클래스 상속 구조를 설계하면, 개발 대상 소프트웨어의 전체 골격을 보다 효율적으로 형성할 수 있다.

6.5.2. Subclassing을 통한 새로운 클래스 정의

상속 메커니즘은 기존 클래스로부터 새로운 클래스를 정의하는 데 활용된다. 이는 곧 상속을 사용하는 주된 목적 중 하나이다. 즉, 속성 및 메소드를 모두 다 정의하지 않고, 기존 클래스에 있는 것을 상속받고, 필요한 속성 및 오퍼레이션을 추가하여 새로운 클래스를 정의한다. 이를 subclassing이라고 한다.

그림 6-3에서 보면, 대학 인사 관리 시스템에서 Student 클래스와 Employee 클래스를 정의하기 위해 각각이 필요로 하는 모든 속성 및 메소드를 정의하지 않는다. 그 대신, 이 두 클래스 모두 일종의 사람이기 때문에, Person 클래스에 포함된 속성 및 메소드를 모두 필요로 한다. 그러므로 Person 클래스의 서브클래스로 Student 클래스와 Employee 클래스를 지정하고, Person 클래스에서 정의하지 않은 속성 및 오퍼레이션을 Student 클래스와 Employee 클래스에 추가하여 새로운 클래스를 정의하였다.

Subclassing을 이용하여 새로운 클래스를 추가하는 순서를 정리하면 다음과 같다.

- **단계 1.** 이미 정의된 클래스 중 필요로 하는 속성 및 메소드를 제공하는 클래스를 슈퍼클래스로 지정한다. 그림 6-3의 예로 보면, Student 클래스는 Person 클래스가 제공하는 속성 및 메소드를 필요로 하기 때문에 Person 클래스를 슈퍼클래스로 지정하였다.
- **단계 2.** 슈퍼클래스에서 제공되지 않은 추가적인 속성 및 메소드를 정의한다. 그림 6-3의 예로 보면, Student 클래스 정의 시 학생만을 위한 major, totalGPA 등의 속성을 추가하였다.

- **단계 3.** 만약 슈퍼클래스에서 정의된 메소드 구현 부분이 서브클래스에 그대로 적용되지 않을 경우, 서브클래스에서 상속받은 메소드를 목적에 맞게 재정의한다. 이는 제7장에서 다룰 오버라이딩(Overriding)에서 상세히 알아보도록 한다.

여기서 유의할 점은 모든 클래스가 Subclassing이 가능하지 않다는 점이다.

- **final 키워드를 이용해서 클래스를 정의하면 해당 클래스는 더 이상 상속될 수 없음을 의미한다. 그러므로 final로 정의된 클래스로부터는 subclassing이 가능하지 않는다.**
- **final 키워드를 이용해서 메소드를 정의하면 해당 메소드가 서브클래스에서 오버라이딩 될 수 없음을 의미한다.**

그러므로 subclassing을 통해 새로운 클래스를 정의하려고 할 때, 해당 클래스가 final 키워드를 이용해서 정의되었는지를 확인해야 한다.

6.5.3. 캡슐화 원칙을 적용하여 유지보수성 향상

상속 관계에 있는 클래스들이 캡슐화를 준수하여 정의됨으로써, 효율적으로 프로그램을 유지보수 할 수 있는 장치로 활용한다. 소프트웨어 공학에서 유지보수란 이미 운영 중인 소프트웨어의 새로운 기능 추가, 이미 제공되는 기능 변경, 오류 제거 등을 하기 위해 기존 프로그램을 수정하는 작업을 의미한다. 객체지향 프로그램의 경우에는 특정 클래스의 속성 및 메소드를 추가/삭제/추가하는 작업을 유지보수라고 한다.

제3장에서 설명된 것처럼, 캡슐화 원칙을 준수하여 서로 관련 있는 속성과 메소드를 한 클래스에 모두 정의하면 유지보수 효율성이 증가한다. 이와 유사하게, 상속 관계에서 캡슐화 원칙이 잘 적용되어 있으면 해당 프로그램을 훨씬 쉽게 유지보수 할 수 있다.

그림 6-3의 예에서 Person 클래스의 phone 속성의 이름을 cellPhone으로 수정한다고 가정해 보자. 그림의 클래스 상속구조에서 상속 관계에 있는 모든 클래스가 캡슐화 원칙을 준수하여 정의되어 있다. phone 속성과 관련된 메소드는 모두 Person 클래스에 있으므로, 다른 클래스나 해당 클래스의 서브클래스를 수정할 필요가 없게 된다. 즉, 이름을 한 번만 변경해도 그 변경 사항이 서브클래스인 Student 클래스와 Employee 클래스에 모두 적용되지만, 이 클래스들을

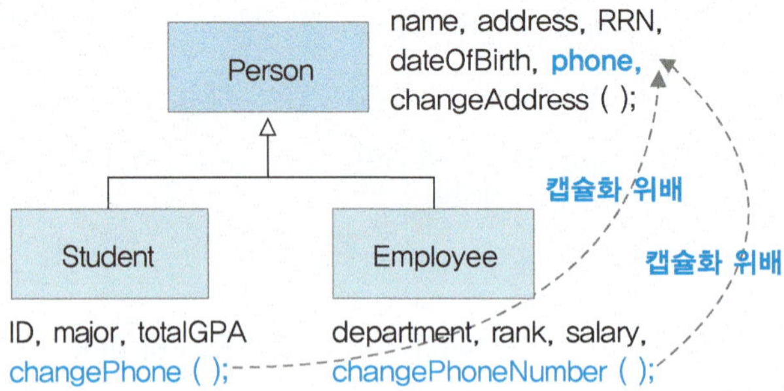

그림 6-9 캡슐화가 적용되지 않은 클래스 구조

수정하지 않아도 된다.

이제 그림 6-9와 같이 캡슐화가 잘 적용되지 않은 경우를 보자. phone 속성은 Person 클래스에 정의되어 있지만, 이 정보를 변경하는 메소드가 Student 클래스와 Employee 클래스에 각각 다른 이름으로 정의되어 있다. 즉, 관련 있는 속성 및 메소드가 여러 클래스에 산재되어 있다. 위와 동일하게 phone 속성을 다른 이름으로 변경하고자 할 경우, Student 클래스와 Employee 클래스도 수정해야 한다. 그러므로 속성 하나를 변경하기 위해 세 개의 클래스를 모두 수정해야 하므로 비효율적이다.

이렇게, 캡슐화 원칙을 잘 준수하여 클래스 상속 관계 및 클래스 구조를 정의하면 유지 보수 시 수정해야 하는 클래스 수가 적어지므로, 보다 쉽게 프로그램을 유지보수 할 수 있게 된다.

6.6. 객체지향 언어의 상속 장치

본 절에서는 객체지향 언어에서 상속 장치를 어떻게 지원하는지 살펴본다.

그림 6-10은 자동차 대여 시스템의 클래스 상속 구조 일부를 보여준다. 차량 대여를 하는 Member 클래스와 차량 대여 정보를 관리하는 Staff 클래스가 Person 클래스의 서브클래스로 정의되어 있다.

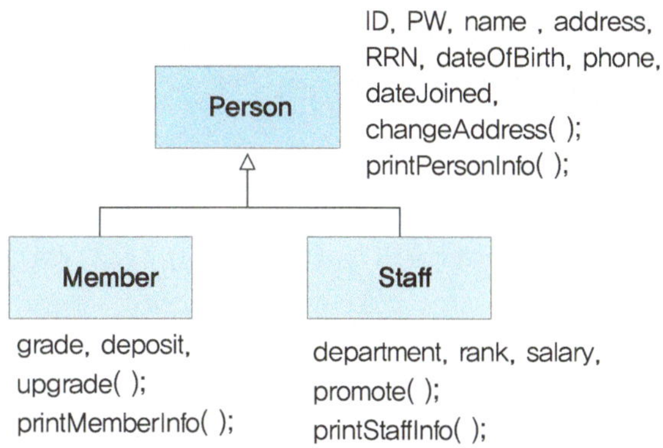

그림 6-10 차량 대여 시스템에서의 클래스 상속 구조

6.6.1. 슈퍼클래스 정의

슈퍼클래스를 정의하는 방법은 일반 클래스를 정의하는 방법과 같다. 단지, 슈퍼클래스에 포함되는 속성 및 메소드는 여러 유사(서브)클래스들이 공통으로 필요할 속성 및 메소드로 구성되어야 한다. 그림 6-10의 예와 같이, Member 클래스와 Staff 클래스들이 공통으로 필요로 하는 속성 및 메소드를 슈퍼클래스인 Person 클래스에 정의하면 된다. 이 외에 슈퍼클래스를 정의하기 위한 별도의 키워드는 없다.

6.5.2.절에서 설명하였지만, final 키워드를 이용하여 정의된 클래스는 더 이상 상속이 될 수 없음을 의미한다. final 키워드는 클래스, 속성, 메소드에 모두 사용될 수 있으며, 이는 해당 클래스, 속성, 메소드를 다른 곳에서 더 이상 수정할 수 없음을 의미한다.

*** 상속할 수 없는 클래스 정의 방법**

클래스 정의 시 final 키워드를 사용하면 해당 클래스가 수정될 수 없도록 하기 위해 상속을 통해 서브클래스를 정의할 수 없음을 의미한다.

다음은 Java를 이용해서 서브클래스를 정의할 수 없는 클래스를 선언하는 방법이다.

```
final class [클래스 이름] {…}
ex) final class Person  {…}
```

이와 유사하게 C++에서도 final 키워드를 사용하여 Subclassing 될 수 없는 클래스를 정의할 수 있다. 유의할 점은 다음과 같이 final 키워드의 위치가 Java의 경우와 다르다는 것이다.

```
class [클래스 이름] final {…}
ex) class Person  final {…}
```

위의 예와 같이 정의된 Person 클래스는 더 이상 Subclassing 될 수 없는 클래스가 된다.

* 오버라이딩 할 수 없는 메소드 정의 방법

메소드 정의 시 final 키워드를 사용하면, 해당 메소드가 서브클래스에서 더 이상 오버라이드될 수 없음을 의미한다.

다음은 Java를 이용해서 오버라이드될 수 없는 메소드를 정의하는 방법이다.

```
final [반환타입]  [메소드 이름] ([매개변수 목록]) {…}
ex) final void print () {…}
```

이와 유사하게 C++에서도 final 키워드를 사용하여 오버라이드될 없는 메소드를 정의할 수 있다.

```
virtual [반환타입] [메소드 이름] ([매개변수 목록]) final {…}
ex) virtual void print() final {…}
```

6.6.2. 서브클래스 정의

이제 슈퍼클래스로부터 서브클래스를 어떻게 정의하는지에 대해 알아보자. Java와 C++에서 서브클래스를 정의하는 방법은 유사하지만, 사용하는 키워드에 차이가 있다.

* Java에서의 서브클래스 정의 방법

Java에서는 다음과 같이 extends 키워드를 이용하여 서브클래스를 정의한다.

class [서브클래스 이름] **extends** [슈퍼클래스 이름] {…}

먼저 class라는 키워드를 명시하고, 서브클래스 이름을 기술한다. 그리고 extends 키워드와 슈퍼클래스 이름을 명세한다. 이는 한 클래스를 기반으로 새 클래스를 서브클래스 형태로 정의함을 의미한다. 그리고, 클래스를 정의하는 방법과 마찬가지로 서브클래스에만 필요한 속성 및 메소드를 작성한다.

소스코드 6-1은 Java를 이용하여 Person 클래스의 서브클래스인 Member 클래스를 정의한 코드의 일부이다.

소스코드 6-1 Java를 이용하여 서브클래스를 정의한 예제

```
// "extends"을 이용하여 서브클래스인 Student 정의
public class Member extends Person {
  // Member 클래스에만 필요한 속성 선언
  private String grade;
  private int deposit;
  …
  // Member 클래스에만 필요한 메소드 선언
  public void printMemberInfo(){
      printPersonInfo();          // 슈퍼클래스에서 정의된 메소드 호출
      System.out.println ("*********** Member Specific Information ***********");
      System.out.println ("Grade\t\t: " + grade);
```

```
12.         System.out.println ("Deposit          \t: " + deposit);
13.     }
14. }
```

2번째 줄에서 extends 키워드를 이용하여 Member 클래스를 선언하였고, 3번째 줄부터 Member 클래스에만 필요한 속성을 선언한다. 이 소스코드에서 보면 Person 클래스에서 정의한 속성 및 메소드는 Member 클래스에 선언하지 않았음을 알 수 있다. 그러나 런타임에 Member 클래스의 인스턴스를 생성하면, 그림 6-11과 같이 Person 클래스에서 선언된 속성 및 메소드 역시 Member 인스턴스에 포함되어 사용할 수 있게 된다.

즉, Member 클래스에서 ID, PW 등을 선언하지 않았지만, ID와 PW 등이 Member 인스턴스 안에 포함되어 해당 인스턴스에 맞는 값이 지정된다.

8번째 줄에서 Member 클래스만을 위한 메소드인 printMemberInfo()가 정의된다. 이 메소드는 Member 을 위한 모든 속성값을 출력한다. Person 클래스에서 정의된 속성값을 출력하기 위해 Person 클래스에 정의된 printPersonInfo()를 호출해야 한다. Member 클래스는 Person 클래스에서 선언된 모든 public 메소드를 자기 것처럼 호출

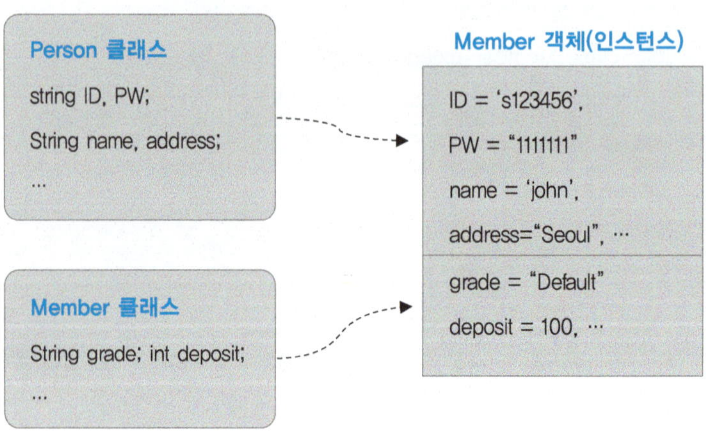

그림 6-11 Person과 Member의 상속 관계에서의 인스턴스 생성

할 수 있기 때문에, 9번째 줄에서 printPersonInfo()를 내부 함수호출하는 것과 같이 수신 객체를 지정하지 않고 메소드 이름만 기술하였다.

* C++에서의 서브클래스 정의 방법

C++에서 서브클래스 정의하는 방법은 Java의 경우와 매우 유사하지만, extends라는 키워드 대신에 다음과 같이 ':' 을 이용하여 서브클래스를 정의한다.

```
class [서브클래스 이름] : [슈퍼클래스 이름]
```

소스코드 6-2는 C++을 이용하여 Person 클래스의 서브클래스인 Member 클래스를 선언한 코드의 일부이다.

소스코드 6-2 C++ 를 이용한 Member 클래스 파일 일부(속성부분)

```
1.  // ":"을 이용하여 서브클래스인 Member 선언
2.  class Member: public Person {
3.  private:
4.      string grade;
5.      int deposit;
6.  …
7.  };
```

2번째 줄에서 ':' 을 이용하여 Member 클래스를 선언하였고, 이후의 줄에서는 Java에서와 같이 Member 클래스에만 필요한 속성 및 메소드를 선언한다. 이렇게 하면, 소스코드 6-3과 같이 Member 클래스내에서 Person 클래스에서 선언된 속성 및 메소드를 사용할 수 있다.

소스코드 6-3 C++ 를 이용한 Member 클래스 파일의 일부(메소드 부분)

```
1. …
2. void PrintMemberInfo {
3.     Member::printPersonInfo();    // 슈퍼클래스에서 정의된 메소드 호출
4.     cout << "GRADE : " +  grade << endl;
5.     cout << "DEPOSIT : " << deposit << endl;
6. }
```

소스코드 6-1과 동일하게 3번째 줄에서 Person 클래스에서 정의된 속성값을 출력하기 위해 Person 클래스에서 정의된 printPersonInfo()를 호출하는 것을 볼 수 있다. 여기서 printPersonInfo()가 Person 클래스에서 정의되어 있어도 Member 클래스는 이 모든 것을 상속받았기 때문에, Person::printPersonInfo() 가 아니라 printPersonInfo()로 호출한다.

6.6.3. 상속 관계에서의 생성자 및 소멸자

상속 관계는 실세계에서 부모-자식 간의 관계와 매우 유사하다. 부모-자식 간의 관계에서 자식은 부모로부터 유전자를 물려받아 태어나지만, 부모가 없이 자식이 태어날 수 없다. 이와 같은 관계가 객체지향의 상속 메커니즘에서도 표현되어야 하므로, 서브클래스의 생성자에서 슈퍼클래스의 생성자를 반드시 호출하도록 구현해야 한다.

소스코드 6-4는 Java로 작성된 Member 클래스 중 생성자 부분을 보여준다.

소스코드 6-4 Java 를 이용한 Member 클래스의 생성자 부분

```
public class Member extends Person {
    private String grade;
    private int deposit;
```

```
4.
5.     public Member(String ID, String PW, String name, String address, String RRN,
6.         int year, int month, int day, String phone) {
7.         // super 키워드를 이용하여 슈퍼클래스 생성자 호출
8.         super (ID, PW, name, address, RRN, year, month, day, phone);
9.         grade = "Default";
10.        deposit = 0;
11.    }
12.    ...
13. }
```

5번째 줄에서 Member 클래스의 생성자가 선언되었다. 생성자의 구현부를 보면 8번째 줄에서 Member 클래스의 다른 속성들을 초기화하기 전에 슈퍼클래스의 생성자를 super 키워드를 사용하여 호출한다. 여기서 super ( )는 슈퍼클래스에서 정의된 생성자를 가리킨다. Member 클래스의 생성자가 호출되는 순간 메모리에서는 그림 6-12와 같이 Member 객체가 생성된다. 먼저, super ( )를 통해 Person 클래스에서 정의된 속성 및 메소드가 초기화되면서 메모리에 먼저 위치하게 되고, 서브클래스의 나머지 부분을 실행하면서 Member 클래스에 정의된 속성

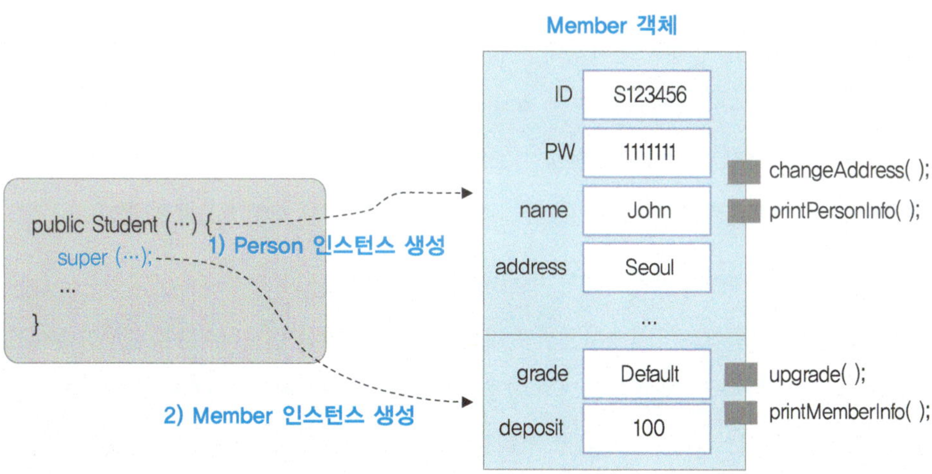

그림 6-12 Person과 Member의 상속 관계에서의 인스턴스 생성 순서

및 메소드가 초기화되어 메모리에 위치한다.

즉, 서브클래스의 인스턴스를 생성하면 슈퍼클래스의 생성자가 먼저 호출되고 그 다음 서브클래스의 생성자가 호출되며, 이 인스턴스는 슈퍼클래스에서 생성된 모든 속성와 메소드를 참조하게 된다.

C++을 이용해서 서브클래스를 구현할 때도 동일하게 생성자 호출 순서가 유지되어야 한다. 소스코드 6-5는 C++를 이용하여 구현한 Member 클래스의 생성자 부분이다.

소스코드 6-5 C++ 를 이용한 Member 클래스 소스 파일

```
1.  // Member 생성자에서 슈퍼클래스인 Person 의 생성자 먼저 호출
2.  Member(string id, string pw, string name, string RRN, string address,
    string phone, string dob, string dj): Person (id, pw, name, RRN, address,
    phone, dob, dj){
3.      this->grade = "Default";
4.      deposit = 0;
5.  }
6.  …
```

2번째 줄에서 Member 클래스의 생성자를 정의하며, 생성자 선언 부분 끝 부분에 ':' 와 함께 슈퍼클래스의 생성자인 Person ( )을 호출함을 볼 수 있다. 이는 Java에서의 super ()를 기술하는 것과 동일한 역할을 한다. 이렇게 함으로써 슈퍼클래스에서 선언된 속성 및 메소드를 먼저 메모리에 위치시키고, 뒤이어 서브클래스에서 선언된 속성 및 메소드를 위치시킨다.

지금까지는 서브클래스의 생성자에서 명시적으로 슈퍼클래스의 생성자를 호출하는 예제를 보았다. 그러나 서브클래스의 생성자에서 슈퍼클래스의 생성자를 명시적으로 호출하지 않아도, 슈퍼클래스에 디폴트 생성자가 정의되어 있으면 암시적으로 디폴트 생성자를 호출한다. 소스코드 6-6은 서브클래스에서 슈퍼클래스의 디폴트 생성자를 암시적으로 호출하는 경우를 보여준다. 이는 ClassA, ClassB, ClassC 세 클래스 간의 상속 관계를 표현한 것이다. ClassB는 ClassA를 상속받은 서브클래스고, ClassC는 ClassB를 상속받은 서브클래스다.

소스코드 6-6 슈퍼클래스의 디폴트 생성자를 암시적으로 호출하는 경우

```
1.  public class ClassA {
2.     public ClassA() {
3.         System.out.println ("ClassA() 생성자 호출");
4.     }
5.  }
6.
7.  class ClassB extends ClassA{
8.     public ClassB() {
9.         // 암시적으로 디폴트 생성자인 ClassA() 호출
10.        System.out.println ("ClassB()생성자 호출");
11.    }
12. }
13.
14. class ClassC extends ClassB{
15.    public ClassC() {
16.        // 암시적으로 ClassB() 호출
17.        System.out.println ("ClassC()생성자 호출");
18.    }
19.
20.    public static void main (String [] args) {
21.        ClassC c1 = new ClassC();        // c1 객체 생성
22.    }
23. }
```

2번째 줄, 8번째 줄, 15번째 줄에 각각 ClassA 클래스, ClassB 클래스, ClassC 클래스의 매개변수가 없는 디폴트 생성자가 정의되어 있다. 9번째 줄과 16번째 줄에서 각 클래스의 생성자 내에 super()를 명시적으로 호출하지 않았다. 그러나 21번째 줄과 같이 디폴트 생성자를 이용하여 ClassC객체를 생성하면, 그림 6-13과 같이 ClassA 생성자, ClassB 생성자, ClassC 생성자가 순서대로 호출됨을 확인할 수 있다.

```
<terminated> ClassC [Java Application] C:\Program Files\Java\jre1.8.0_65\bin\javaw.exe
ClassA() 생성자 호출
ClassB() 생성자 호출
ClassC() 생성자 호출
```

그림 6-13 디폴트 생성자를 이용해 ClassC 인스턴스 생성 결과

이는 C++에서도 동일하며, Java나 C++와 같은 객체지향 언어에서 명시적으로 슈퍼클래스의 생성자를 호출하지 않으면 슈퍼클래스의 디폴트 생성자를 자동적으로 호출하도록 구현되어 있기 때문이다.

소멸자는 생성자와 반대 순서로 구현되어야 한다. 즉, 서브클래스의 소멸자가 슈퍼클래스의 소멸자보다 먼저 호출된다. 슈퍼클래스 없이 서브클래스가 존재할 수 없기 때문에, 삭제 시에는 서브클래스의 소멸자가 먼저 호출되고, 그 다음에 슈퍼클래스의 소멸자를 호출하는 것이다. 이렇게 함으로써, 서브클래스의 소멸자가 호출되면 서브클래스에서 정의된 속성 및 메소드가 사용한 자원이 먼저 해제된다. 뒤이어, 슈퍼클래스에서 정의된 속성 및 메소드가 사용한 자원이 해제되어 서브클래스의 인스턴스가 메모리에서 지워지게 된다.

객체지향 언어에 상관없이 객체 소멸 시 서브클래스가 먼저 삭제되도록 구현해야 한다. 그러나 Java 또는 C++ 를 이용해서 작성할 경우 약간의 차이가 있다.

먼저, Java를 이용해서 상속 관계에 있는 객체를 소멸하는 과정을 어떻게 표현하는지 알아보자. 5.4.절에서 언급하였듯이 Java 에서는 finalize () 메소드를 이용하여 소멸자 역할을 대신한다. 상속 관계에 있는 모든 클래스에 finalize () 메소드를 구현하고, 각 메소드 내에서 슈퍼클래스의 finalize() 메소드를 호출하도록 명시적으로 기술해야 한다. 소스코드 6-7은 이 과정을 Java로 표현한 것이다.

소스코드 6-7 Java를 이용한 상속 관계에서의 객체 소멸

```
1.  public class ClassA {
2.      protected void finalize() throws Throwable {
3.          System.out.println ("ClassA의 finalize()호출");
4.      }
5.  }
6.
7.  class ClassB extends ClassA{
8.      protected void finalize() throws Throwable {
9.          System.out.println ("ClassB의 finalize()호출");
10.         super.finalize();          //ClassA의 finalize() 호출
11.     }
12. }
13.
14. class ClassC extends ClassB{
15.     protected void finalize() throws Throwable {
16.         System.out.println ("ClassC의 finalize()호출");
17.         super.finalize();          //ClassB의 finalize() 호출
18.     }
19.
20.     public static void main (String [] args) {
21.         ClassC c1 = new ClassC();          // c1 객체 생성
22.         c1 = null;                         // c1 객체 null로 할당
23.         System.gc();
24.     }
25. }
```

2번째 줄, 8번째 줄, 15번째 줄에는 각각 ClassA, ClassB, ClassC 클래스의 finalize() 메소드가 정의되어 있다. 8번째 줄에서 ClassB 클래스의 finalize() 메소드 구현부 마지막 줄에 super.finalize() 를 통해 ClassA의 finalize() 메소드를 명시적으로 호출하도록 하였다. 마찬가지

로, 15번째 줄에서 ClassC 클래스의 finalize() 메소드 구현부 마지막 줄에 super.finalize() 를 통해 ClassB의 finalize() 메소드를 명시적으로 호출하도록 하였다. 즉, super.finalize()를 각 메소드의 가장 마지막 줄에 위치시켜, 해당 클래스 자원을 먼저 회수하고 슈퍼클래스의 자원을 나중에 회수하도록 하였다.

22번째 줄과 23번째 줄을 통해 c1 객체를 null로 할당하여 가비지 컬렉션을 통해 더 이상 사용되지 않은 자원을 회수하려고 할 때, 그림 6-14 과 같이 ClassC의 finalize() 메소드, ClassB의 finalize() 메소드, ClassA의 finalize() 메소드를 순차적으로 호출하여 c1객체를 삭제함을 알 수 있다.

```
<terminated> ClassC [Java Application] C:\Program Files\Java\jre1.8.0_65\bin\javaw.exe
ClassC의 finalilze() 호출
ClassB의 finalilze() 호출
ClassA의 finalilze() 호출
```

그림 6-14 Java로 작성된 ClassC 인스턴스 삭제 결과

C++은 Java와 달리 슈퍼클래스의 소멸자를 명시적으로 호출할 필요가 없다. 즉, 소멸자가 슈퍼클래스와 서브클래스에 모두 정의되어 있는 경우, C++ 컴파일러는 자동적으로 서브클래스 소멸자를 호출하고, 뒤이어 슈퍼클래스의 소멸자를 호출함으로써 서브클래스 객체를 삭제한다. 소스코드 6-8은 이 과정을 C++로 표현한 것이다.

소스코드 6-8 C++를 이용한 상속 관계에서의 객체 소멸

```
class ClassA {
public:
  virtual ~ClassA() {
        cout << "ClassA() 소멸자 호출" <<endl;
  }
```

```
6.  };
7.
8.  class ClassB : public ClassA {
9.  public:
10.   virtual ~ClassB() {
11.         cout << "ClassB() 소멸자 호출"  <<endl;
12.         // classA의 소멸자를 암시적으로 호출
13.   }
14. };
15.
16. class ClassC : public ClassB{
17. public:
18.   virtual ~ClassC() {
19.         cout << "ClassC() 소멸자 호출"  <<endl;
20.         // classB의 소멸자를 암시적으로 호출
21.   }
22.
23.   int main( ) {
24.         ClassC *c1 = new ClassC();          // c1 객체 생성
25.         // ClassA *c2 = new ClassC();
26.         cout << ""  <<endl;
27.         delete c1;                          // c1 객체 삭제
28.         // delete c2;
29.         return 0;
30.   }
31. };
```

3번째 줄, 10번째 줄, 18번째 줄에는 각각 ClassA, ClassB, ClassC 클래스의 소멸자가 정의되어 있다. 10번째 줄과 18번째 줄에서 ~ClassB()와 ~ClassC() 구현 시 슈퍼클래스의 소멸자를 호출하는 코드를 작성하지 않았다. 그럼에도 불구하고, 런타임 시 ~ClassB() 내에서는 ~ClassA()를,

~ClassC() 내에서는 ~ClassB()를 암시적으로 호출하기 때문에, 27번째 줄에서 c1 객체를 삭제할 때 그림 6-15와 같은 결과 화면을 얻게 된다.

C++에서 소멸자를 정의할 때 유의할 점은 각 소멸자가 virtual 키워드를 이용해서 선언되었다는 점이다. 이는 7.5.절에서 배울 객체 대치성(Substituability)과 연관이 있다. 상속 관계에 있는 경우 서브클래스는 항상 슈퍼클래스로 대체될 수 있다. 즉, 25번째 줄과 같이 작성하여, ClassC

```
<terminated> InheritanceDestructor2.exe [C/C++ Application]
ClassC() 소멸자 호출
ClassB() 소멸자 호출
ClassA() 소멸자 호출
```

그림 6-15 C++로 작성된 ClassC 인스턴스 삭제 결과

객체를 생성할 수 있다. 이때, c2는 ClassA 타입으로 선언되어 있지만, 실제로는 ClassC를 가리키고 있는 것이다. 이렇게 객체 대치성으로 선언된 서브클래스를 삭제할 경우, 소멸자가 virtual 키워드로 작성되어 있지 않으면 ClassA의 소멸자만 호출되고, ClassB 또는 ClassC의 소멸자는 호출되지 않는다. 이런 문제점은 소멸자를 virtual 키워드로 선언함으로써 해결된다. 그렇기 때문에, 25번째 줄과 같이 c2를 생성한다고 하더라도 모든 소멸자가 virtual로 선언되어 있으면 그림 6-15와 같은 동일한 결과를 얻게 된다.

6.7. 다중 상속 (Multiple Inheritance)

6.7.1. 다중 상속 장치의 이해

다중 상속(Multiple Inheritance)은 하나의 클래스가 두 개 이상의 클래스로부터 동시에 상속받는 것을 의미한다. 즉, 상속 구조에서 하나의 서브클래스가 여러 개의 슈퍼클래스를 가지는 것을 다중 상속이라고 한다. 부모-자식 간의 관계에서 자식은 아버지와 어머니의 양쪽 유전자를 모두 상속받아서 태어나듯이, 다중 상속의 개념은 실세계에서는 매우 흔하게 나타난다.

그림 6-16은 대학 인사 관리 시스템에서의 다중 상속 예를 보여준다. 이는 6.1.2.절의 그림 6-3을 확장한 것이다. 먼저, 일시적으로 고용되는 직원을 표현하기 위해 TemporaryEmployee 클래스를 Employee 클래스의 서브클래스로 추가하였다.

일정 기간 동안만 계약하여 대학교에서 강의하는 교수가 있으며, 이는 대부분 한 대학의 교수가 연구년 동안 연구 경험을 쌓기 위해 다른 학교에서 일시적으로 강의를 하는 경우에 해당된다. 이를 Visiting Faculty(객원교수)라고 하며, 이를 나타내기 위해 기존의 대학 인사 관리 시스템에 VisitingFaculty 클래스를 추가하고자 한다. VisitingFaculty는 그 특성상 강의하는 Faculty의 한 종류이면서, 일시적으로 고용되는 TemporaryEmployee의 한 종류이기도 하다. 즉, VisitingFaculty 클래스는 Faculty 클래스의 특성과 TemporaryEmployee 클래스의 특성을 모두 가지고 있기 때문에, Factulty와 TemporaryEmployee를 상속받는 다중 상속관계로 정의할 수 있다. 이렇게 다중 상속을 이용하면, VisitingFaculty 클래스는 필요한 속성들과 메소드들을

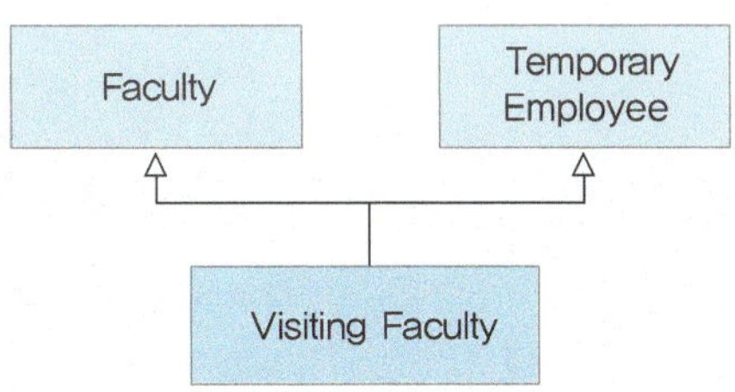

그림 6-16 대학 인사 관리 시스템에서 다중 상속의 예

두 개의 슈퍼클래스로부터 상속받으므로 재사용이 극대화될 수 있다.

그러나 다중 상속은 여러 슈퍼클래스들이 동일한 이름의 속성이나 메소드를 가질 경우 문제가 발생한다. 그림 6-17은 다중 상속으로 인해 발생할 수 있는 문제를 보여준다.

그림과 같이 ClassA와 ClassB는 모두 print()라는 동일한 이름의 메소드를 가지고 있지만, 그 구현은 각각 다르다. ClassC는 ClassA와 ClassB의 모든 속성 및 메소드를 상속받으므로, ClassC에는 print() 메소드가 2개 존재한다. 만약 ClassC로부터 생성된 인스턴스 c1을 통해, print() 메소드를 호출하면, 이 메시지가 ClassA에서 상속받은 print()로 전달되어야 하는지, ClassB의 print()로 전달되어야 하는지 애매해진다. 이런 문제로 일부 객체지향 언어들만이 다중 상속을 지원한다.

이제부터, Java 또는 C++ 에서 다중 상속을 어떻게 표현할 수 있는지에 대해서 알아보자.

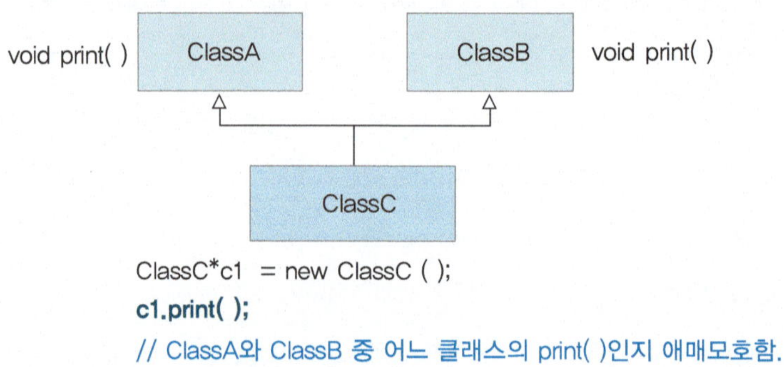

그림 6-17 다중상속으로 인한 문제점

6.7.2. C++에서의 다중 상속

C++의 경우 다중 상속을 직접적으로 지원하며 소스코드 6-9와 같이 VisitingFaculty클래스는 다중 상속관계를 이용하여 정의될 수 있다. 즉, ':' 뒤에 상속받을 여러 개의 슈퍼클래스 이름들을 나열하고, 각 슈퍼클래스는 ',' 로 구분한다.

소스코드 6-9 C++를 이용한 다중 상속 구현

```
1.  #include "Faculty.h"
2.  #include "TemporaryEmployee.h"
3.
4.  // Faculty와 TemporaryEmployee 클래스를 상속받은 VisitingFaculty 클래스 선언
5.  class VisitingFaculty: public Faculty, public TemporaryEmployee {
6.  public:
7.      // VisitingFaculty의 생성자
8.      VisitingFaculty(string id, string name, string dpt, string rank, string
        degree, string dateStarted, string dateEnded, int monthlysalary, int
        yearlysalary) : Faculty (id, name,dpt, rank, degree, yearlysalary),
        TemporaryEmployee (id, name, dpt, name, dateStarted, dateEnded,
        monthlySalary) {
9.          // Faculty 생성자와 TemporaryEmployee 생성자 모두 호출
10.     }
11.
12.     void printVisitingFacultyInfo() {
13.         // Faculty의 printFacultyInfo() 호출
14.         VisitingFaculty::printFacultyInfo();
15.         cout << "" << endl;
16.         // TemporaryEmployee의 printTemporaryEmployeeInfo() 호출
17.         VisitingFaculty::printTemporaryEmployeeInfo();
18.     }
19. };
```

5번째 줄에서 Faculty 클래스와 TemporaryEmployee 클래스를 상속받아서 VisitingFaculty 클래스를 정의한다. 여기서 슈퍼클래스를 선언하기 전에 ':' 를 표기하여 뒤이어 나오는 클래스로부터 상속받았음을 명시하고, 여러 슈퍼클래스는 ',' 로 구분하였다. 그리고, 6.4.2.절의 상속 관계에서의 생성자에서 다룬 내용대로, 8번째 줄에 VisitingFaculty 클래스의 생성자에서 Faculty 클래스의 생성자와 TemporaryEmployee 클래스의 생성자를 모두 호출하도록 하였다.

이렇게 다중 상속으로 VisitingFaculty 클래스를 구현함으로써, 14번째 줄과 17번째 줄과 같이 Faculty 클래스와 TemporaryEmployee 클래스에서 상속받은 printFacultyInfo() 메소드와 printTemporaryEmployeeInfo() 메소드를 사용할 수 있다.

6.7.3. Java에서의 다중 상속

Java는 다중 상속을 직접적으로 지원하지 않으므로 우회적인 방법을 사용하여 구현해야 한다. 우회적인 방법으로는 1) 다중 상속 직렬화(Serialization)와 2) 인터페이스(Interface)를 이용한 다중 상속이 있다.

첫 번째 방법인 다중 상속 직렬화는 다중 상속에서 슈퍼클래스에 해당하는 클래스들을 단일 상속 구조로 만드는 것으로 원래 상속 구조의 의미와는 다르게 정의될 수 있다. 그림 6-18은 다중 상속 직렬화의 예를 보여준다.

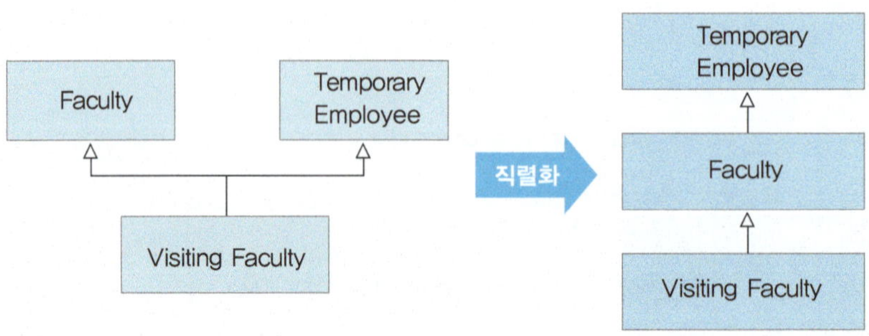

그림 6-18 다중 상속 직렬화의 예

TemporaryEmployee 클래스를 상속하여 Faculty 클래스를 정의하고, Faculty 클래스를 기반으로 VisitingFaculty 클래스를 정의함으로써, VisitingFaculty 클래스가 Temporary 클래스와 Faculty 클래스의 속성 및 메소드를 갖게 한다. 그러나 이 방법을 사용할 경우 Faculty 클래스가 필요하지 않은 TemporaryEmployee 클래스의 속성 및 메소드를 갖게 되므로, 원래 의도와는 다르게 클래스가 정의되어 잘못 활용될 수 있다. 그러므로 이 방법은 슈퍼클래스 간에 임의적인 직렬화가 원래 의도에 크게 벗어나지 않을 경우에만 사용될 수 있다.

두 번째 방법은 인터페이스를 이용하는 것이다. Java에서는 extends 키워드 뒤에 하나의 슈퍼클래스만 명시할 수 있지만, 인터페이스를 구현하는 implements 키워드 뒤에는 여러 개의 인터페이스를 명시할 수 있다. 그러므로 다중 상속을 필요로 할 경우에는 한 클래스는 슈퍼클래스로 지정하고, 그 외의 클래스는 인터페이스를 이용하여 정의하면 다중 상속을 구현할 수 있게 된다. 인터페이스를 이용한 다중 상속은 제9장에서 좀 더 자세히 다룬다.

6.8. 본 장의 정리

소프트웨어 요구사항의 복잡성이 커지면서, 보다 효율적인 개발 방법이 요구되고 있다. 객체지향 패러다임의 상속 장치는 클래스 간의 재사용을 효과적으로 지원하여 개발에 필요한 노력을 최소화 해준다.

본 장에서는 여러 구체적인 개념/요소들의 공통적인 특징을 추출하여 일반적인 개념/요소를 정의하는 과정인 일반화와 이와 반대 방향으로 과정이 일어나는 세분화에 대해서 알아보았다. 일반화 개념은 'IS-A' 관계로도 불리며, 이를 객체지향 패러다임에서 활용하여 상속이라는 장치가 개발되었다. 상속은 여러 서브클래스들이 공통으로 필요로 하는 속성 및 메소드를 슈퍼클래스에 위치시키고, 이들을 재사용하여 서브클래스를 정의하게 하는 장치이다.

이러한 상속의 효과 및 장점을 네 가지 측면에서 살펴보았고, 상속을 잘 활용할 수 있는 세 가지 방법을 학습하였다. 또한, 객체지향 언어들이 상속 장치를 어떻게 지원하는지 코드 수준에서의 예제로 알아보았다.

다중 상속은 모든 객체지향 언어가 지원하지는 않지만, 모델링 과정에서 유용한 장치이다. 즉, 다중 상속은 한 클래스가 두 개 이상의 슈퍼클래스로부터 정의되는 것을 의미하며, 자식이 두 부모로부터 유전자를 받아 태어난 것처럼 실세계에서 있는 일을 잘 표현하는 장치이다.

이 외에 상속 관계에서만 활용할 수 있는 가시성인 protected의 특성에 대해서도 알아보았다. protected 가시성은 슈퍼클래스에 정의된 속성 및 메소드를 직접 접근하여 쉽게 활용할 수 있지만, 무결성 문제가 발생할 수 있으므로 이 역시 유의해서 사용해야 한다.

연습문제

1. 일반화와 세분화는 클래스 상속 관계를 정의하는 데 사용되는 개념이다. 어떤 경우에 일반화를 이용하여 상속 관계를 정의하며, 어떤 경우에는 세분화를 이용하는 것이 효과적인지 기술하시오.

2. Java처럼 루트 (Root) 클래스가 있는 클래스 상속 구조와 C++처럼 루트 클래스를 사용하지 않은 클래스 상속 구조의 장 · 단점을 비교하시오.

3. Subclassing를 이용해서 새로운 클래스를 정의하는 과정을 체계적으로 기술하시오.

4. 클래스 간의 상속 장치는 여러 장점들이 제공하는데, 상속을 사용할 때의 단점은 무엇이 있는지 기술하시오.

5. Java와 C++에서 슈퍼클래스를 상속받아 서브클래스를 정의하는 데 사용되는 키워드 및 부호를 각각 설명하시오.

6. 클래스 상속 구조에서 슈퍼클래스와 서브클래스 간의 생성자 호출 순서를 나열하고, 서브클래스의 생성자를 어떻게 정의하는지 그 방법을 작성하시오.

7. 상속을 이용하면 재사용성을 향상할 수 있다고 하였다. 어떻게 함으로써 재사용성을 높일 수 있는지 작성하시오.

8. 다중 상속이 초래할 수 있는 문제점을 나열하고, 이 문제를 해결할 수 있는 방법을 쓰시오.

9. Java에서는 다중 상속을 지원하지 않고, 우회적으로 이를 표현할 수 있게 한다. 그 방법을 기술하고, 이 방법이 가지는 문제점도 기술하시오.

제 7 장

다형성 (Polymorphism)

＊ 본 장의 목표

- 다형성 (Polymorphism) 개념을 살펴보고, 이를 지원하는 객체지향 장치를 학습한다.
- 다형성의 두 가지 형태인 오버로딩 (Overloading)과 오버라이딩 (Overriding)에 대해서 살펴보고, 이를 객체지향 프로그래밍 언어에서 어떻게 지원하는지를 알아본다.
- 객체 대치성 (Object Substitutability)과 동적 바인딩 (Dynamic Binding)에 대한 개념을 알아보고, 오버라이딩, 객체 대치성, 동적 바인딩 간의 관계에 대해서 살펴본다.

7.1. 다형성의 개념

다형성에 해당하는 영어 단어는 Polymorphism으로, 이는 다수 개를 의미하는 Poly와 형태가 변한다는 의미를 가진 Morph의 합성어이다. 사전적으로 보면 다형성은 한 개체가 여러 개의 형태로 변하는 성질을 의미하는 것이며, 객체지향 패러다임에서도 이와 유사한 의미로 다형성이 사용된다. 본 절에서는 객체지향 패러다임에서의 다형성 개념을 살펴본다.

7.1.1. 객체지향 패러다임의 다형성

다형성은 사전적으로 한 개체가 여러 형태로 변하는 성질이라고 앞서 언급하였다. 객체지향 패러다임에서 여러 형태로 변할 수 있는 개체는 무엇이 있을까? 객체지향 패러다임에서는 오퍼레이션(즉, 메소드)이 한 곳 이상에서 정의되어 각 정의된 오퍼레이션이 다른 행위를 수행하는 것을 의미하거나, 두 개 이상의 클래스가 동일한 메소드 호출에 대해 다른 행위를 수행함으로써 다형성을 지원한다. 예를 들어, Java API를 살펴보면 toString()이라는 동일한 이름의 메소드가 하나 또는 여러 클래스에서 정의되어 다른 행위를 수행하는 경우가 있다. 이런 메소드는 다형성(Polymorphism)의 특징을 가진다.

이는 마치 동물마다 '짖다' 라는 동일한 행위를 하지만, 각 동물마다 다른 짖는 소리를 내는 것과 유사하다. 즉, 개는 '멍멍' 이라고 짖지만, 고양이는 '야옹' , 오리는 '꽥꽥' 으로 짖어, '짖다' 라는 동일한 행위를 다른 방식으로 수행한다. 이를 다형성이라고 한다.

또 다른 예로, 다양한 종류의 파일을 출력하는 print()라는 메소드를 생각해 보자. 파일의 종류에 따라 print()하는 알고리즘이 달라지는데, TextFile인 경우는 한 line을 읽고 프린터로 보내는 작업의 연속이며, 워드프로세서 파일인 WPFile인 경우는 파일의 그 워드프로세서의 머리 부문(Header)을 해석하여 출력하며, GraphicFile인 경우 그래픽 포맷에 따라서 그림을 해석 및 출력해야 한다. 따라서 이런 경우는 그림 7-1처럼 세 개의 클래스를 정의하고, 공통적으로 필요한 print() 메소드 및 속성을 가지는 File 클래스를 슈퍼클래스로 정의한다. 이때 동일한 print()

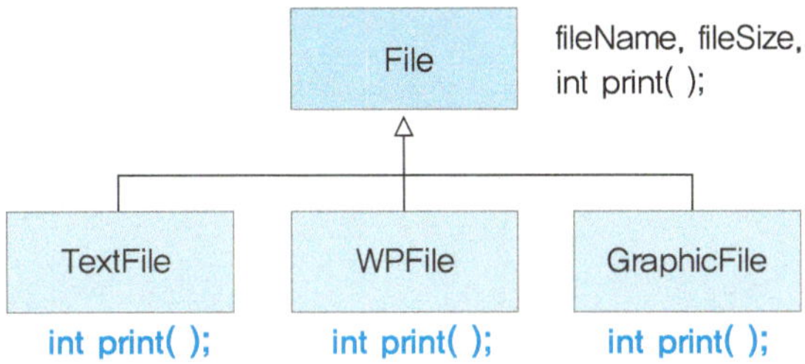

그림 7-1 다형적으로 정의된 print( ) 메소드

메소드가 여러 클래스에 걸쳐 정의된 것을 다형성이라 한다. 다형성을 가지도록 메소드를 정의하면, 메소드가 호출된 객체의 타입에 따라서 동일한 시그니처를 갖는 메소드는 다른 행위를 수행한다.

C 와 같은 절차적 프로그래밍 언어에서는 동일한 이름의 함수를 두 번 이상 정의할 수가 없었으나, 객체지향 언어에서는 다형성 장치를 이용하여 동일한 이름의 기능이라도 여러 클래스들이 각 클래스의 목적에 맞게 다시 정의할 수 있게 한다.

객체지향 프로그래밍 언어에서 지원하는 다형성은 다음과 같은 2가지 종류가 있다.

*** 오버로딩 (Overloading)**

메소드 시그니처(Signature)는 이름, 입력 매개변수, 반환 타입으로 구성된다. 이 중 이름만 동일하고, 메소드가 필요로 하는 입력 매개변수 또는 반환 타입이 다른 메소드를 여러 번 정의하는 것을 메소드 오버로딩이라고 한다. 일반적으로, 한 클래스 내에서 입력 매개변수 또는 반환 타입에 따라 다른 행위를 하는 메소드를 정의할 때 메소드 오버로딩을 사용한다.

*** 오버라이딩 (Overriding)**

메소드 오버라이딩은 이름, 입력 매개변수, 반환 타입을 모두 동일하게 선언하지만, 해당 메소드가 하는 행위가 다른 경우에 해당된다. 오버라이딩은 상속 관계에서 발생하며, 슈퍼클래스에서 정의된 메소드를 서브클래스에서 목적에 맞게 재정의할 때 사용된다. 이때 서브클래스는 슈퍼클래스에서 선언된 동일한 메소드 시그니처를 그대로 사용하되, 내부 구현만 다르게 정의한다.

오버로딩과 오버라이딩은 이름이 유사하지만 다형성을 제공하는 메커니즘이 다르므로, 정확하게 분별하여 사용하여야 한다. 표 7-1은 오버로딩과 오버라이딩 간의 차이점을 정리한 것이다.

표 7-1 오버로딩과 오버라이딩의 차이점

다형성 종류 / 비교 기준	오버로딩	오버라이딩
정의 범위	한 클래스 내에 동일 이름을 가지는 여러 메소드 정의.	상속 관계에 있는 클래스 내에서 동일 이름을 가지는 메소드 정의.
정의 방법	메소드 이름만 동일하며, 입력 매개변수 또는 반환 타입은 다름.	메소드 이름, 입력 매개변수, 반환 타입 모두 동일함.

7.1.2. 다형성의 효과

다형성은 상속과 같이 객체의 재사용성을 높일 수 있는 주요 메커니즘으로 사용된다. 다형성을 사용함으로써 얻을 수 있는 장점은 다음과 같다.

*** 동일 메시지로 목적에 맞는 여러 행위를 호출 할 수 있음**

다형성은 동일한 메시지를 전송하지만, 클래스의 성격과 목적에 맞게 다른 기능을 하는 메소드를 호출할 수 있는 편리함을 제공한다. 다형성을 활용하여 정의된 메소드는 타입에 따라 약간의 차이는 있지만, 메소드 이름이 동일하다. 송신 객체에서 메시지를 전송하면 이에 응답할 수 있는 메소드가 여러 개가 되며, 런타임에 해당 메시지를 받아 수행할 객체 및 특정 메소드가 결정된다. 즉, 메시지를 전달하는 송신 객체에서는 동일한 메시지를 전달해도, 런타임에 목적에 맞게 다른 메소드가 호출될 수 있다.

＊ 프로그램 확장성 보장

다형성을 가진 메소드를 정의하면, 코드를 최소한 수정하여 기존의 시스템에 새로운 클래스를 보다 쉽게 추가할 수 있는 확장성(Extensibility)을 증진시킬 수 있다. 특히, 메소드 오버라이딩을 활용하면, 슈퍼클래스에서 정의된 메소드를 그래도 사용하는 것이 아니라 목적에 맞게 재정의할 수 있다. 그러므로 상속 메커니즘을 이용하면서 메소드를 오버라이딩함으로써 새로운 클래스를 기존 클래스 상속 구조에 쉽게 추가할 수 있다.

게다가, 송신 객체에서는 한 메시지로 다형성을 이용하여 구현된 여러 메소드를 호출할 수 있으므로, 송신 객체의 코드는 수정하지 않고 새롭게 추가된 메소드를 호출할 수 있다.

7.2. 오버로딩 (Overloading)

본 절에서는 객체지향 패러다임에서 제공하는 다형성 종류 중 하나인 오버로딩의 개념을 비롯해 객체지향 프로그래밍 언어로 어떻게 표현하는지에 대해서 상세히 알아본다.

7.2.1. 오버로딩 개념

메소드 오버로딩은 한 클래스 내에 동일한 이름의 메소드를 여러 번 정의하는 것이다. 메소드 시그니처는 메소드 이름, 입력 매개변수, 반환 타입으로 정의된다. 오버로드된 메소드는 메소드 이름만 동일하고, 입력 매개변수의 개수 및 순서, 입력 매개변수의 데이터 타입을 다르게 정의한다. 다음은 오버로드된 메소드들의 예제이다.

- void print()
- void print (String s)

- void print (String s, String v)
- void print (int i, String s)
- int print (int s, String s, String v)

위의 예제를 보면, 메소드 이름만 동일하며, 입력 매개변수 또는 반환 타입을 다르게 정의하였음을 확인할 수 있다. 다음은 오버로드가 되지 않은 메소드들의 예제들로, 이들은 모두 동일한 메소드로 간주된다.

- void print (String s, String v)
- void print (String x, String j)
- int print (String s, String v)

첫 번째 메소드와 두 번째 메소드는 입력 매개변수의 이름만 다르고, 입력 매개변수의 개수 및 데이터 타입은 모두 동일하다. 컴파일 시에 오버로드된 메소드 여부는 입력 매개변수의 이름의 차이로 분별하지 않기 때문에, 이 두 메소드는 동일한 메소드로 간주된다.

첫 번째와 세 번째 메소드는 반환 타입만 다른 경우이다. 입력 매개변수 개수, 데이터 타입, 순서 등은 모두 동일하고 반환 타입만 다르면, 이는 오버로드된 메소드가 아니라 동일 메소드로 간주되기 때문에, 이들은 오버로드된 메소드들이 아니다. 여기서 유의할 점은 입력 매개변수가 다르고, 반환 타입도 다른 메소드들은 오버로드된 메소드로 간주된다는 점이다. 즉, void print(String s, String v)와 int print(String s, String v)는 동일 메소드로 간주되지만, void print(String s, String v)와 int print(String s)는 오버로드된 메소드가 된다.

메소드 오버로딩은 한 클래스 내에서 전체적인 기능은 유사하지만, 입력 매개변수 또는 반환 타입에 따라서 수행하는 로직에 약간의 차이가 있는 경우에 활용된다. 그리고 오버로드된 메소드들의 입력 매개변수 개수, 데이터 타입, 정의 순서, 반환 타입을 검사하여 하나의 메소드가 호출된다.

7.2.2. 객체지향 언어에서의 오버로딩 장치

C++와 Java에서 오버로드된 메소드를 정의하는 방법에는 차이가 없다. 즉, 메소드 정의 시 이름은 동일하게 하고, 입력 매개변수 개수, 입력 매개변수 데이터 타입, 반환 타입 중 하나 이상을 다르게 정의하면 된다.

소스코드 7-1은 C++로 작성한 오버로드된 print() 메소드를 보여준다.

소스코드 7-1 C++로 작성한 오버로드된 메소드 예제

```
#include "TextFile.h"
void TextFile::print() {
    cout << "print() 메소드 호출" <<endl;
}

void TextFile::print(string s){
    cout << s << " 값으로 print() 메소드 호출" <<endl;
}

void TextFile::print(string s, string t){
    cout << s << ", " << t << " 값으로 print() 메소드 호출" <<endl;
}

void TextFile::print(int i, string s){
    cout << i << ", " << s << " 값으로 print() 메소드 호출" <<endl;
}

int TextFile::print(int i, string s, string t){
    cout << i << ", " << s << ", " << t << " 값으로 print() 메소드 호출" <<endl;
    return 0;
}
```

2번째, 6번째, 10번째, 14번째, 18번째 줄에서 각각 오버로드된 메소드를 정의하고 있으며, 이들은 다른 구현체를 가지고 있다. 컴파일러는 입력 매개변수로 전달된 값에 따라 5개의 print() 메소드 중 하나를 호출한다. 즉, print()라는 메시지가 전달되면 3번째 줄에 있는 print() 메소드가 실행되며, print ("test1", "test2")라는 메시지가 전달되면 2개의 string 타입 매개변수를 필요로 하는 11번째 줄의 print()가 호출된다.

소스코드 7-2는 소스코드 7-1과 동일한 클래스를 Java로 작성한 것이다. C++의 경우와 마찬가지로, 입력 매개변수 또는 반환 타입을 검사하여, 오버로드된 메소드 중 하나가 호출된다.

소스코드 7-2 Java로 작성한 오버로드된 메소드 예제

```
public class TextFile {
    public void print() {
        System.out.println ("print() 메소드 호출!!!");
    }

    public void print(String s) {
        System.out.println (s + "값으로 print() 메소드 호출!!!");
    }

    public void print(String s, String t) {
        System.out.println (s + "와 " + t + " 값으로 print() 호출!!!");
    }

    public void print(int i, String t) {
        System.out.println (i + "와 " + t + " 값으로 print() 메소드 호출!!!");
    }

    public int print(int i, String t, String v) {
        System.out.println (i + ", " + t + ", " + v + " 값으로 print() 메소드 호출!!!");
        return 0;
    }
}
```

7.2.3. 오버로딩 활용

메소드 오버로딩은 한 클래스에서 동일한 이름을 가진 여러 메소드를 정의해야 할 때 사용되며, 일반 메소드 뿐 아니라 생성자 정의 시에 효과적으로 활용된다.

* 오버로드된 생성자 정의 시 활용

생성자는 해당 클래스에 선언된 여러 속성들을 초기화하는 역할을 한다. 다른 종류의 입력 매개변수 집합을 이용하여 다양한 방법으로 인스턴스를 생성하기 위해서, 생성자를 오버로드하여 정의하는 경우가 많다. 그림 7-2는 자바 API 중 String 클래스의 생성자가 오버로드되어 선언된 예제를 보여준다. String 클래스는 매개변수 개수와 데이터 타입을 이용하여 정의한 오버로드된 생성자를 이용하여, 매개변수에 맞게 다른 생성자를 호출하여 String 객체를 생성하게 된다.

Constructor Summary

Constructors

Constructor and Description
`String()` Initializes a newly created `String` object so that it represents an empty character sequence.
`String(byte[] bytes)` Constructs a new `String` by decoding the specified array of bytes using the platform's default charset.
`String(byte[] bytes, Charset charset)` Constructs a new `String` by decoding the specified array of bytes using the specified **charset**.
`String(byte[] ascii, int hibyte)` **Deprecated.** This method does not properly convert bytes into characters. As of JDK 1.1, the preferred way to do this is via the `String` constructors that take a `Charset`, charset name, or that use the platform's default charset.
`String(byte[] bytes, int offset, int length)` Constructs a new `String` by decoding the specified subarray of bytes using the platform's default charset.
`String(byte[] bytes, int offset, int length, Charset charset)` Constructs a new `String` by decoding the specified subarray of bytes using the specified **charset**.

그림 7-2 Java API에서의 메소드 오버로딩의 예

String 클래스와 유사하게, Java API에 포함된 대부분의 클래스들은 생성자를 오버로드하여, 다양한 방법으로 인스턴스를 생성할 수 있도록 한다.

소스코드 7-3은 Employee 클래스에서 생성자를 오버로드하여 정의한 예제를 보여준다.

소스코드 7-3 Java로 작성한 오버로드된 생성자

```
import java.util.Vector;

public class Employee {

    private static Vector<Employee> employees = new Vector<Employee>();
    private String name;
    private String dept;
    private String title;
    private int salary;

    // 입력 매개변수가 없는 디폴트 생성자
    public Employee() {}

    // String과 int 타입의 입력 매개변수를 필요로 하는 오버로디드된 생성자
    public Employee (String name, int salary) {
        this.name = name;
        this.salary = salary;
        employees.add(this);
    }

    // 3개의 String 타입 매개변수, 하나의 int 타입 매개변수를 필요로 하는 오버
    로디드된 생성자
    public Employee (String name, String dept, String title, int salary) {
        this.name = name;
        this.dept = dept;
        this.title = title;
        this.salary =salary;
        employees.add(this);
    }
    …
```

```
30.     // main 메소드
31.     public static void main(String[] args) {
32.         Employee e1 = new Employee ("John", 50000000);
33.         Employee e2 = new Employee ("Susan", "R&D", "선임연구원", 65000000);
34.         Employee e3 = new Employee ("Bob", "총무과", "대리", 45000000);
35.         ...
36.     }
37. }
```

12번째, 15번째, 22번째 줄에서 각각 다른 입력 매개변수 집합을 가지는 생성자를 오버로드하여 정의하였다. 그리고 32~34번째 줄에서 다른 입력 매개변수 집합을 이용하여 Employee 인스턴스를 생성한다. 32번째 줄에서는 15번째 줄에서 정의된 생성자가 호출되며, 33~34번째 줄에서는 22번째 줄에서 정의된 생성자가 호출된다. 이렇게 함으로써, 다양한 조합의 입력 매개변수로 인스턴스가 생성되는 것을 가능하게 한다.

* 메소드 정의 시 활용

메소드 오버로딩은 일반 메소드 정의에도 다양하게 활용된다. 기능성은 동일하지만, 데이터 타입에 따라 이를 처리하는 알고리즘이 다를 경우 메소드 오버로딩을 효과적으로 사용할 수 있다. '+' 연산자는 오버로드된 메소드의 대표적인 예라고 할 수 있다. '+' 연산자가 int, float와 같이 수와 연관된 데이터 타입과 사용되면 두 수를 더하는 기능을 수행하지만, string과 같은 문자열 데이터 타입과 사용되면 두 문자를 연결하는 기능을 수행한다. 소스코드 7-4는 Employee 클래스에서 오버로드된 searchEmployee() 메소드를 보여준다.

소스코드 7-4 Java로 작성한 오버로드된 searchEmployee() 메소드

```java
public class Employee {

    private static Vector<Employee> employees = new Vector<Employee>();
    private String name;
    private String dept;
    private String title;
    private int salary;
    …
    // String 타입으로 Employee를 찾는 오버로드된 메소드
    public Employee searchEmployee (String n) {
        Employee result = null;
        for (Employee e: employees) {
            if (e.name.equals(n)) {
                result = e;
            }
        }
        return result;
    }

    // 2개의 String 타입으로 Employee를 찾는 오버로드된 메소드
    public Vector<Employee> searchEmployee (String d, String t) {
        Vector<Employee> result = new Vector<Employee>();
        for (Employee e: employees) {
            if (e.dept.equals(d) ||  e.title.equals(t)) {
                result. add(e);
            }
        }
        return result;
    }

```

```
    // int 타입으로 Employee를 찾는 오버로드된 메소드
    public Vector<Employee> searchEmployee (int s) {
        Vector<Employee> result = new Vector<Employee>();
        for (Employee e: employees) {
            if (e.salary >= s)
                result.add(e);
            }
        return result;
    }

    // main 메소드
    public static void main(String[] args) {
        System.out.println ("===== Searching Employees with Name =====");
        Employee e = new Employee().searchEmployee("Susan");
        e.printEmployee();
        System.out.println();

        System.out.println ("===== Searching Employees with Department and Title =====");
        Vector<Employee> es = new Employee().searchEmployee("R&D", "대리");
        for (Employee tmp: es) {
            tmp.printEmployee();
            System.out.println();
        }

        System.out.println ("===== Searching Employees with Salary =====");
        es = new Employee().searchEmployee(50000000);
        for (Employee tmp: es) {
            tmp.printEmployee();
            System.out.println();
        }
    }
}
```

10번째, 21번째, 32번째 줄에서 각각 다른 입력 매개변수 조합을 이용하여 seasrchEmployee() 메소드를 오버로드하였다. 이 메소드 모두 직원을 찾는 동일한 기능을 수행하지만, 검색 조건에 따라서 내부 로직이 상이하다. 그리고 main 메소드 내에서 입력 매개변수에 따라 각각 다른 searchEmployee() 메소드가 호출되도록 하였다. 예를 들어, 44번째 줄과 같이 String 타입의 입력 매개변수 하나를 전달하면 10번째 searchEmployee() 메소드를 호출하지만, 49번째 줄과 같이 String 타입의 입력 매개변수를 2개 전달하면 21번째의 searchEmployee() 메소드를 호출한다.

7.3. 오버라이딩(Overriding)

본 절에서는 객체지향 패러다임에서 제공하는 다형성 종류 중 하나인 오버라이딩의 개념을 비롯해 객체지향 프로그래밍 언어로 어떻게 표현하는지에 대해서 상세히 알아본다.

7.3.1. 오버라이딩 개념

다형성의 두 번째 형태 오버라이딩은 오버로딩과 달리 메소드 이름, 입력 매개변수, 반환 타입을 포함한 메소드 시그니처 전체가 동일한 메소드를 여러 클래스에 정의하는 것이다. 특히, 메소드 오버라이딩은 클래스 상속 관계에서 사용되어, 상위 클래스에 정의된 메소드를 그대로 사용하지 않고 하위 클래스에서 목적에 맞게 다시 정의할 수 있게 한다. 이렇게 오버라이드된 메소드는 런타임에 발생한 메시지에 반응할 수 있는 객체 타입에 따라서 다른 행위를 수행할 수 있게 한다.

그림 7-3은 오버라이딩의 예제를 보여준다. 대학 인사 관리 시스템에서 관리되는 사람은 크게 학생과 직원 두 종류로 구분되며, 이들은 공통적으로 동일한 속성 및 메소드를 가진다. 이를 위해 Person 클래스를 슈퍼클래스로 정의하고, 서브클래스로 Student 클래스와 Employee 클래스를 정의하였다.

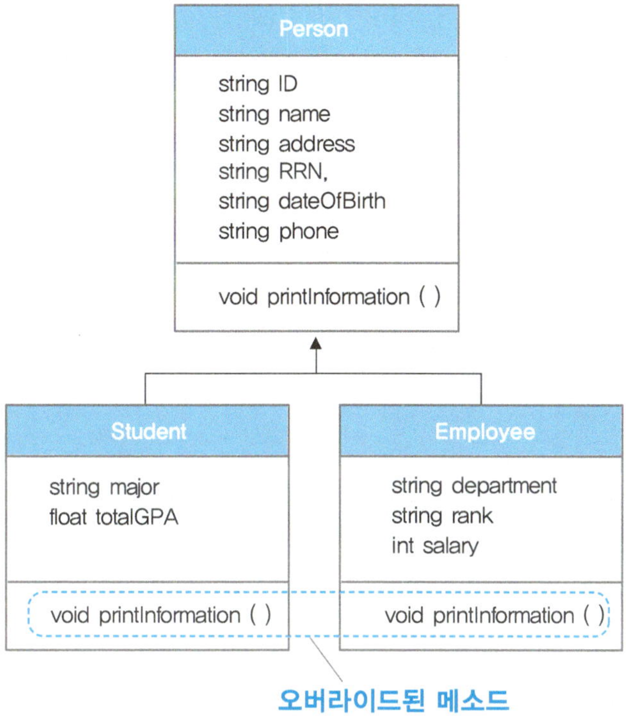

그림 7-3 대학 인사 관리 시스템의 오버라이딩 예제

Person 클래스의 printInformation()은 해당 클래스에 정의된 모든 정보를 출력하는 기능을 하며, Student 클래스와 Employee 클래스 역시 동일한 기능을 하는 메소드가 정의되어 있다. 서브클래스에는 Person 클래스에서 추가된 속성 정보도 출력해야 하므로, 각 서브클래스에서 printInformation()을 오버라이드 해야 한다.

위의 두 예제로부터 알 수 있듯이, 오버라이딩을 이용하여 하위 클래스에서는 상위 클래스에서 정의된 메소드를 목적에 맞게 다시 정의할 수 있게 된다.

여기서 유의할 점은 슈퍼클래스에서 정의된 모든 메소드를 서브클래스에서 오버라이드할 수 있는 것은 아니다. 슈퍼클래스에서 메소드를 final 키워드를 사용해서 정의했으면, 해당 메소드는 서브클래스에서 오버라이드할 수 없다.

7.3.2. 객체지향 언어에서의 오버라이딩 장치

Java와 C++에서 메소드 시그니처만 동일하고 구현부를 다르게 정의함으로써 한 메소드를 여러 클래스에서 오버라이드할 수 있다.

소스코드 7-5는 그림 7-3을 Java로 작성한 코드의 일부이다.

소스코드 7-5 Java 로 작성한 오버라이딩 예제

```
// 슈퍼클래스인 Person 클래스 정의
class Person {
    private String ID, PW, name, address, RRN, phone;
    private GregorianCalendar dateOfBirth;

    public Person (String ID, String PW, String name, String address, String RRN,
                int year, int month, int day, String phone) {
        // Person 클래스에 정의된 모든 속성을 초기화함.
        this.ID = ID;
        this.PW= PW;
        …
    }

    // Person 클래스의 모든 정보를 출력함.
    public void printInformation() {
        System.out.println ("*********** Person's Information ***********");
        System.out.println ("ID\t\t: " + ID);
        System.out.println ("PW\t\t: " + PW);
        System.out.println ("Name\t\t: " + name);
        …
    }
}

```

```
24. // Person 의 서브클래스인 Student 클래스 정의
25. class Student extends Person {
26.     // Student에만 필요한 속성 추가 정의
27.     private String major;
28.     private float totalGPA;
29.
30.     public Student (String ID, String PW, String name, String address, String RRN,
31.                     int year, int month, int day, String phone, String major) {
32.         super (ID, PW, name, address, RRN, year, month, day, phone);
33.         this.major = major;
34.         this.totalGPA = 0;
35.     }
36.
37.     // Person 클래스의 printInformaiton() 메소드를 오버라이드(재정의)함.
38.     public void printInformation() {
39.         super.printInformation();   // 슈퍼클래스의 printInformation() 호출
40.         System.out.println ("************ Student Specific Information ************");
41.         System.out.println ("Major\t\t: " + major);
42.         System.out.println ("GPA\t\t: " + totalGPA);
43.     }
44. }
```

15번째 줄에 Person 클래스의 printInformation() 메소드가 정의되어 있으며, Person 인스턴스의 모든 정보를 출력한다.

25번째 줄에서 Person 클래스의 서브클래스인 Student 클래스가 선언되어 있고, 38번째 줄에 15번째 줄의 메소드와 동일한 시그니처를 가진 printInformation() 메소드가 오버라이드되어 있다. 이 오버라이드된 메소드는 Student 클래스의 모든 정보를 출력하도록 재정의되어 있음을 알 수 있다. 즉, 메소드 시그니처는 동일하지만, 그 내부 구조를 다르게 구현한다.

소스코드 7-6은 그림 7-3의 클래스 상속 구조를 C++로 작성한 코드 중 일부를 보여준다.

소스코드 7-6 C++로 작성한 오버라이딩 예제

```cpp
// 슈퍼클래스인 Person 클래스 정의
class Person {
private:
    string ID, PW, name, RRN, address, phone, dateOfBirth;

public:
    ...
    // Person 클래스의 모든 정보를 출력함.
    virtual void printInformation() {
        cout << "ID : " + ID << endl;
        cout << "PW : " + PW << endl;
        ...
    }
};

// Person의 서브클래스인 Student 클래스 정의
class Student : public Person{
private:
    string major;
    float totalGPA;

public:
    // Person 클래스의 printInformaiton() 메소드를 오버라이드(재정의)함.
    void printInformation() {
        Person::printInformation();     // 슈퍼클래스의 printInformation() 호출
        cout << "MAJOR : " + major << endl;
        cout << "GPA : " << totalGPA << endl;
    }
};
```

9번째 줄에 Person 클래스의 모든 정보를 출력하는 printInformation()가 정의되어 있으며, 24번째 줄에 Student 클래스의 추가적인 정보까지 출력할 수 있도록 printInformation() 메소드가 오버라이드되어 있다. 여기서 주의할 점은 9번째 줄에서 슈퍼클래스의 오버라이드될 메소드 정의시 virtual 키워드를 사용하고 있다는 점이다. 이는 다음 장에서 다룰 동적 바인딩 장치를 활용하기 위한 것이며, 이에 대한 상세한 설명은 7.4.3절에서 다룰 것이다.

7.3.3. 상위 클래스 참조

그림 7-3의 대학 인사 관리 시스템 클래스 상속 구조를 보면, Student 클래스의 printInformation() 메소드는 Person 클래스의 정보와 Student 클래스에만 국한된 정보를 모두 출력해야 한다. 이때, Person 클래스의 정보는 해당 클래스의 printInformation() 메소드를 호출함으로써 출력할 수 있다. 이렇듯, 서브클래스에서 메소드가 오버라이드되어 있다고 하더라도, 필요에 따라 슈퍼클래스의 동일 메소드를 호출할 필요가 있다.

다음은 Java를 이용하여 서브클래스의 오버라이드된 메소드 내에서 슈퍼클래스에 정의된 동일 메소드를 참조할 수 있는 방법을 보여준다.

```
super.methodName();
```

먼저, super 키워드와 '. (마침표)'를 작성한 후에 호출하고자 하는 메소드 이름을 기술한다. super는 슈퍼클래스를 참조하며, super 키워드를 통해 슈퍼클래스의 메소드를 호출할 수 있다. 소스코드 7-5의 39번째 줄에서 Student 클래스의 printInformation() 내에서 super 키워드를 사용하여 Person 클래스의 printInformation()을 호출함으로써 Person에 정의된 정보를 출력하도록 한다. 여기서 주의할 점은 6.6.3.절에서 본 super()와 super 키워드는 명백히 다르다는 점이다. super 키워드는 슈퍼클래스에서 정의된 속성 또는 메소드를 가리키지만, super()는 슈퍼클래스에서 정의된 생성자를 가리킨다.

C++도 유사하게 슈퍼클래스에 정의된 메소드를 참조하는 방식을 제공하지만, 그 표기법은 Java와 약간 차이가 있다. 다음은 C++를 이용하여 서브클래스의 오버라이드된 메소드 내에서 슈퍼클래스에 정의된 동일 메소드를 참조할 수 있는 방법을 보여준다.

```
SuperclassName::methodName();
```

Java에서 super 키워드를 사용하는 대신에, C++에서는 슈퍼클래스의 이름을 표기하고, '::' 뒤에 메소드 이름을 작성한다. 소스코드 7-6의 25번째 줄에서 슈퍼클래스 이름인 Person과 '::'를 작성함으로써, Person 클래스의 printInformation() 메소드를 호출하는 것을 확인할 수 있다.

이렇게, 프로그래밍 언어에 따라 약간의 차이가 있지만, 서브클래스에서 슈퍼클래스에 정의된 속성 및 메소드를 참조할 수 있음을 알 수 있다. 메소드 또는 속성 앞에 super 키워드나 슈퍼클래스 이름을 지정하는 것은 슈퍼클래스와 동일한 이름의 속성이나 메소드가 서브클래스에도 오버라이드되어 있어, 명백하게 슈퍼클래스의 속성 또는 메소드를 가리키고자 할 때 사용된다.

7.4. 객체 대치성 (Substitutability)과 동적 바인딩 (Dynamic Binding)

메소드 오버라이딩의 가장 큰 장점은 슈퍼클래스의 메소드를 서브클래스에서 재정의하여 목적에 맞게 재사용할 수 있다는 점이다. 객체 대치성과 동적 바인딩 메커니즘은 메소드 오버라이딩의 장점이 극대화되기 위해 반드시 필요한 메커니즘이다. 본 절에서는 각 메커니즘에 대해 상세히 알아보고, 어떻게 메소드 오버라이딩과 효과적으로 활용될 수 있는지를 살펴본다.

7.4.1. 객체 대치성 개념

객체 대치성 (Substitutability)은 상속 관계에 있는 두 클래스 간에서 슈퍼클래스 인스턴스는 서브클래스의 인스턴스로 대체될 수 있음을 의미한다. 그림 7-4는 객체 대치성에 대한 설명을 도식화하여 표현한 것이다.

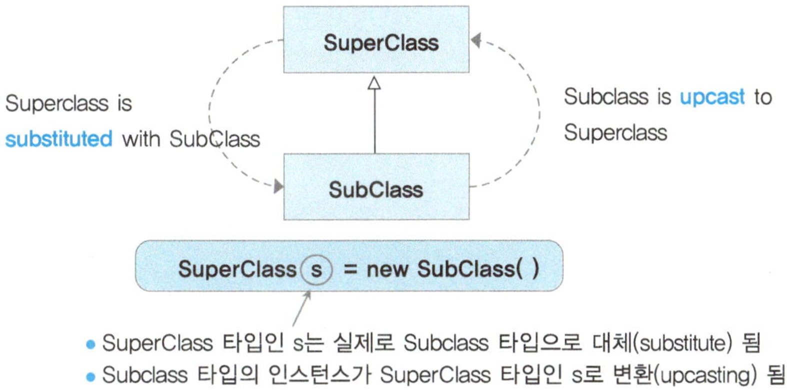

그림 7-4 객체 대치성 의미

두 클래스가 상속 관계에 있고, 다음과 같이 슈퍼클래스 인스턴스를 이용해서 서브클래스의 인스턴스를 생성하였다고 가정하자.

```
Superclass s = new SubClass();
```

s는 슈퍼클래스 타입의 참조 변수로 선언되었지만, 실제로는 서브클래스 타입의 인스턴스를 가리킨다. 즉, s는 실제로 서브클래스의 인스턴스로 대체되었으며, 서브클래스의 인스턴스가 슈퍼클래스 타입에 대입된다. 이와 같이 클래스를 선언하면, 서브클래스의 인스턴스가 슈퍼클래스의 인스턴스처럼 취급되어, 슈퍼클래스 타입의 참조 변수로 서브클래스 인스턴스를 접근할 수 있게 된다.

객체 대치성 과정을 통해 컴파일러는 내부적으로 업캐스팅(upcasting)을 수행한다. 그림 7-4에서 객체 대치성을 통해 서브클래스 인스턴스는 슈퍼클래스 타입으로 캐스팅이 변환되었으며, 클래스 상속 구조로 보면 캐스팅 방향이 위로 향하게 되어 업캐스팅이 되었다고 하는 것이다. 일반적으로 객체지향 프로그래밍 언어에서는 캐스팅 변환을 명시적으로 하지 않아도 암시적으로 업캐스팅이 일어난다.

객체 대치성 또는 업캐스팅으로 인해, 서브클래스의 인스턴스가 슈퍼클래스로 취급된다면 그림 7-5과 같이 서브클래스의 종류가 다르다고 하더라도 모두가 슈퍼클래스 타입의 참조 변수로 접근될 수 있다.

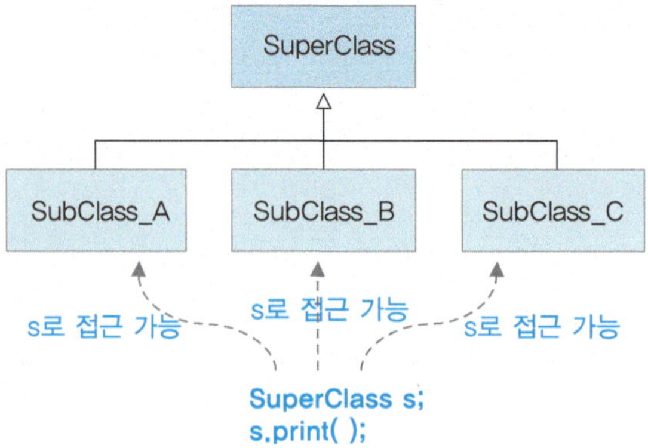

그림 7-5 객체 대치성을 이용한 서브클래스 인스턴스 접근 방법

SuperClass 타입으로 인스턴스인 s를 선언하면, s로 SubClass_A, SubClass_B, SubClass_C의 인스턴스를 모두 접근할 수 있다. 그리고 모든 서브클래스가 동일한 메소드를 오버라이드하고 있으면, s.print()와 같이 하나의 메시지로 각 서브클래스에서 오버라드된 메소드를 호출할 수 있다. 그러므로 서브클래스 타입이 다르다고 하더라도 슈퍼클래스 타입을 이용한 동일한 방식으로 다양한 종류의 서브클래스의 인스턴스를 다룰 수 있게 된다.

앞서 다형성의 장점으로 동일한 메시지로 다양한 메소드를 호출할 수 있다고 하였다. 이는 오버라이드된 메소드를 슈퍼클래스 타입으로 접근함으로써 가능해지며, 이것이 객체 대치성을 활용해야 하는 가장 큰 이유이다.

7.4.2. 동적 바인딩 개념

바인딩(Binding)은 프로그램 내에 정의된 변수나 데이터 등이 가리키고 있는 메모리 주소나 데이터 타입이 결정되는 과정이며, 바인딩이 일어나는 시점에 따라 정적 바인딩(Static Binding)과 동적 바인딩(Dynamic Binding)으로 구분된다. 정적 바인딩은 컴파일 시점에, 동적 바인딩은 런타임에 프로그램이 실행되는 시점에 바인딩이 일어난다. 이런 이유로 정적 바인딩은 Early 바인딩, 동적 바인딩은 Late 바인딩이라고도 부른다.

프로그램 내에 정의된 변수나 메소드 등은 대부분 컴파일 시점에 데이터 타입 또는 특정 객체의

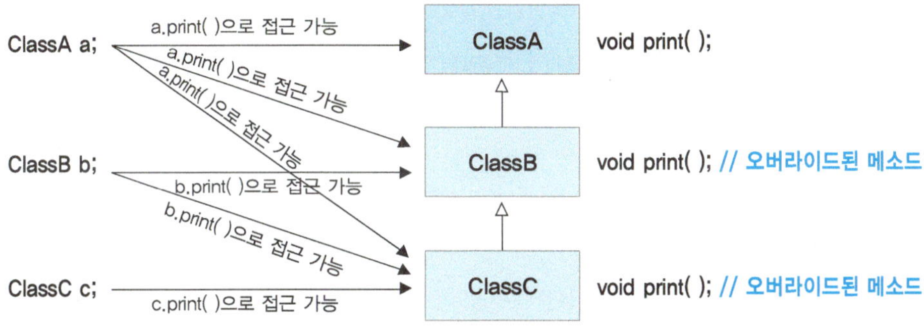

그림 7-6 동적 바인딩의 필요성

메소드가 바인딩되어 결정된다. 즉, 정적 바인딩이 일어나 프로그램이 실행되기 이전에 어느 데이터 타입이며, 어느 메소드가 실행되어야 하는지가 결정된다.

그림 7-6과 같이 메소드가 오버라이드된 경우를 생각해 보자. ClassA는 최상위 루트 클래스로 정의되며, ClassB는 ClassA를 상속받고, ClassC는 ClassB를 상속받아 정의되었다. 그리고 각 클래스는 각자 목적에 맞게 print() 메소드를 오버라이드하여 정의하였다.

이때 ClassA 타입의 참조 변수 a를 정의하면, 객체 대치성에 의해 a는 실제로 ClassA, ClassB, ClassC를 모두 가리킬 수 있게 된다. 그리고 'a.print()' 를 실행할 때, 실제 어느 클래스의 인스턴스인지를 가리키는지에 따라서 이 메시지를 받을 수 있는 print() 메소드가 결정된다. 이때, ClassB 타입의 참조 변수 b를 정의하면 ClasssB 또는 ClassC의 인스턴스만 접근할 수 있으며, ClassC 타입의 참조 변수 c를 정의하면 ClassC의 인스턴스만 접근할 수 있게 된다. 그러므로 객체 대치성과 동적 바인딩의 이점을 최대한 활용하기 위해서는 상위 클래스에 위치한 참조 변수로 접근하는 것이 좋다.

그러면, 동적 바인딩이 실제로 어떻게 일어나는지에 대해서 알아보자. 먼저 컴파일러 또는 JVM은 a가 상속 받은 클래스를 가리키는지 아닌지를 확인한다. 그리고 메소드 오버라이딩 여부를 확인하여, 메소드가 오버라이드되어 있으면 서브클래스의 오버로드된 메소드를 실행하며, 그렇지 않으면 슈퍼클래스의 메소드를 실행한다. 즉, a가 실제로 classB를 가리키고 있으면 classB의 print()를 호출하고, classC를 가리키고 있으면 classC의 print()를 호출한다.

그러면, 동적 바인딩은 왜 꼭 필요한 것인가? 정적 바인딩만 지원될 경우, 컴파일 시점에 슈퍼클래스에 정의된 메소드 또는 서브클래스에 정의된 메소드를 호출할지 이미 결정된다. 이와 같은 경우, 객체 대치성과 같은 메커니즘을 활용할 수 없게 되며, 메소드 오버라이딩의 활용성 및 장점이 줄어들게 된다.

동적 바인딩은 객체지향 프로그래밍 언어에서 오버라이된 메소드 중 가장 적절한 메소드를 호출할 수 있게 한다. 이 메커니즘이 지원되지 않으면 오버라이드된 메소드를 각각 다른 메시지로 호출해야 하므로, 오버라이딩을 활용해야 하는 이점이 사라진다. 그러므로 동적 바인딩은 객체 대치성과 더불어 메소드 오버라이딩의 이점을 활용할 수 있는 핵심 메커니즘인 것이다.

7.4.3. 객체 대치성과 동적 바인딩 활용 방법

본 절에서는 메소드 오버라이딩과 함께 객체 대치성과 동적 바인딩을 효과적으로 활용하는 방법에 대해 알아본다.

다시 그림 7-6의 예제를 살펴보자. ClassA 타입의 참조 변수를 정의할 경우 런타임에 ClassA, ClassB, ClassC 클래스의 print() 메소드를 접근할 수 있다. 그러나 ClassB 타입으로 참조 변수를 정의하면, 객체 대치성과 동적 바인딩에 의해 접근할 수 있는 print() 메소드는 ClassB와 ClassC에 정의된 것으로 국한된다. 마지막으로, ClassC 타입으로 참조변수를 정의하면 실행될 print() 메소드는 정적 바인딩에 의해 이미 결정된다. 그러므로 오버로드된 메소드의 장점 및 활용도를 높이기 위해서는 슈퍼클래스 타입의 참조 변수를 정의하는 것이 좋다.

소스코드 7-7은 그림 7-3의 클래스 상속 구조를 이용하여 구현한 main 메소드를 보여준다. 이는 Java를 이용하여 객체 대치성과 동적 바인딩을 효과적으로 활용하는 방법을 설명하고 있다.

소스코드 7-7 Java를 이용한 객체 대치성과 동적 바인딩 활용 예제

```
// Person, Student, Emplolyee 클래스를 이용한 프로그램
public class OverridingMainTest {
    public static void main(String[] args) {

        Person[] persons = new Person[10];        // Person 형 배열 정의
        persons[0] = new Student ("s111223","000000", "Student1", "서울",
    "910305-1023545", 1991, 3, 5, "235-5659", "컴퓨터학과");
        // Person형 배열에 서브클래스인 Student 클래스 타입의 인스턴스 할당
        …
        persons[3] = new Employee("e202535","111111","Employee1", "대전",
    "710305-1084335", 1971, 3, 5, "565-2314", "총무과", "과장", 6000000);
        // Person형 배열에 서브클래스인 Employee 클래스 타입의 인스턴스 할당
        …
        persons[9] = new Employee("e206653","444444","Employee4", "광주",
    "791010-1084335", 1971, 3, 5, "565-2314", "총무과", "사원", 3500000);

        for (Person p : persons) {
            p.printInformation();
            // 슈퍼클래스 타입으로 모든 서브클래스 타입을 접근함.
            System.out.println ();
        }

        // persons[9].printEmployeeSpecificInformation();
        // 컴파일 에러 발생
        // Person 타입으로 Employee에만 정의된 메소드 접근 할 수 없음.

        ((Employee)persons[9]).printEmployeeSpecificInformation();
        // 슈퍼클래스 타입의 참조변수를 서브클래스 타입으로 다운캐스팅함.
    }
}
```

먼저, 5번째 줄에서 슈퍼클래스인 Person 타입으로 크기가 10인 배열을 정의하였다. 그리고 배열의 각 요소는 각각 다른 서브클래스 인스턴스를 가리키도록 하였다. 이때, 객체 대치성을 이용하여 Person 타입의 배열 각 요소가 Student 또는 Employee 타입의 서브클래스 인스턴스로 대체된다. 즉, 서브클래스 타입의 인스턴스가 슈퍼클래스 타입으로 암시적으로 업캐스팅 된다.

13번째 줄에서 배열의 모든 요소를 슈퍼클래스인 Person 타입의 인스턴스로 접근하여 printInformation() 메소드를 호출하였다.

이 코드를 실행하면 그림 7-7과 같은 결과 화면을 확인할 수 있다. 실제 배열의 요소가 가리키는 인스턴스 종류에 따라 그에 맞는 printInformation()이 호출되었음을 확인할 수 있다. 다시 말해, Person이라는 동일한 타입의 참조변수 p를 사용하고 있지만, 배열의 요소가 Student 타입의 인스턴스인지 또는 Employee 타입의 인스턴지인지에 따라 그에 맞는 printInformation() 메소드가 실행된다. 만약 Employee 외에 다른 서브클래스 타입을 추가한다고 하더라도 12~15번째 줄의

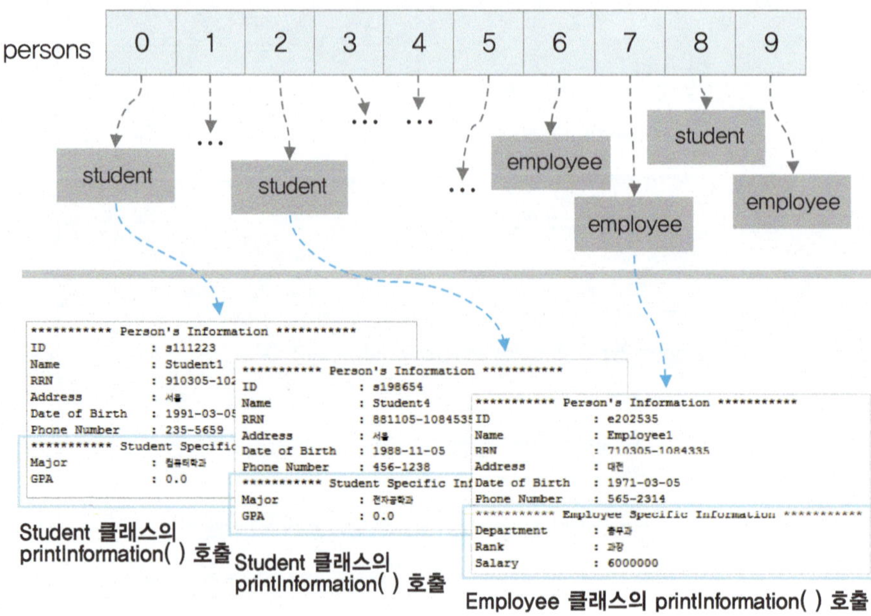

그림 7-7 배열을 통한 객체 동적 바인딩 결과 화면

소스코드는 수정하지 않아도 새롭게 추가된 서브클래스의 printInformation()을 호출할 수 있게 된다.

만약 동적 바인딩이 지원되지 않는다면, p라는 참조 변수를 이용하여도 모두 Person 클래스의 printInformation()이 실행되었을 것이다. 그리고 Student, Employee 외에 다른 서브클래스를 추가한다고 하더라도 위의 코드로 이 서브클래스의 printInformation()을 활용할 수 없을 것이다.

이것이 메소드 오버라이딩, 객체 대치성, 동적 바인딩을 올바르게 사용하는 방법이며, 이를 다시 요약하면 다음과 같다.

- **1) 상속 메커니즘을 이용하여 슈퍼클래스 및 여러 서브클래스를 정의하고, 메소드를 오버라이드하여 각 클래스의 목적에 맞게 재정의한다.**
- **2) 객체 대치성을 활용하여 슈퍼클래스 타입의 자료 구조 (배열, Vector, ArrayList 등)를 정의하고, 자료 구조의 각 요소는 서브클래스 인스턴스를 가리키도록 한다.**
- **3) 동적 바인딩을 활용하여 자료 구조의 각 요소를 슈퍼클래스 타입의 변수로 접근하도록 하면, 실제 가리키고 있는 인스턴스 타입에 따라 오버라이딩된 메소드가 실행된다.**

소스코드 7-8은 C++를 이용하여 소스코드 7-7과 동일한 결과값을 가질 수 있도록 구현한 것이다.

소스코드 7-8 C++를 이용한 객체 대치성과 동적 바인딩 활용 예제

```
// Person, Student, Emplolyee 클래스를 이용한 프로그램
int main() {

    Person* persons[10];
    // Person 형 배열 정의
    persons[0] = new Student ("s111223","000000", "Student1", "서울",
"910305-1023545", "1991-03-05", "235-5659", "컴퓨터학과");
    // Person형 배열에 서브클래스인 Student 클래스 타입의 인스턴스 할당
    …
    persons[3] = new Employee("e202535","985541", "Employee1",
"710305-1084335", "대전", "02-333-4444", "1971-03-05", "총무과",
"과장", 6000000);
    // Person형 배열에 서브클래스인 Employee 클래스 타입의 인스턴스 할당
    …
    persons[9] = new Employee("e206653","444444","Employee4", "광주",
"791010-1084335", "1971- 03-05", "565-2314", "총무과", "사원", 3500000);
    …

    for (int i = 0 ; i < size ; i++) {
        persons[i]-> printInformation();
        // 슈퍼클래스 타입으로 모든 서브클래스 타입을 접근함
        cout << "" << endl;
    }

    dynamic_cast<Employee *>(persons[4])
        -> printEmployeeSpecificInformation();
        // 슈퍼클래스 타입의 참조변수를 서브클래스 타입으롱 다운캐스팅함.
    return 0;
}
```

4번째 줄에서 슈퍼클래스인 Person 타입으로 크기가 10개인 배열을 선언하였다. 그리고 5~9번째 줄에서 객체 대치성을 활용하여 배열의 각 요소가 서브클래스 인스턴스를 가리키도록 할당하였다. 이때 Java와 동일하게 서브클래스 타입의 인스턴스가 슈퍼클래스 타입으로 암시적으로 업캐스팅된다.

마지막으로, 13번째 줄에서 배열의 모든 요소를 슈퍼클래스인 Person 타입의 인스턴스로 접근하여 printInformation() 메소드를 호출하였다. 이때 동적 바인딩이 활용된 것이다.

여기서 유의할 점이 있다. C++에서는 메소드가 오버라이드되었다 하더라도 반드시 동적 바인딩이 일어나는 것은 아니다. 컴파일러에게 해당 메소드가 동적 바인딩이 일어나야 함을 알려줘야 하며, 그 방법은 virtual 키워드를 이용하는 것이다. 슈퍼클래스에서 메소드 선언 시 virtual 키워드를 이용하며, 서브클래스에서 이 메소드를 오버라이드하면, C++ 컴파일러는 해당 메소드를 컴파일 시점에 바인딩하지 않고, 런타임에 바인딩한다. 즉, virtual 키워드를 이용해 선언한 메소드는 동적 바인딩을 가능하게 해준다.

소스코드 7-6의 9번째 줄에서 virtual 키워드를 이용하여 슈퍼클래스의 메소드를 정의하였고, 이를 Student 클래스와 Employee 클래스가 오버라이드 하였기 때문에, 13번째 줄을 통해 각 인스턴스에 따라 알맞은 메소드가 호출되는 것이다. 그러므로 C++를 이용해서 메소드를 오버라이드 할 경우에는 슈퍼클래스의 메소드에 virtual 키워드를 명시해야 한다.

이렇게 객체 대치성(또는 업캐스팅)을 이용하여 슈퍼클래스 타입의 참조 변수로 서브클래스 메소드를 접근하려고 할 때 그림 7-8과 같은 문제점이 발생한다.

소스코드 7-7의 17번째 줄을 실행하면, Person 타입의 참조 변수로 Employee 클래스에서 확장된 printEmployeeSpecificInformation()을 접근하기 때문에 컴파일 에러가 발생한다.

슈퍼클래스 타입의 참조 변수 s는 f(), g() 메소드에 대한 정보를 가지고 있기 때문에, 런타임에 오버라이드된 메소드를 호출할 수 있다. 그러나 s는 서브클래스에서 확장된 메소드인 h() 메소드 또는 i() 메소드의 존재를 알지 못한다. 그러므로 s로는 서브클래스에서 확장된 메소드를 호출할 수 없다.

이 문제점을 해결하기 위해서 업캐스팅한 참조 변수를 서브클래스 타입으로 다운캐스팅

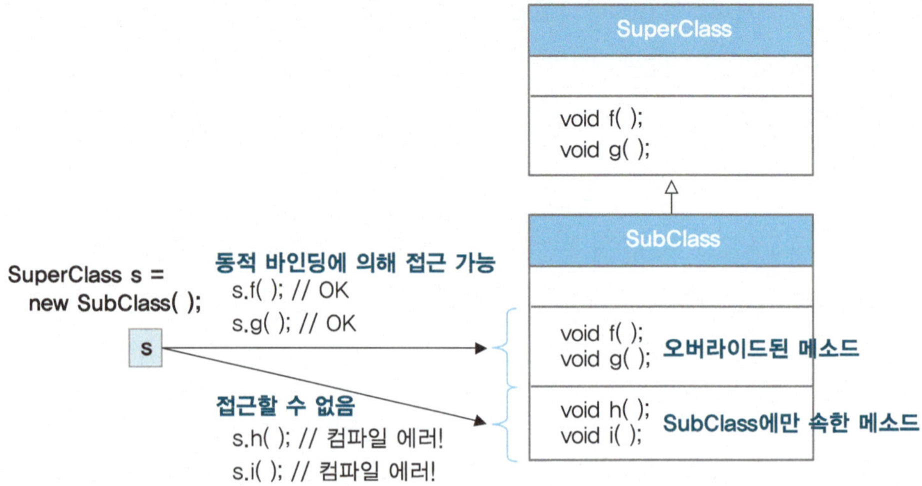

그림 7-8 객체 대치성 활용과 관련된 문제점

(Downcasting)해야 한다. 별도로 명시하지 않아도 일어나는 업캐스팅과는 달리 다운캐스팅은 캐스팅 변환을 명시적으로 해야 한다. 다음은 객체지향 프로그래밍 언어 별 명시적으로 다운캐스팅을 하는 구문이다.

> Java의 경우)
>
> **(변환형)대상객체**
>
> Ex) (SubClass)s
>
> C++의 경우)
>
> **dynamic_cast〈변환형〉(대상객체)**
>
> Ex) dynamic_cast 〈SubClass *〉(&s)

Java는 간단하게 괄호 안에 변환하고자 하는 타입명을 기술하면 되며, C++의 경우 dynamic_cast라는 함수명을 쓰고, 꺽쇠 괄호 (〈..〉) 안에 변환하고자 하는 타입명에 이어 괄호 안에 대상 객체를 기술해야 한다. dynamic_cast는 캐스팅 하기 전에 런타임에 타입 변환이 가능한지를 먼저 확인하여 안전하게 타입을 변환해야 함을 의미한다. 이와 반대로 변환 가능 여부를 확인하지 않고 컴파일 시점에 타입 변환하는 static_cast 함수도 있지만, 이 경우 런타임 에러가 발행할 수 있어 개발자가 에러 상황을 모두 고려해서 코드를 작성해야 한다. 그러므로 클래스 계층 간에 타입 변환은 dynamic_cast가 더 안전하다.

소스코드 7-7의 19번째 줄은 Java를 이용하여 Person 타입의 참조 변수를 Employee 타입으로 다운캐스팅하여, Employee 클래스에서만 정의된 메소드를 접근한다. 소스코드 7-8의 17번째 줄 역시 C++를 이용해서 슈퍼클래스 타입을 서브클래스 타입으로 다운캐스팅한다.

이렇듯, 객체 대치성과 업캐스팅을 이용하면 서브클래스의 타입에 맞게 오버라이드된 메소드를 유연하게 호출할 수 있는 장점이 있다. 그러나 서브클래스에만 정의된 메소드를 호출할 시에는 타입을 확인(Java의 경우 instanceof 연산자 활용)하여 알맞은 서브클래스 타입으로 다운캐스팅을 한 후에 메소드를 호출해야 한다.

7.5. 본 장의 정리

본 장에서는 상속과 더불어 재사용상 향상이 도움이 되는 다형성에 대해서 살펴보았다. 다형성은 한 가지 형태가 여러 곳에 위치하여 다양한 의미를 가진다는 사전적인 의미를 가지고 있으며, 객체지향 패러다임에서는 동일 메소드가 한 곳 이상에서 정의되어 각 정의된 메소드가 다른 행위를 수행하는 것을 의미한다. 다형성을 이용하면, 송식 객체가 보내는 하나의 메시지로 상황에 맞게 다른 기능을 하는 메소드를 호출할 수 있고, 이에 따라 송신 객체의 프로그램을 수정하지 않고, 동일 메소드의 다른 기능 구현을 쉽게 추가할 수 있다.

객체지향 패러다임에서는 메소드 오버로딩과 메소드 오버라이딩으로 다형성을 지원하며, 이에 대한 개념 및 Java 또는 C++에서 이들을 어떻게 지원하는지에 대해서 알아보았다. 메소드 오버로딩은 한 클래스 내에서 메소드 이름은 동일하고 입력 매개변수 및 반환값이 다른 메소드를 여러 곳에 정의하는 것을 의미하고, 메소드 오버라이딩은 상속 관계에서 슈퍼클래스에 정의된 메소드를 서브클래스에서 재정의하는 것으로 메소드 시그니처는 모두 동일하고 메소드 구현만 다르다.

두 가지 중 메소드 오버라이딩은 상속 관계에서 매우 유용하게 활용된다. 서브클래스는 슈퍼클래스에서 상속받은 모든 것을 그대로 활용하지 않고 상황에 맞게 수정하는 것을 가능하게 하는 것이 메소드 오버라이딩이기 때문이다.

메소드 오버라이딩의 장점이 극대화되기 위해서는 객체 대치성과 동적 바인딩이 같이 사용되어야 한다. 객체 대치성은 슈퍼클래스 인스턴스가 서브클래스의 인스턴스로 대체될 수 있음을 의미한다. 'SuperClass c1= new SubClass()' 에서와 같이 c1은 슈퍼클래스 타입으로 선언되었지만, 실제로는 서브클래스 인스턴스로 대체된다. 동적 바인딩은 한 메시지에 대해 반응할 메소드가 실시간에 결정됨을 의미한다. 상속 관계에서는 오버라이드된 메소드가 여러 존재하기 때문에, 한 메시지가 어느 메소드로 전달되어야 할지는 런타임에 결정되어야 한다. 이들 장치를 잘 활용하면, 최소한의 코드 수정으로, 새롭게 오버라이드된 메소드를 호출하는 것이 가능해지기 때문에 프로그램 확장성이 더욱 커지게 된다. 즉, 객체 대치성을 이용하여 슈퍼클래스 인스턴스가 모든 서브클래스 인스턴스를 접근하게 하고, 슈퍼클래스에 정의된 메소드를 호출할 수 있는 메시지를 만들어 실제로는 서브클래스의 오버라이드된 메소드를 호출하게 하면, 쉽게 프로그램의 기능을 확장할 수 있게 된다.

연습문제

1. 다형성 개념을 설명하고, 이를 사용함으로써 얻을 수 있는 효과 및 장점을 나열하시오.

2. 객체지향 패러다임에서 지원하는 2가지 다형성 형태에 대해 간단히 설명하시고, 차이점을 명확히 구분하시오.

3. 한 클래스 내에서 메소드 오버로딩이 필요한 이유가 무엇인지에 대해 작성하시오.

4. 메소드 오버라이딩은 상속 관계에서만 활용될 수 있다. 상속 관계에서 메소드를 오버라이드해야 하는 주된 이유를 작성하시오.

5. Java 또는 C++에서 슈퍼클래스를 참조하는 방법을 각각 작성하시오.

6. 객체 대치성이 활용된 예제를 Java또는 C++로 작성하시오.

7. 객체 대치성은 IS-A 관계에서만 성립된다. 이에 대한 이유를 작성하시오.

8. 객체지향 패러다임에서 동적 바인딩이 지원되어야만 하는 이유를 작성하시오.

9. 객체 대치성은 업캐스팅이라고도 불린다. 이와 반대 개념인 다운캐스팅을 설명하고, 다운캐스팅이 필요한 이유를 설명하시오.

10. 메소드 오버라이딩, 객체 대치성, 동적 바인딩을 활용하여 프로그램 확장성을 어떻게 보장할 수 있는지에 대한 예를 Java또는 C++를 사용하여 설명하시오.

제 8 장

추상 클래스 (Abstract Class)

*** 본 장의 목표**

- 상속에서는 여러 클래스가 공통으로 필요로 하는 기능성을 슈퍼클래스에 위치시킨다. 이 기능 공통성을 두 가지 수준으로 분류함으로써 이를 상세히 알아본다.
- 확장성을 향상시키기 위해, 객체지향 패러다임에서 추상 메소드와 추상 클래스 개념을 제공한다. 이에 대해서 상세히 살펴보고, 추상 클래스의 장점에 대해서도 알아본다.
- 객체지향 프로그래밍 언어에서 추상 클래스와 추상 메소드를 정의하는 방법을 상세히 알아본다.
- 객체지향 프로그래밍 언어를 이용하여 Concrete 클래스를 정의하는 방법을 알아보고, 객체 대치성과 동적 바인딩을 활용하여 추상 클래스를 사용하는 방법에 대해서도 알아본다.

8.1. 추상 클래스의 개념

클래스 상속 구조에서 슈퍼클래스는 관련 서브클래스들이 공통으로 필요로 하는 속성 및 메소드를 포함하고 있다. 이는 서브클래스가 슈퍼클래스에 정의된 메소드 시그니처뿐 아니라 그 구현체까지 모두 재사용한다는 것을 의미한다.

삼각형 또는 사각형으로 세분화될 수 있는 도형에 대한 클래스 상속 구조를 생각해 보자. Shape 클래스를 슈퍼클래스로 정의하고, 각 도형에 해당하는 Triangle, Rectangle 등을 서브 클래스로 정의한다. 그리고 모든 도형은 캔버스에 그려지거나 지워질 수 있기 때문에, Shape 클래스에 draw()와 erase() 메소드를 정의하고 모든 서브클래스들이 이 메소드를 상속 받도록 한다. 이때, Shape 클래스의 draw()와 erase() 메소드는 서브클래스인 Triangle, Rectangle 클래스의 draw()와 erase()에서 공통으로 수행해야 하는 로직을 가지고 있어야 한다. 그러나 사각형 또는 삼각형을 그리거나 지우는 과정은 각각 다르기 때문에, 공통 로직을 추출하기가 어렵다.

이렇듯, 슈퍼클래스에 정의된 메소드가 서브클래스들의 공통 기능을 나타내도록 구현하는 것이 어려운 경우가 있다. 이를 위해 추상 클래스(Abstract Class)라는 개념을 활용한다. 본 절에서는 추상 클래스의 개념 및 장점에 대해 알아본다.

8.1.1. 두 가지 수준의 기능 공통성

여러 클래스 간에 공통으로 필요로 하는 기능성이 있으면, 상속 개념을 활용하여 이런 기능성들을 슈퍼클래스에 정의한다고 배웠다. 즉, 여러 서브클래스들이 동일한 메소드를 필요로 할 때 이를 슈퍼클래스에 정의하여 기능 공통성을 표현하였다.

메소드가 메소드 시그니처와 메소드 바디(Body)로 구성되기 때문에, 이를 고려하면 기능 공통성을 메소드 시그니처 수준의 공통성과 메소드 바디 수준의 공통성으로 분류할 수 있다. 이를 각각 '명세 수준의 공통성' 과 '구현 수준의 공통성' 이라고 정의한다.

'명세 수준의 공통성' 은 여러 클래스들이 기능 명세만 동일하게 필요로 한다는 것을 의미한다. 즉, 여러 클래스들이 제공해야 하는 기능 명세, 메소드 시그니처만 동일하고 바디 구현 부분에서는 공통성이 없는 것이다. 예를 들어, 자동차, 동물, 사람은 모두 '걷는다' 라는 기능을 제공하지만, 이들이 모두 걷는 방식이 다르다. 즉, 기능 명세만 동일하고, 이 기능을 구현한 방법은 모두 상이하다. '걷는다' 와 같이 명세 수준에서만 동일한 기능을 명세 수준의 공통성이라고 한다.

'구현 수준의 공통성' 은 여러 클래스들이 기능 명세뿐 아니라 구현 부분까지 동일하게 필요로 한다는 것을 의미한다. 즉, 여러 클래스들이 동일한 메소드 시그니처와 이 메소드에 대한 구현체까지 공통성이 있어, 이 모두를 재사용하는 것이다. 상속 개념에서 언급한 공통성은 '구현 수준의 공통성' 으로, 여러 서브클래스들이 필요로 하는 동일한 메소드를 슈퍼클래스에 정의하여, 서브클래스들이 재사용하게 하였다. 이때, 슈퍼클래스에 정의된 메소드가 '구현 수준의 공통성' 을 표현한 것이다.

그림 8-1은 2가지 수준의 기능 공통성과 이와 관련된 그림을 UML 표기법으로 나타낸 것이다.

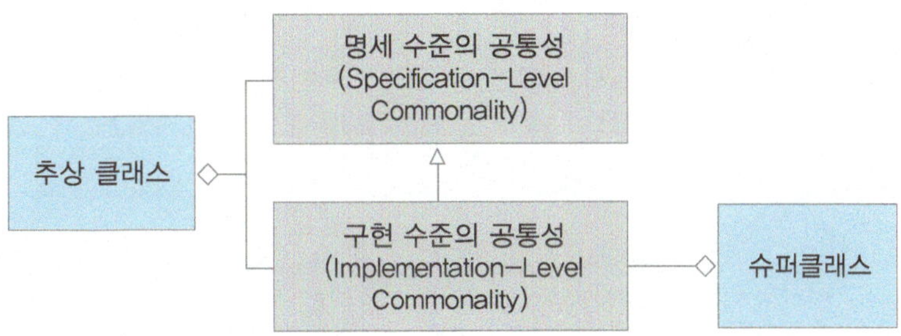

그림 8-1 두 가지 수준의 기능 공통성

위의 그림은 다음 3가지 정보를 내포하고 있다.

- **'구현 수준의 공통성'** 은 '명세 수준 공통성' 의 세분화된 한 형태이다. '명세 수준의 공통성' 은 메소드에 대한 명세, 즉 시그니처만 동일한 것이지만, '구현 수준의 공통성' 은 메소드 명세와 이에 대한 구현까지 동일한 것이다. 그러므로 '구현 수준의

공통성' 은 '명세 수준의 공통성' 의 한 세분화된 형태라고 할 수 있고, 이 관계를 일반화 표기법 (◁—)으로 표현하였다.

- **'슈퍼클래스'**는 '구현 수준의 공통성' 을 표현한 메소드로 구성되며, 이를 약한 포함 관계 표기법 (◇—)을 이용하여 표현하였다. 슈퍼클래스에 정의된 메소드는 여러 서브클래스들이 공통으로 필요한 것이며, 자식 클래스는 슈퍼클래스에 정의된 메소드 구현까지 모두 상속받아 재사용함을 의미한다.

- **'추상 클래스'**는 '명세 수준의 공통성' 을 표현한 메소드와 '구현 수준의 공통성' 을 표현한 메소드로 구성된다. 이 관계는 슈퍼클래스와 유사하게 약한 포함 관계 표기법 (◇—)을 이용하였다. 이에 대한 상세한 설명은 8.1.2. 절에서 다룬다.

8.1.2. 추상 메소드와 추상 클래스

추상 클래스의 개념을 이해하기 전에 먼저 추상 메소드(Abstract Method)를 이해할 필요가 있다.

추상 메소드는 시그니처만 정의되어 있고, 구현체가 없는 메소드이다. 대부분의 메소드는 중괄호 ({…}) 사이에 해당 메소드가 수행해야 할 기능을 작성한다. 이와 달리, 중괄호가 없이 메소드 시그니처만 가지고 있는 메소드를 추상 메소드라고 한다. 즉, 그림 8-1의 '명세 수준의 공통성' 을 표현한 것이 추상 메소드이다.

추상 클래스 (Abstract Class)는 다른 말로 가상 (Virtual) 클래스라고도 하며, 추상 메소드를 하나 이상 가지고 있는 슈퍼클래스의 한 형태이다. 이는 유사한 클래스들의 공통된 특성(속성 또는 메소드)을 하나의 슈퍼클래스로 추출하기 위한 목적으로 사용되며, 일부 메소드는 반드시 바디가 구현되지 않은 추상 메소드로 선언되어야 한다. 이런 이유로, 그림 8-1에서 추상 클래스는 '명세 수준의 공통성' 을 표현한 메소드와 '기능 수준의 공통성' 을 표현한 메소드를 모두 포함한다고 나타나 있다. 즉, 추상 클래스는 추상 메소드와 (구현 바디를 가지고 있는) 일반 메소드로 구성된다.

추상 클래스는 일반 클래스와 구별되는 다음의 특징을 가지고 있다.

＊ 객체 생성이 불가능함

추상 클래스는 추상 메소드를 통해 일부가 완전하게 구현되지 않은 상태로 정의되어 있으므로, 일반 클래스와는 달리 객체를 생성할 목적을 가지고 있지 않으며 또한 생성할 수도 없다. 다시 말해, 추상 클래스는 new라는 키워드를 통해 인스턴스를 생성할 수 없다.

＊ 서브클래스가 반드시 재정의하는 기능에 대한 명세를 정의하고 있음

추상 클래스는 서브클래스가 반드시 구현 및 재정의(Redefine)해야 하는 추상 메소드를 포함하고 있으며, 추상 메소드를 통해 서브클래스들이 공통으로 수행해야 하는 기능을 짐작할 수가 있다. 나아가, 추상 클래스는 관련된 서브클래스들이 수행해야 하는 기능에 대한 템플릿을 정의하고 있다고 할 수 있다.

추상 클래스를 상속받아 추상 클래스에 선언된 모든 추상 메소드의 구현체를 정의하고, 그 외 필요한 속성 및 메소드를 추가한 서브클래스를 구체적 클래스(Concrete Class)라고 한다.

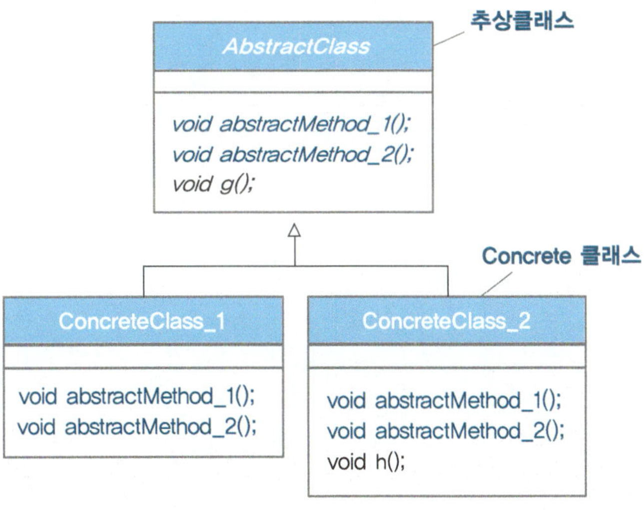

그림 8-2 UML 표기법을 이용한 추상 클래스와 Concrete 클래스

즉, 상속 관계에서는 슈퍼클래스와 서브클래스라는 용어를 사용하지만, 슈퍼클래스가 추상 메소드를 가진 추상 클래스로 정의될 경우, 이를 상속받은 서브클래스는 구체적 클래스라는 용어를 사용한다. 이후부터 구체적 클래스 용어 대신 좀 더 정확하게 의미 전달을 위해 Concrete 클래스라고 사용할 것이다.

그림 8-2는 UML 표기법을 이용하여 추상 클래스와 Concrete 클래스를 나타낸 것이다. UML에서는 추상 메소드 또는 추상 클래스는 이탤릭체를 이용하여 표현하며, 추상 클래스와 Concrete 클래스는 서로 상속 관계에 있으므로 UML의 상속 관계 표기법(◁—)을 이용하여 나타낸다.

AbstractClass는 두 개의 추상 메소드인 abstractMethod_1()과 abstractMethod_2()를 가지고 있으므로, 추상 클래스로 정의되었다. AbstractClass는 이 외에 일반 메소드 g()도 가지고 있다. 이를 상속받은 2개의 Concrete 클래스인 ConcreteClass_1과 ConcreteClass_2는 AbstractClass에 정의된 모든 추상 메소드를 재정의하고 있다.

예를 들어, 화면에서 생성할 수 있는 여러 가지의 그래픽 도형(Graphic)들을 작성하는 프로그램에 대한 객체들을 모델링 한다고 가정하자. 그림 8-3은 여러 종류의 그래픽 도형들에 대한 클래스 상속 구조를 보여준다.

Shape 클래스는 여러 종류 도형들의 공통 특성을 가지고 있는 Root 클래스로 정의하였다. 이

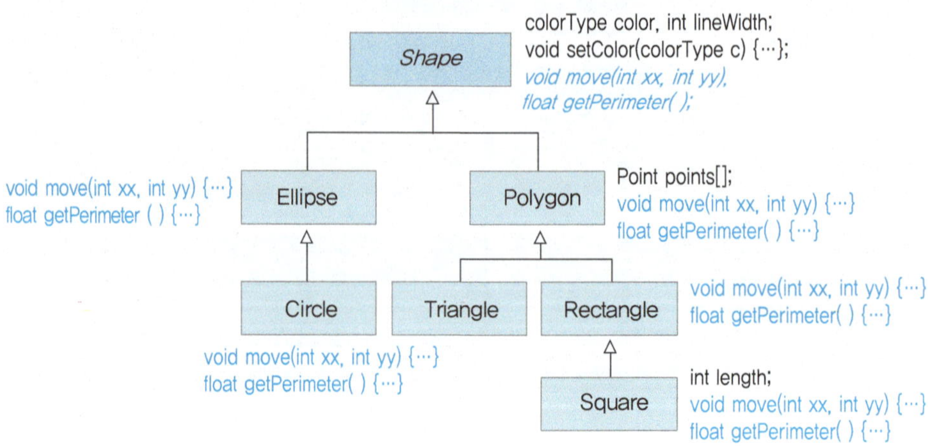

그림 8-3 추상 클래스와 Concrete 클래스로 표현된 그래픽 도형 객체 상속 구조

클래스는 그래픽의 바탕색과 선의 두께를 각각 나타내는 color와 lineWidth라는 속성을 가지고 있다. 그리고 바탕색을 지정하는 setColor() 메소드, 도형의 위치를 이동시키는 move() 메소드, 도형 둘레 길이를 계산하여 반환하는 getPerimeter() 메소드를 가지고 있다. 이 중 move()와 getPerimiter() 메소드는 도형의 종류에 따라 각각 다르게 구현되어야 하기 때문에, 추상 메소드로 정의하고 있다.

Shape 클래스 하위에는 Ellipse(타원형)과 Polygon(다각형)의 서브클래스들이 위치해 있다. Ellipse 클래스는 서브클래스로 Circle(원) 클래스를 정의하였다. 그리고, Polygon 클래스도 특성에 따라 Triangle(삼각형)과 Rectangle(직사각형)으로 구분하였고, Rectangle의 특별한 형태인 Square(정사각형)을 서브클래스로 정의하였다.

그림에서 보면 알듯이, Shape 클래스의 모든 서브클래스들은 추상 메소드로 선언된 2개 메소드를 각자 특성에 맞게 내부 구현을 작성하여 Concrete 클래스로 정의되었다.

우선, 이 상속 구조를 보면 전체 그래픽 모형들 간의 연관 관계가 잘 나타나 있다. Shape 클래스는 모든 그래픽 클래스들의 슈퍼클래스로서 이들의 공통된 특성을 나타내기 위한 것이며, 구체적으로 어떤 모양인지는 알 수가 없으므로 객체 생성을 할 수가 없다. 그리고 Shape의 모든 서브클래스들이 각 그래픽 모양에 맞게 move()와 getPerimeter()를 정의해야 한다는 것을 알 수 있다. 따라서 루트 클래스이며 추상 클래스인 Shape 클래스 하나만 보면 하부의 모든 클래스의 특성이나 기능 등을 짐작할 수가 있다.

8.1.3. 추상 클래스의 장점

추상 클래스는 상속 메커니즘을 기반으로 하고 있고 있기 때문에, 상속 메커니즘의 장점을 그대로 활용할 수 있다. 이를 요약하면 다음과 같다.

*** 프로그램 구조에 대한 이해도 (Understandability) 향상**

추상 클래스와 Concrete 클래스 역시 클래스 상속 구조로 표현할 수 있기 때문에, 이 클래스 간의 연관 관계를 쉽게 파악할 수 있다.

*** 재사용성 (Reusability) 향상**

여러 서브클래스들이 공통으로 가져야 하는 속성 및 메소드를 추상 클래스에 정의하여, 모든 Concrete 클래스들이 이를 재사용할 수 있게 한다. 나아가, 모든 Concrete 클래스들이 반드시 구현해야 하지만 이에 대한 공통 기능을 도출할 수 없을 경우, 추상 메소드를 통해 공통으로 수행해야 하는 기능에 대한 템플릿을 정의할 수 있다.

*** 확장성 (Extensibility) 향상**

추상 클래스를 상속하여 여러 Concrete 클래스를 쉽게 추가할 수 있다. 그리고 8.3.절에서 상세히 알아보겠지만, 추상 메소드는 모든 Concrete 클래스들이 반드시 구현해야 하기 때문에, 객체 대치성과 동적 바인딩을 이용하여 기존 코드를 적게 수정함으로써 새롭게 추가된 Concrete 클래스의 메소드를 접근할 수 있다.

*** 유지보수성 (Maintainabilty) 향상**

추상 클래스를 이용한 클래스 상속 구조가 논리적으로 구성되어 있으면, 유지보수 시 수정해야 하는 클래스의 개수가 줄어든다.

8.2. 객체지향 언어에서의 추상 메소드와 추상 클래스

본 절에서는 객체지향 프로그래밍 언어를 이용하여 추상 메소드 및 추상 클래스를 정의하는 방법에 대해 알아본다.

본 절에서 사용되는 모든 예제는 그림 8-3의 Shape(도형) 클래스의 상속 구조를 간략하게 표현한 그림 8-4를 사용한다.

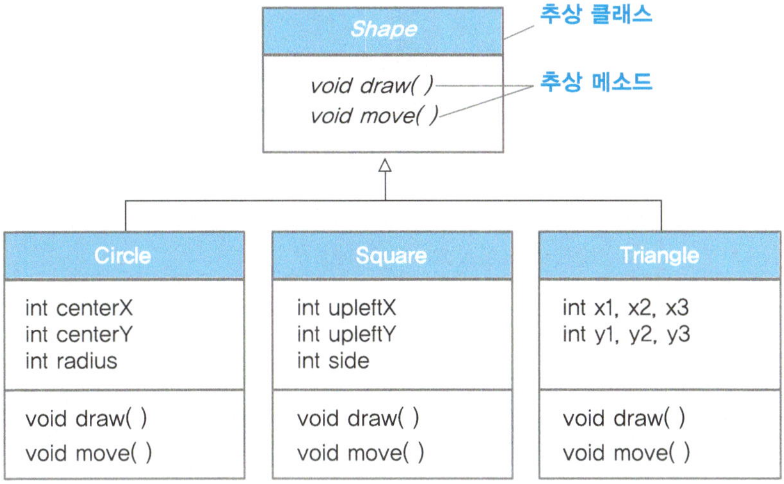

그림 8-4 도형(Shape) 클래스 상속 관계

추상 클래스인 Shape 클래스는 Circle, Square, Triangle 클래스를 하위 클래스로 가진다. Shape 클래스는 도형을 그리는 메소드인 draw()와 도형을 지우는 메소드인 erase()를 추상 메소드로 정의하고 있다. 이 두 메소드는 하위 클래스에 따라 각각 다른 방식으로 행위를 수행하기 때문에, 공통 기능을 추출할 수 없어 추상 메소드로 정의하였다. 그리고 Concrete 클래스인 Circle, Square, Triangle 클래스에서 각각 목적에 맞게 draw()와 move()를 재정의한다. 예를 들어, Circle의 move()는 중심점만 이동시키며, Square의 move()는 왼쪽 상단의 점만 이동시키고, Triangle의 move()는 세 꼭지점을 모두 이동시키도록 구현한다.

8.2.1. 추상 메소드 정의

먼저 추상 메소드를 어떻게 정의하는지에 대해 알아보자. 언어마다 사용하는 키워드는 다르지만, 추상 메소드는 중괄호 ({…})가 없이 메소드 시그니처로만 정의된다. 다음은 Java와 C++에서 추상 메소드를 정의하는 방법이다.

```
Java의 경우 )
    abstract [반환타입] [메소드명]([입력 매개변수 목록]);
    Ex) public abstract void move();

C++의 경우 )
    virtual [반환타입] [함수명]([입력 매개변수 목록]) = 0;
    Ex) public virtual void move()=0;
```

Java에서는 메소드 선언 시에 'abstract' 키워드를 사용함으로써 추상 메소드임을 명시한다. 즉, 일반 메소드를 정의하는 것과 유사하지만 메소드 반환 타입 이전에 'abstract' 라는 키워드를 기술한다. 그리고 일반 메소드는 중괄호와 함께 메소드 바디를 구현하지만, 추상 메소드는 중괄호 ({…}) 없이 바로 세미콜론(;)을 찍는다.

C++에서는 'abstract' 대신에 'virtual' 키워드를 사용하여 추상 메소드임을 명시하고, 함수를 선언하는 줄의 맨 끝에 ' = 0' 라고 표기한다. C++에서는 추상 메소드보다는 순수 가상 함수 (pure virtual function)라는 단어를 주로 사용한다. C++에서는 virtual 키워드가 다음과 같이 2가지 용도로 사용된다.

- **해당 메소드가 동적 바인딩 되어야 함을 나타낼 때**
- **해당 메소드가 추상 메소드로 선언되어 Concrete 클래스가 반드시 이 메소드를 구현해야 함을 명시해야 할 때**

첫 번째 경우를 위해 메소드 시그니처에 virtual이라고만 명시하면 된다. 런타임에 하위 클래스에서 오버라이드된 메소드 호출을 허용하기 위해서 상위 클래스에서 virtual 키워드를 이용해서 메소드를 정의해야 하며, 이에 대한 상세한 설명은 이미 7.4.3.절에서 다루었다. 그러나 두번째 용도로 사용하기 위해서는 반드시 함수 선언 줄 끝에 ' = 0' 라고 기술해야 한다. ' =0' 을 명시함으로써 해당 메소드가 순수 가상 함수로 정의된다. 그리고 Java와 동일하게 ' =0' 다음에 중괄호 ({…}) 없이 바로 세미콜론을 찍는다.

Java와 C++ 각각의 방법으로 추상 메소드를 정의하면, 하부의 Concrete 클래스가 반드시 이 메소드를 정의해야 한다는 의무를 명시하는 것이며, 그렇지 않으면 객체를 생성할 수 없다.

8.2.2. 추상 클래스와 Concrete 클래스 정의

다음은 추상 클래스와 이를 상속받은 Concrete 클래스를 정의하는 방법에 대해 알아본다.

추상 클래스 정의 방법은 매우 간단하다. 정의하고자 하는 클래스가 추상 메소드를 하나 이상만 포함하고 있으면 추상 클래스로 정의된다. 이를 명시적으로 하기 위해 Java의 경우에는 클래스 선언 시 abstract 키워드를 사용하기도 한다. 그러나 Java와 C++ 모두 클래스 선언 시 특별한 키워드를 사용하지 않아도, 추상 메소드를 하나 이상 포함하고 있으면 컴파일러는 자동적으로 해당 클래스를 추상 클래스로 인지한다.

소스코드 8-1은 Java를 이용해서 추상 클래스를 정의한 예를 보여준다.

소스코드 8-1 Java를 이용한 추상 클래스인 Shape 클래스 정의

```
// abstract 키워드를 이용하여 추상 클래스 Shape 정의
public abstract class Shape {
    private String color;

    public Shape(String aColor){
        color = aColor;
    }

    public String getColor(){
    return color;
}

    // 2개의 추상 메소드 선언
    public abstract void move (int xx, int yy);
    public abstract void draw ();
}
```

2번째 줄에 클래스 선언 시 abstract 키워드를 이용하여 Shape 클래스가 추상 클래스임을 명시하였다. 그러나 이 키워드는 생략해도 동일한 효과를 가질 수 있다. 추상 클래스 정의에서 더 중요한 것은 추상 메소드를 추가하는 것이고, 14~15번째 줄에 2개의 추상 메소드를 선언하였다.

소스코드 8-2는 동일한 Shape 추상 클래스를 C++로 작성한 것이다. 1번째 줄에 보통 클래스를 정의하는 것과 동일하게 클래스명을 기술하였다. 그리고 12~13번째 줄에서 virtual 키워드와 '=0" 을 명시함으로써, 2개의 순수 가상 함수를 선언하였다.

소스코드 8-2 C++를 이용한 추상 클래스인 Shape 클래스 정의

```
1.  class Shape {
2.  private:
3.      string color;
4.
5.  public:
6.      Shape() { }
7.      Shape(string c) {    this -> color = c;        }
8.      string getColor(){
9.          return color;
10.     }
11.     // virtual 키워드를 이용하여 2개의 순수 가상 함수 선언
12.     virtual void move(int xx, int yy) = 0;
13.     virtual void draw() = 0;
14. };
```

이제, 추상 클래스를 이용하여 Concrete 클래스를 정의하는 방법에 대해 알아보자. 추상 클래스와 Concrete 클래스는 '상속' 관계로 연결되어 있기 때문에 상속을 이용하여 서브클래스를 정의하는 방법과 동일하다.

Java를 이용해서 Concrete 클래스를 정의할 때에는 1) extends 키워드를 이용하여 특정 추상 클래스를 상속하고 있음을 명시하고, 2) 추상 클래스에 정의된 모든 추상 메소드의 메소드 구현체를 작성해야 한다.

소스코드 8-3은 Shape 클래스를 상속받아 구현한 Concrete 클래스인 Circle을 작성한 것이다.

소스코드 8-3 Java를 이용한 Concrete 클래스인 Circle 클래스 정의

```java
// 추상 클래스를 상속받아 Concrete 클래스 정의
public class Circle extends Shape {
    private int centerX, centerY; // 원의 중심에 대한 x, y 좌표값
    private float radius;         // 원의 반지름

    public Circle(int x, int y, float r, String aColor) {
        super(aColor);            // 슈퍼클래스의 생성자 호출
        centerX = x;
        centerY = y;
        radius = r;
    }

    // 원의 중심 좌표를 xx와  yy 만큼 이동하도록 추상 메소드 구현
    public void move(int xx, int yy) {
        centerX += xx;
        centerY += yy;
    }

    // 원에 대한 모든 정보를 출력하도록 추상 메소드 구현
    public void draw() {
        System.out.println("=== Circle Information ===");
        System.out.println("Center: (" + centerX + ", " + centerY + ")");
        System.out.println("Radius: " + radius );
        System.out.println("Color: " + getColor() );
    }
}
```

2번째 줄에 extends 키워드 뒤에 추상 클래스 명을 기술하여 Shape을 상속받아 정의하고 있음을 명시하였다. 그리고 14~17번째 줄에서 첫 번째 추상 메소드인 move()의 구현체를 작성하며, 20~25번째 줄에서 또 다른 추상 메소드인 draw()의 구현체를 작성한다. Circle 클래스는 Shape 추상 클래스를 상속받아 정의하고 있기 때문에, 제6장과 제7장에서 배운 상속과 관련된 메커니즘인 메소드 오버라이딩, super 키워드를 이용한 슈퍼클래스 속성 및 메소드 접근 등을 모두 활용할 수 있다.

소스코드 8-4는 Circle 클래스를 C++로 작성한 것이다. Java와 유사하게, 1) ':' 이용하여 추상 클래스를 상속하고 있음을 명시하고, 2) 추상 메소드의 구현체를 작성한다.

소스코드 8-4 C++를 이용한 Concrete 클래스인 Circle 클래스 정의

```
#include "Shape.h"
// 추상 클래스 상속받아 Circle 클래스 정의
class Circle: public Shape {
private:
    int centerX, centerY;
    float radius;

public:
    Circle() : Shape()  { }
    Circle(int x, int y, float r, string c) : Shape (c) {  // 슈퍼클래스의 생성자 호출
        centerX = x;
        center = y;
        radius = r;
    }

    // 원의 중심 좌표를 xx와  yy 만큼 이동하도록 추상 메소드 구현
    void move(int xx, int yy) {
        centerX += xx;
```

```
19.         centerY += yy;
20.     }
21.
22.     // 원에 대한 모든 정보를 출력하도록 추상 메소드 구현
23.     void draw() {
24.         cout << "=== Triangle Information ===" << endl;
25.         cout << "Center: (" << centerX << ", " << centerY << ")" << endl;
26.         cout << "Radius: " << radius << endl;
27.         cout << "Color: " << getColor() << endl;
28.     }
29. };
```

3번째 줄에서 ':' 뒤에 Shape 클래스를 기술함으로써, 추상 클래스인 Shape을 상속받아 Circle 클래스를 정의하고 있음을 명시하였다. 그리고 17~20번째 줄에서 move() 추상 메소드의 구현체를 작성하고, 23~28번째 줄에서 draw() 추상 메소드의 구현체를 작성하였다.

Java와 C++의 경우 모두 동일하게, Concrete 클래스가 추상 클래스에 정의된 추상 메소드를 모두 구현하지 않으면 컴파일 에러가 발생한다.

8.3. 추상 클래스의 활용

추상 클래스를 효과적으로 사용하기 위해서는 7.4.3.절에서와 알아본 내용과 유사하게 객체 대치성과 동적 바인딩을 올바르게 활용해야 한다. 그 방법을 정리하면 다음과 같다.

- **1) 복수 개의 Concrete 클래스 간에 공통적인 속성과 메소드는 추상 클래스에 위치시키고, Concrete 클래스 간에 기능성 명세(즉, 메소드 시그니처)만 동일하고 그 구현 방식이 다른 메소드는 추상 메소드로 정의한다.**

- 2) 각 Concrete 클래스는 추상 클래스를 상속하고, 모든 추상 메소드를 오버라이드 하여 각 클래스의 목적에 맞게 재정의한다.

- 3) 객체 대치성을 활용하여 추상 클래스 타입의 자료 구조(배열, Vector, ArrayList 등)를 정의하고, 자료 구조의 각 요소는 Concrete 클래스 인스턴스를 가리키도록 한다.

- 4) 동적 바인딩을 활용하여 자료 구조의 각 요소를 슈퍼클래스인 추상 클래스 타입의 변수로 접근하도록 하면, 실제 가리키고 있는 인스턴스 타입에 따라 오버라이딩된 메소드가 실행된다.

소스코드 8-5는 Java 언어를 이용하여 앞서 정의한 Shape 추상 클래스와 이 클래스의 여러 Concrete 클래스를 활용하는 것을 보여준다.

소스코드 8-5 Java를 이용한 추상 클래스 활용 방법

```
public class AbstractTest {
    public static void main (String[] args) {
        // 추상 클래스 타입의 배열 선언
        Shape shapes[] = new Shape[4];

        // 각 배열에 Concrete 클래스 타입의 인스턴스 생성 및 할당
        shapes[0] = new Circle(5, 5, 5.4f, "Red");
        shapes[1] = new Circle(7, 9, 6.9f, "Blue");
        shapes[2] = new Square(4, 7, 3, "Yellow");
        shapes[3] = new Triangle(1, 2, 5, 6, 10, 12, "Green");

        for (int i = 0 ; i < shapes.length ; i ++) {
            if (shapes != null)
                shapes[i].draw();        //객체 대치성과 동적 바인딩 이용하여 Concrete 클래스의 draw() 호출
        }
```

```
16.           …
17.       }
18. }
```

3)에서 기술한 대로 추상 클래스 타입의 배열을 4번째 줄에서 선언하였고, 7~10번째 줄에서 Concrete 클래스 타입의 인스턴스를 생성하고 이를 각 배열의 요소에 할당시켰다. 이때 객체 대치성이 적용되어 Concrete 클래스가 추상 클래스로 업캐스팅된다(즉, 추상 클래스 타입이 Concrete 클래스 타입으로 대치된다). 4)에서 기술한 대로 14번째 줄에서 동적 바인딩을 활용하여 각 Concrete 클래스에 맞는 draw() 메소드를 호출한다.

단순히 상속 메커니즘을 활용하여 슈퍼클래스 및 서브클래스를 활용하는 경우와는 달리, 추상 클래스는 다음과 같은 이점이 있다.

- 슈퍼클래스는 모든 메소드가 반드시 구현체를 가져야 하는데, 서브클래스 간의 공통 구현체를 찾기가 어려울 때 있다. 이때 추상 클래스와 추상 메소드가 효과적으로 사용된다.

- 추상 클래스의 일부 메소드는 추상 메소드로 정의되어 모든 Concret 클래스가 이 메소드를 구현하도록 강요하기 때문에, 각 클래스마다 목적에 맞게 구현된 메소드를 호출해야 할 때에 효과적으로 사용된다. 다시 말해, 상속 메커니즘만 활용할 때에는 모든 서브클래스가 슈퍼클래스의 메소드를 오버라이드할 필요가 없기 때문에, 오버라이드하지 않은 메소드는 슈퍼클래스에 정의된 것이 호출되어 원래 의도에 어긋날 수 있다. 추상 메소드를 활용하면 이런 경우가 사전에 방지된다.

8.4 본 장의 정리

상속을 사용하는 가장 큰 이유는 슈퍼클래스에 정의된 속성 및 메소드를 재사용할 수 있기 때문이다. 여러 클래스들이 필요한 기능 공통성을 제공하는 것이 슈퍼클래스가 된다. 먼저, 두 가지 수준으로 분류한 기능 공통성에 대해서 알아보았다. 기능 공통성은 메소드 시그치너 수준만 동일하고 그 내부 구현이 다른 '명세 수준의 공통성'과 메소드 시그니처뿐 아니라 그 내부 구현이 모두 동일한 '구현 수준의 공통성'으로 분류된다. 상속 관계에서 슈퍼클래스는 '구현 수준의 공통성'을 제공하는 것이다.

그러나 여러 서브클래스 공통 기능에 대한 명세는 동일하지만, 이 내부 구현의 공통점을 정하기 어려운 경우가 있다. 즉, '명세 수준의 공통성'만 존재하는 경우가 있다. 이를 지원할 수 있는 장치가 추상 클래스와 추상 메소드이다. 추상 클래스는 슈퍼클래스의 한 가지 형태로서 '구현 수준의 공통성' 뿐 아니라 '명세 수준의 공통성'을 제공하며, '명세 수준의 공통성'은 추상 메소드로 정의된다. 추상 메소드는 메소드 선언만 되어 있고 메소드 바디에 대한 구현이 없다. 그리고 추상 클래스를 구현한 Concrete 클래스에서 반드시 추상 메소드를 구현해야 한다. 즉, 추상 메소드는 여러 클래스 간에 필요한 기능에 대한 시그니처만 정의하고, 이 구현은 각 Concrete 클래스에서 하도록 강요하는 장치이다.

Java와 C++에서는 추상 메소드 및 추상 클래스를 정의하는 방법이 다르기 때문에, 이에 대해서도 알아보았다. Java에서는 abstract 키워드를 사용하여 추상 클래스와 추상 메소드를 정의할 수 있다. C++에서는 추상 메소드보다는 가상 함수라는 용어를 더 많이 사용하고, 이는 virtual 키워드와 함수 선언 끝에 '=0'을 붙임으로써 정의할 수 있다. 즉, 'virtual [함수 시그니처] = 0;' 이라고 정의해야 한다.

마지막으로, 상속에서 공부한 메소드 오버라이딩, 객체 대치성, 동적 바인딩이 추상 클래스와 추상 메소드에서 어떻게 활용되는지와 그에 따른 장점에 대해서도 살펴보았다. 추상 클래스 인스턴스 형태와 추상 메소드 시그니처를 이용한 메시지를 이용하면, 대치성과 동적 바인딩으로 각 Concrete 클래스가 작성한 추상 메소드 구현체를 모두 객체 접근할 수 있으므로, 프로그램 확장성이 더욱더 높아지게 된다.

— 연습문제 —

1. 기능 공통성에 대해 2가지 수준을 나열하고, 이를 슈퍼클래스와 추상 클래스를 연관시켜 설명하시오.

2. 상속 개념을 이용해서 클래스 상속 구조를 정의할 때, 추상 메소드가 필요한 이유를 작성하시오.

3. 추상 클래스를 사용함으로써 얻을 수 있는 장점을 나열하시오.

4. Java에서는 abstract 키워드를 활용하여 추상 메소드를 작성할 수 있다. C++에서 추상 메소드를 정의하는 방법을 작성하시오.

5. 추상 클래스를 효과적으로 활용하는 방법을 기술하고, Java 또는 C++을 이용한 예제를 작성하시오.

제9장

인터페이스 (Interface)

＊ 본 장의 목표

- 전산 분야에서 일반적으로 사용되는 인터페이스 개념을 먼저 알아보고, 이를 기반으로 객체지향 패러다임에서의 인터페이스의 개념 및 역할에 대해 자세히 알아본다.
- 인터페이스와 추상 클래스는 모두 추상 메소드를 가진다는 공통점을 가지고 있다. 비슷해 보이는 이 두 개념 간의 차이점을 명확히 하여, 목적에 맞게 사용할 수 있도록 도와준다.
- Java를 이용하여 인터페이스를 정의하고 인터페이스를 구현한 클래스를 정의하는 방법을 구체적으로 알아본다.
- 인터페이스는 세 가지 방법으로 주로 활용된다. 각 활용 목적에 맞게 인터페이스를 사용하는 방법을 구체적으로 알아본다.

9.1. 인터페이스의 개념

인터페이스(Interface)는 전산 분야에서 광범위하게 사용되는 용어이다. 본 장에서는 일반적인 인터페이스 개념과 객체지향 프로그래밍에서의 인터페이스 개념에 대해 상세히 알아본다.

9.1.1. 일반적인 인터페이스 개념

인터페이스는 하드웨어 또는 소프트웨어에서 다양한 의미로 사용되지만, 공통적으로 두 개의 서로 다른 요소들이 서로 상호작용하기 위해 한 요소에서 제공되는 기능을 명세한 것을 인터페이스라고 한다.

그림 9-1는 하드웨어 인터페이스에 대한 대표적인 예제 중 하나인 USB 포트이다. 모든 PC에는 USB 포트가 있고, 이는 컴퓨터에 외부기기를 연결하는 인터페이스로 활용된다. 이 인터페이스를 통해 여러 디바이스들이 PC와 연결되어 입출력 기능을 제공할 수 있음을 알려주며, 이 인터페이스와 호환되는 외장하드, 플래시 메모리, 헤드셋, 마우스 등과 같은 디바이스는 PC에 연결하여 사용된다.

그림 9-1 하드웨어 인터페이스 예제

소프트웨어 인터페이스의 예로는 그래픽 사용자 인터페이스(Graphic User Interface, GUI)와 API (Application Programming Interface)가 있다. GUI는 사람이 컴퓨터와 상호작용하는 일종의 프로그램으로, 이를 이용하여 컴퓨터가 제공하는 특정 기능을 실행시킬 수 있다. 즉, GUI를 봄으로써 해당 프로그램에서 제공하는 기능을 알 수 있다. 또 다른 예로, API는 한 컴포넌트가 제공할 수 있는 기능을 명세한 것으로, 개발 중인 프로그램에서 외부 컴포넌트가 제공하는 기능을 사용하기 위해 API를 활용한다. 프로그램 개발 시 외부 컴포넌트를 사용하는 경우, 컴포넌트의 소스코드를 보지 않아도 API만으로 제공되는 기능을 충분히 알 수 있다.

9.1.2. 객체지향에서의 인터페이스 개념

객체지향 프로그래밍에서의 인터페이스도 앞서 설명한 일반적인 인터페이스와 유사한 의미를 가진다. 서로 다른 클래스들이 상호작용하기 위해 외부로 노출되어 다른 클래스에게 제공될 수 있는 기능을 명세한 것이 인터페이스이다. 즉, 인터페이스만 보면 해당 클래스가 어떤 기능을 제공하는지를 알 수 있다.

객체지향 패러다임에서 공통 기능을 나타내는 메소드에 대해 구현 부분 없이 시그니처만 정의하여 구성한 클래스를 인터페이스라고 한다. 즉, 추상 메소드로만 구성된 클래스를 인터페이스라고 한다. 여러 클래스는 다른 로직을 이용하여 인터페이스에 정의된 모든 메소드를 구현하므로, 해당 클래스 구현 로직을 보지 않고 인터페이스만 보면 어떤 기능을 제공하는지 쉽게 알 수 있다.

8.1.절에서 다룬 두 가지 수준의 기능 공통성을 고려하면, 인터페이스는 '명세 수준의 공통성'으로만 구성된다. 그림 9-2는 그림 8-1에 인터페이스를 추가하여 표현한 것이다.

예를 들어, Java API 중 Runnable 인터페이스를 보자. Runnable 인터페이스는 스레드에서 실행될 수 있는 메소드를 제공하고 있으며, 이 인터페이스를 구현한 모든 클래스는 스레드에서 실행될 수 있다. Runnable 인터페이스를 구현할 클래스는 서로 공통 로직을 가지고 있지 않지만(즉, 상속 관계도 정의될 수 없지만), 다만 스레드에서 실행될 수 있다는 기능성 명세만 동일하다. 또 다른 예로 Iterator 인터페이스 역시 Vector, List 등으로 정의된 자료구조 내의 객체를 하나씩

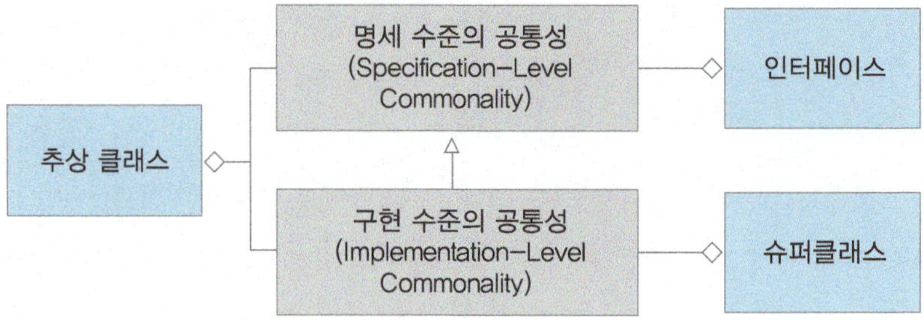

그림 9-2 기능 공통성 수준과 인터페이스

접근하여 정보를 알아내는 기능을 제공한다. 그러므로 서로 공통성이 없는 자료 구조라고 하더라도 이 인터페이스를 구현하면, 해당 클래스는 모두 자료 구조 내의 객체를 추출하여 그 정보를 알아낼 수 있다.

그러므로 인터페이스는 여러 클래스가 수행해야 하는 기능성에 대한 명세서로 정의할 수 있다. 이 경우, 인터페이스는 구현은 상이하지만 클래스 간의 공통적인 또는 유사한 기능성 명세만 공유한다.

그림 9-3은 인터페이스를 이용하여 구현한 두 개의 클래스를 UML 표기법을 이용하여 나타낸 것이다. UML에서는 인터페이스를 《interface》 스테레오 타입을 이용하여 표기하며, 이 인터페이스를 구현한 클래스는 인터페이스를 향하는 점선 화살표 (◁┈)로 연결한다.

Temporary 인터페이스는 일시적으로 고용된 객체들이 제공해야 하는 기능인 computeTotalPay() 추상 메소드를 포함한다. 이 인터페이스를 구현한 VisitingFaculty 클래스와 TeachingAssistant 클래스는 각각 방문 교수와 수업 조교를 나타낸다. 방문 교수는 대학교에 일시적으로 임용되어 강의하는 교수이며, 수업 조교는 일정 학기 동안 실습 등을 지도하거나 과제물 평가 등의 업무를 하는 대학원생이다. 이들은 모두 일시적으로 학교에서 월급을 받는 임시직이다. 그러므로 Temporary 인터페이스의 computeTotalPay() 메소드를 목적에 맞게 구현해야 한다.

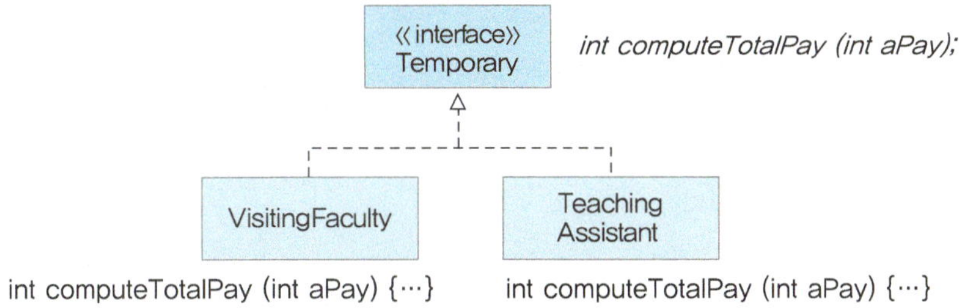

그림 9-3 Temporary 인터페이스를 구현한 두 개의 클래스 예제

위의 그림에서 보면, VisitingFaculty는 일종의 교수직이며, TeachingAssistant는 대학원생을 나타내기 때문에, 이 두 클래스 간에 서로 공통점이 없다. 그러나 일시적으로 고용되어 월급을 받는다는 기능성 명세는 동일하기 때문에, 이를 위해 Temporary 인터페이스를 정의하여, 이 인터페이스를 구현하도록 설계한 것이다. 그리고 인터페이스는 기능 명세만 하고, 이에 대한 구현은 해당 인터페이스를 구현한 클래스에서 하기 때문에, 기능 명세와 구현을 분리할 수 있다. 기능 명세와 구현 분리에 대한 장점은 이후에 상세히 알아보도록 한다.

그림 9-4는 그림 9-3에서 인터페이스 부분을 포함한 대학 인사관리 시스템의 전체 상속 구조를 보여준다.

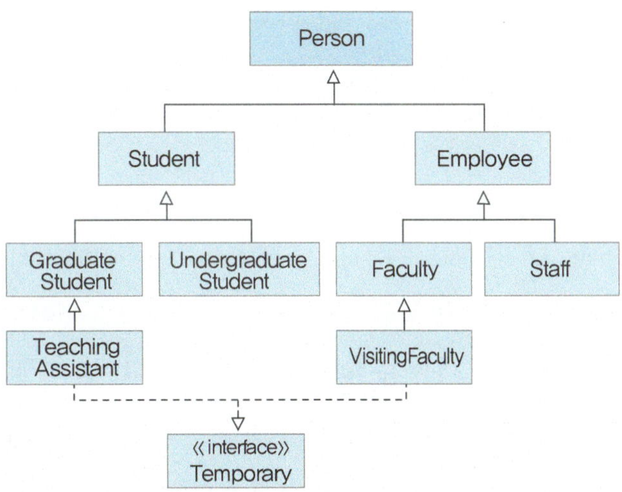

그림 9-4 인터페이스를 포함한 대학 인사 관리 시스템 상속 구조

TeachingAssistant 클래스는 GraduateStudent 클래스의 서브클래스이지만, Temporary 인터페이스를 구현하여 일시적으로 임금을 받는 대학원생을 나타낸다. 마찬가지로, VisitingFaculty 클래스는 Faculty 클래스의 서브클래스인 동시에 Temporary 인터페이스를 구현하여 일시적으로 학교에 고용된 교수를 나타낸다.

인터페이스는 서로 유사성이 없는 클래스들 간의 공통 기능성을 명세하기 위해 주로 사용된다. 다시 말해, 유사한 도메인에 속하지만 서로 종류가 다른 클래스들 간의 공통 기능성 명세를 위해 인터페이스 개념을 사용한다. 이 경우 인터페이스는 그림 9-4의 Temporary와 같이 클래스 상속 구조에 영향을 주지 않고 어느 곳에나 위치할 수 있다. 그러나 추상 클래스와 같이 유사성 있는 클래스 간의 공통 기능성 명세를 위해 사용되기도 한다. 이 경우, 상속 관계에 있는 클래스 상속 구조 상에서 상위 계층에 위치하며, 여러 하위 클래스에서 필요로 하는 모든 공통 메소드를 추상 메소드로 정의한 것이 인터페이스가 된다.

재사용성에 대한 연구가 활발히 진행되면서 인터페이스의 역할이 점점 중요해지고 있다. 인터페이스를 사용함으로써, 메소드 선언과 구현의 분리가 가능해지기 때문이다. 그림 9-3의 예제에서도 임시직이 제공해야 하는 메소드 선언은 Temporary 인터페이스에서 하고, 이에 대한 구현은 TeachingAssistant 클래스와 VisitingFaculty 클래스에서 하였다. 이 두 클래스를 이용하여 임금을 지불하는 기능을 구현하려고 할 때, computeTotalPay()에 대한 구현 세부 내용을 알 필요 없이 Temporary 인터페이스에서 선언된 메소드만 호출하면 된다. 이렇게 함으로써 Temporary 인터페이스를 구현한 모든 클래스의 computeTotalPay() 메소드를 호출할 수 있게 된다.

하나 이상의 객체로 구성된 컴포넌트를 재사용하는 CBD에서도 인터페이스가 매우 중요하다. CBD에서는 다른 개발자가 제공하는 컴포넌트를 활용하여 목표 애플리케이션을 개발하도록 한다. 이때, 애플리케이션 개발자는 컴포넌트의 내부 구현을 알 필요 없이 인터페이스만으로 제공된 기능성을 파악하며, 이 인터페이스를 호출함으로써 필요한 기능을 제공받는다.

또 다른 재사용성 기술인 서비스 지향 아키텍처(Service Oriented Architecture, SOA)에서도 인터페이스가 중요한 역할을 한다. SOA에서는 동일한 인터페이스를 구현한 다양한 구현체가 여러 개발자에 의해 제공될 수 있으며, 서비스를 사용하는 애플리케이션에서는 인터페이스만 의존하여 여러 구현체를 제약 없이 사용할 수 있다.

객체지향 패러다임, CBD, SOA로 재사용성 연구가 진화하면서 인터페이스는 기능성을 파악할 수 있는 주된 명세로 활용되고, 이 인터페이스를 통해 여러 구현체를 접근할 수 있게 된다. 즉, 동일한 메소드 시그니처를 통해 여러 메소드 로직을 제공받을 수 있기 때문에, 인터페이스의 활용도가 높아지는 것이다.

9.1.3. 추상 클래스와의 차이점

제8장에서 배운 추상 클래스와 인터페이스는 모두 추상 메소드를 포함하고 있어, 그 자체로서는 인스턴스를 생성할 수 없는 점이 동일하다. 그러나 이 둘은 명확한 차이점을 가지고 있고, 그에 따라 활용 분야도 다르다. 그러므로, 다음의 4가지 관점에서 추상 클래스와 인터페이스의 차이점을 명확히 구별하여 각각을 올바른 용도로 사용할 수 있어야 한다.

*** 상속 관계 적용 유무**

추상 클래스는 여러 Concrete 클래스 간의 공통적인 속성 및 메소드를 정의하고 있으므로, 상속 관계를 가진 클래스 상속 구조에서 상위 계층에 속한다. 인터페이스는 상속 관계가 적용되기도 하지만, 클래스 상속 구조 또는 상속 관계와 무관하게 유사한 기능성 명세 기술을 위해서도 사용된다. 그러므로 인터페이스는 클래스 계층 구조에 포함되지 않도록 정의할 수 있으며, 서로 상관없는 클래스도 동일한 인터페이스를 구현할 수 있다.

*** 구현된 메소드 제공 유무**

추상 클래스는 하나 이상의 추상 메소드만 포함하면 된다. 즉, 추상 클래스는 구현 바디를 가진 일반 메소드와 추상 메소드를 모두 가지고 있다. 그러나 인터페이스는 구현 바디를 가진 일반 메소드를 가질 수 없다. 인터페이스에 정의된 메소드는 모두 추상 메소드여야 한다. 이에 대한 차이는 이미 그림 9-2에 표현하였다. 추상 클래스는 '명세 수준의 공통성' 과 '구현 수준의 공통성' 을 모두 가지고 있는 반면에, 인터페이스는 '명세 수준의 공통성' 으로만 구성된다.

*** 변수 정의 가능성 유무**

추상 클래스는 여러 Concrete 클래스들이 공통으로 필요한 속성을 정의할 수 있으며, Concrete 클래스마다 각 속성에 대해 다른 값을 가질 수 있다. 그러나 일반적으로 인터페이스는 변수 형태의 속성을 가질 수 없으며, 오직 상수만 정의할 수 있다.

*** 다중 상속 가능성 유무**

추상 클래스는 슈퍼클래스의 한 종류이므로, Java와 같은 언어에서는 다중 상속을 지원하지 않는다. 즉, 한 클래스는 두 개의 슈퍼클래스를 상속 받아 구현될 수 없다. 그러나 한 클래스는 두 개 이상의 인터페이스를 한꺼번에 구현할 수 있다. 9.3.절에서 상세히 알아보겠지만, Java에서는 인터페이스를 활용하여 다중 상속을 지원한다.

9.1.4. 인터페이스의 장점

인터페이스는 컴퓨팅 패러다임이 발전하면서 그 역할이 더욱 더 중요해지고 있다. 이는 인터페이스가 추상 클래스로부터 얻을 수 없는 장점을 보장하기 때문이라고 할 수 있다. 다음은 인터페이스를 사용하면서 얻을 수 있는 주요 장점을 나열한 것이다.

*** 관련 없는 클래스 간의 유사성 표현 가능**

인터페이스는 다소 관련 없는 클래스들 간의 유사한 기능성 명세를 기술할 수 있는 유용한 장치이다. 그림 9-3의 예제와 같이 VisitingFaculty와 TeachingAssistant는 교수와 학생이라는 다른 분류에 속하기 때문에, computeTotalPay() 메소드를 포함하는 상위 클래스를 정의하기가 어렵다. 인터페이스는 이 관계를 인위적으로 변경하지 않고, 다른 부류에 속하는 클래스들이 제공해야 하는 공통적인 기능성을 정의할 수 있다.

＊ 메소드 표준화 가능

인터페이스에 정의된 모든 메소드는 추상 메소드이기 때문에, 이를 구현한 클래스는 반드시 해당 메소드를 구현해야 한다. 즉, 같은 인터페이스를 구현한 클래스는 모두 같은 메소드 시그니처를 가지는 메소드를 구현하게 된다. 이런 과정을 통해 메소드 표준화가 가능하게 된다.

＊ 메소드 선언과 구현 분리

인터페이스에는 추상 메소드가 정의되기 때문에, 해당 메소드는 모두 시그니처만 가진다. 즉, 모든 메소드가 선언만 되어 있다. 그리고 인터페이스를 구현한 클래스에 각 추상 메소드에 대한 구현부를 정의한다. 이렇게 함으로써 메소드 선언과 구현을 분리할 수 있다. 이로 인해, 한 애플리케이션이 특정 인터페이스를 통해 기능을 제공받고 있다면, 동일 인터페이스에 대한 여러 구현체를 보다 쉽게 사용할 수 있다. 이 장점은 객체지향 패러다임, CBD, SOA로 재사용 패러다임이 발전함으로써 보다 광범위하게 활용되고 있다.

9.2. 객체지향 언어에서의 인터페이스

본 절에서는 인터페이스와 인터페이스를 구현한 클래스를 객체지향 프로그래밍 언어로 어떻게 표현하는지에 대해 알아본다. 본 절에서 사용되는 모든 예제는 그림 9-3의 클래스 상속 구조를 기반으로 한다.

9.2.1. 인터페이스 정의 방법

모든 객체지향 프로그래밍 언어가 인터페이스 장치를 제공하는 것은 아니다. Java는 인터페이스를 지원하는 별도의 장치가 있지만, C++는 그렇지 않다.

Java에서 인터페이스를 정의하기 위해서 다음과 같이 class 키워드 대신에 interface라는 키워드를 이용한다.

```
Interface [인터페이스 이름] {…}
```

interface 키워드 앞에 가시성을 나타내는 public 또는 protected를 기술하며, 인터페이스는 대부분 유사성이 없는 클래스들 간의 외부로 노출될 수 있는 기능 명세하는 것을 목적으로 하기 때문에, 일반적으로 public으로 지정한다.

그리고 중괄호 ({…}) 사이에 추상 메소드를 정의한다. 추상 메소드 정의 방법은 이미 8.2.1.절에서 공부하였다. 인터페이스에서 정의된 모든 메소드는 반드시 추상 메소드이어야 하기 때문에, 메소드 선언 시 abstract 키워드를 생략해도 JVM은 해당 메소드를 추상 메소드처럼 취급한다.

추상 클래스와 달리 인터페이스는 변수를 가질 수 없고, 상수만 정의할 수 있다. 즉, 인터페이스에 선언된 속성은 모두 상수임을 나타내는 final 키워드를 이용해서 선언된다. 그리고 인터페이스에 정의된 상수는 static으로 정의된다. 그러므로 인터페이스에 포함된 속성은 모두 public static final로 정의된다.

소스코드 9-1은 Java를 이용해서 정의한 Temporary 인터페이스이다.

소스코드 9-1 Java를 이용한 인터페이스 정의

```
1.  // interface 키워드를 이용하여 Temporary 인터페이스 정의
2.  public interface Temporary {
3.      // 1개의 추상 메소드 선언
4.      public abstract int computeTotalPay (int aPay);
5.      // public int computeTotalPay (int Pay);    //abstract 키워드 없어도 OK!
6.  }
```

2번째 줄에 interface 키워드를 이용하여 인터페이스를 정의하였다. 그리고 4번째 줄에서 추상 메소드인 computeTotalPay () 메소드를 선언하였다. 이때 5번째 주석처리된 라인처럼 abstract 키워드를 생략해도 된다.

이미 언급하였듯이 C++에는 인터페이스에 대한 특별한 구조가 없다. 대신에, 클래스에 포함된 메소드가 모두 순수 가상 함수로 정의되면, 이 클래스가 인터페이스처럼 활용된다. 즉, 8.2.2.절에서와 같은 방법으로 추상 클래스를 정의하는 대신에 모든 메소드를 'virtual; 키워드와 '= 0' 를 명시하여, 순수 가상 함수로 정의해야 한다.

9.2.2. 인터페이스를 구현한 클래스 정의 방법

추상 클래스와 Concrete 클래스 간에는 상속 관계가 유지되기 때문에, Java의 경우 extends 키워드를, C++의 경우 콜론 (:)을 이용하여 추상 클래스로부터 Concrete 클래스를 정의하였다. 인터페이스는 상속 관계와 무관하게 사용된다고 하였다. 그러므로 Java에서는 다른 키워드를 이용해서 인터페이스를 구현한 클래스를 정의한다. Java에서는 다음과 같이 implements 키워드를 사용하여 인터페이스를 구현한 클래스를 정의한다.

```
class [클래스 이름] implements [인터페이스 이름] { …}
```

키워드에서 암시하듯이, 인터페이스를 상속받아 확장하여 클래스를 정의하는 것이 아니라 인터페이스에 정의된 모든 메소드를 구현함으로써 해당 클래스를 정의한다.

여기서 주의할 점은 implements 키워드를 이용해서 정의된 클래스는 인터페이스에 정의된 모든 추상 메소드를 구현해야 한다는 것이다. 한 메소드라도 구현하지 않으면 해당 클래스로부터 인스턴스를 생성할 수 없다.

소스코드 9-2는 Temporary 인터페이스를 구현한 VisitingFaculty 클래스를 Java로 작성한 것이다.

소스코드 9-2 Java를 이용하여 구현한 Visiting Faculty 클래스

```
// Temporary 인터페이스로부터 구현한 클래스 선언
public class VisitingFaculty implements Temporary {

    private String name;
    private GregorianCalendar dateStart, dateEnd;
    private double payRate;

    …

    // Temporary 인터페이스에 정의된 추상 메소드 구현
    public int computeTotalPay(int aPay) {
        int totalPay = 0;
        GregorianCalendar today = new GregorianCalendar();
        // 방문 교수와의 계약에 의해 월급을 계산함.
        // 여기서는 간략하게 aPay는 월급에 해당하며, 세금 공제 후 실제 지급할 금액을 계산함.
        if (dateEnd.after(today)) {
            totalPay = (int)(aPay * (1-payRate));
        } else {
            // 월 급여일 이전에 퇴사하며, 일 단위로 계산하여 지급함.
            int workingDay = dateEnd.get(Calendar.DAY_OF_MONTH) -1;
            System.out.println ("Working Days : " + workingDay);
```

```
22.                totalPay = (int)((aPay /30 * workingDay) * (1-payRate));
23.            }
24.            return totalPay;
25.    }
26. }
```

2번째 줄에 implements 키워드를 이용하여, Temporary 인터페이스로부터 VisitingFaculty 클래스를 구현한다고 선언하였다. 그리고 11번째 줄에 Temporary 인터페이스에 정의한 computeTotalPay () 메소드를 방문 교수 특성에 맞게 구현하였다. 본 예제에서는 간단하게 이미 퇴사 상태가 아니면 월 급여에 해당하는 aPay로부터 공제 금액을 제외하고 실제 월 급여액을 산정하며, 그렇지 않으면 일단위로 계산하도록 작성하였다.

그럼 implements 키워드 대신 extends 키워드로 클래스를 정의하면 어떤 결과가 나올까? implements 대신 extends 키워드를 이용해 정의된 클래스는 해당 인터페이스를 상속하여 생성한 또 다른 인터페이스가 된다. 즉, 한 인터페이스를 extends 키워드로 다른 키워드를 생성하면, 인터페이스로 구성된 상속 구조를 정의할 수 있다.

그림 9-5는 Java API에서 자료 구조에 대한 인터페이스로 구성된 상속 구조를 보여준다.

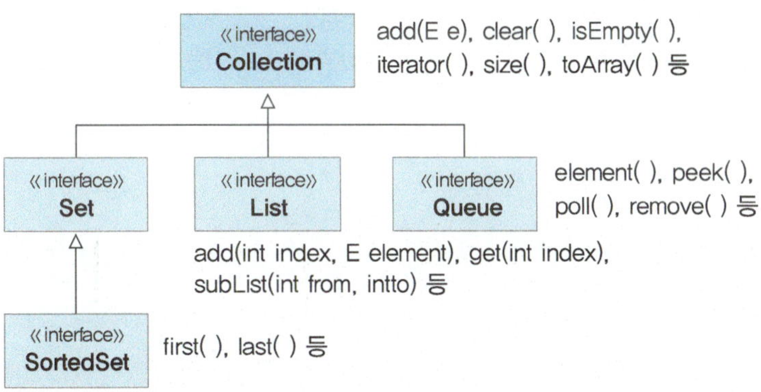

그림 9-5 Java API 에서의 인터페이스 간 상속 관계

자료 구조에 대한 상속 구조에 최상위에는 Collection 인터페이스가 위치한다. Set 인터페이스, List 인터페이스, Queue 인터페이스는 Collection 인터페이스를 상속하여 정의한 것이고, Collection 인터페이스에서 정의된 메소드 외에 각 자료 구조에 필요한 메소드를 추가적으로 정의한다. 예를 들어, Java 소스코드를 보면 List가 다음과 같이 extends 키워드를 이용하여 Collection 인터페이스를 상속받아 정의되었음을 확인할 수 있다.

```
public interface List<E> extends Collection<E> { …}
```

이렇게 인터페이스로부터 implements 키워드를 이용하여 클래스를 정의하면 인터페이스에 포함된 모든 메소드를 구현해야 하며, extends 키워드를 이용할 경우에는 기존 인터페이스를 상속 받은 또 다른 인터페이스를 정의한다. 그러므로 이 두 키워드를 혼돈하여 사용하지 않도록 한다.

9.3. 인터페이스 활용

인터페이스 개념 자체는 간단하지만, 목적에 맞게 인터페이스를 잘 정의해야 그 장점을 모두 활용할 수 있다. 다음은 인터페이스가 잘 적용될 수 있는 2가지 경우를 정리한 것이다.

*** 여러 클래스들이 반드시 구현해야 하는 표준화된 메소드 시그니처를 정의해야 할 경우**

인터페이스는 여러 클래스들이 구현해야 하는 기능 명세를 추상 메소드로 정의하여 포함한다. 인터페이스를 구현한 클래스는 인터페이스에 포함된 메소드의 시그니처를 준수하고 메소드 바디를 작성해야 하기 때문에, 메소드를 표준화하는 데 효과적이다.

인터페이스는 1) 동일하거나 유사한 도메인에 속하는 다른 클래스들의 공통 기능성 명세를 위해 사용되기도 하고, 2) 추상 클래스와 같이 유사성 있는 클래스 간의 공통 기능성 명세를 위해 사용되기도 한다.

즉, 클래스 간의 유사성 또는 관련성과 무관하게, 여러 클래스가 반드시 구현해야 하는 메소드를 정의하고 싶을 때 인터페이스를 사용한다.

*** 다중 상속을 지원해야 하는 경우**

C++는 다중 상속을 지원하여 클래스 정의 시 콜론 (:) 뒤에 2개 이상의 슈퍼클래스를 위치시킬 수 있었다. 그러나 Java는 다중 상속을 지원하지 않아 extends 키워드 뒤에 슈퍼클래스 하나만이 위치할 수 있었다. 이를 지원하는 우회적인 방법으로 6.5.절에서 객체 구조를 인위적으로 직렬화시켰지만, 이는 원래 의도와는 다르게 클래스 상속 구조가 설계될 수 있으므로 적절한 방법이 아니다. Java에서는 다중 상속을 가능하게 하기 위해 인터페이스를 이용한다.

그림 9-6은 Java에서 인터페이스를 이용해서 다중 상속을 표현하는 방법을 보여준다. VisitingFaculty는 Faculty 클래스를 상속받고, Temporary 인터페이스를 구현함으로써 정의되며, Java로 작성하면 다음과 같다.

```
public class VisitingFaculty extends Faculty implements Temporary { …}
```

즉, 2개의 클래스 특성을 모두 이용하여 VisitingFaculty 클래스를 정의하기 때문에, 다중 상속을 표현한 것이라고 할 수 있다. 그리고 상속 구조 직렬화와는 달리, 원래 클래스 상속 구조를 그대로 유지하고 다중 상속을 표현함을 확인할 수 있다.

Java에서는 implements 뒤에 다수 개의 인터페이스를 나열할 수 있으므로, 동시에 3개

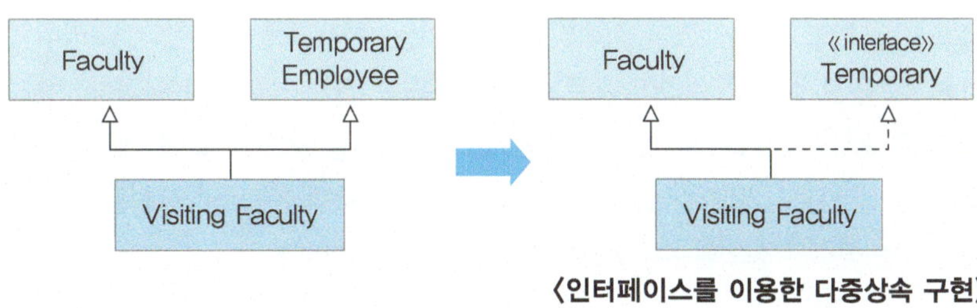

그림 9-6 Java에서 인터페이스를 이용하여 구현한 다중 상속

이상의 클래스로부터 클래스를 정의하는 것도 가능해진다. 그러므로 한 클래스만 일반 클래스로 정의하고, 나머지는 인터페이스로 정의함으로써 다중 상속을 표현할 수 있다.

이렇듯 잘 정의된 인터페이스는 추상 클래스처럼 추상 메소드를 가지고 있기 때문에, 8.3장에서 알아본 것처럼 객체 대치성과 동적 바인딩 장치를 이용하여 한 가지 메시지로 다른 메소드 구현을 호출하는 것이 가능해진다.

9.4. 본 장의 정리

인터페이스는 컴퓨팅 전분야에서 서로 다른 요소들 간에 상호작용하기 위한 수단으로 사용되고 있다. 객체지향 패러다임에서도 다른 객체들 간의 상호작용을 위해, 한 객체에서 외부로 노출될 수 있는 기능성을 명시하는 목적으로 인터페이스를 활용한다.

객체지향 프로그래밍에서 인터페이스는 여러 클래스들이 필요로 하는 공통 기능을 명세한 것으로, 추상 메소드로만 구성되어 있다. 그리고 해당 인터페이스를 구현한 클래스는 반드시 추상 메소드에 대한 바디를 작성해야 한다.

추상 메소드를 가지고 있다는 점에서 추상 클래스와 인터페이스는 자주 비교 대상이 된다. 그러나 이들은 명확한 차이점을 가지고 있고 그에 따라 활용 용도도 다르다. 먼저, 추상 클래스는 상속 관계를 유지하고 있어 슈퍼클래스를 정의하는 한 형태로 추상 클래스를 이용하고 이 클래스를 상속받아 Concrete 클래스를 정의한다. 그러나 인터페이스는 상속 관계와 상관 없이 서로 유사성이 없는 클래스들에 대한 공통 기능성을 명세하기 위해서도 사용된다. 둘째, 추상 클래스는 추상 메소드 외에 메소드 바디를 구현한 일반 메소드도 가질 수 있지만, 인터페이스는 추상 메소드로만 구성된다. 그 외에 인터페이스는 상수만 정의할 수 있으며, 다중 상속을 지원한다.

인터페이스는 여러 클래스가 필요로 하는 공통 기능에 대한 명세만을 가지고 있으므로,

기능 선언과 구현을 완전하게 분리할 수 있다. 즉, 기능 선언은 인터페이스에 하고, 이를 이용하는 여러 클래스는 해당 기능을 목적에 맞게 다양하게 구현할 수 있다. 한 인터페이스에 포함된 메소드는 여러 클래스에서 다양하게 정의할 수 있으므로, 이 인터페이스를 통해 기능성을 호출하는 클래스는 한 메소드에 대한 다양한 구현을 제공받을 수 있게 된다. 이것이 인터페이스가 제공하는 가장 큰 장점 중 하나이다. 그리고 인터페이스를 구현한 클래스는 인터페이스에 포함된 모든 메소드를 반드시 구현해야 하므로, 메소드 표준화가 가능해진다.

이런 인터페이스의 장점으로 인해 CBD, SOA 등에서 인터페이스의 역할을 좀 더 분명히 하여, 인터페이스를 다양한 컴포넌트 또는 서비스 간의 상호작용을 위한 수단으로 효과적으로 사용하고 있다.

C++는 인터페이스를 지원하는 명확한 장치가 없지만, Java는 인터페이스를 위한 별도의 장치를 제공한다. Java를 이용해서 인터페이스를 정의할 때는 class 키워드 대신 interface를 이용하며, 인터페이스를 구현한 클래스를 정의할 때는 implements 키워드를 사용한다. 인터페이스는 다중 상속을 가능하게 하므로, implements 키워드 뒤에는 하나 이상의 인터페이스가 위치할 수 있다. implements 키워드 대신에 extends 키워드를 사용하면, 한 인터페이스를 확장한 다른 인터페이스를 정의하는 것이기 때문에, implements 키워드와 extends 키워드를 혼돈하면 안 된다.

인터페이스는 1) 여러 클래스들이 구현해야 하는 기능을 명세하고자 할 때, 2) Java에서 다중 상속을 표현해야 할 때, 주로 사용된다. 첫 번째 경우, 인터페이스는 추상 클래스처럼 유사한 클래스 간의 공통 기능성 명세를 위해 사용되기도 하고, Temporary 인터페이스 예제처럼 서로 유사성이 없는 클래스 간의 공통 기능성 명세를 위해 사용되기도 한다.

연습문제

1. 컴퓨팅 전 분야에서 널리 사용되는 인터페이스와 객체지향 패러다임에서 사용되는 인터페이스 간의 공통점을 기술하시오.

2. 컴퓨팅 패러다임이 발전하면서, 인터페이스의 중요성이 점점 부각되고 있다. 어떤 이유로 인해 인터페이스의 역할이 더욱 더 커지고 있는 것인가?

3. 인터페이스와 추상 클래스 간의 유사점과 차이점을 작성하시오.

4. 추상 클래스와 비교하여 인터페이스가 보장할 수 있는 장점을 작성하시오.

5. Java에서 인터페이스를 정의하는 방법은 무엇인가? 그리고 인터페이스로부터 클래스는 어떻게 구현하는지 작성하시오.

6. Java에서 '… extends Collection' 과 '… implements Collection' 로 작성했을 때의 차이점을 기술하시오.

7. Java에서 다중상속을 구현할 수 있는 2가지 방법이 있다. 이 중 인터페이스를 이용하는 것이 더 효과적인 방법이라고 하였는데, 이에 대한 이유를 작성하시오.

8. 인터페이스를 이용하면 메소드 시그니처 표준화가 가능해진다고 하였다. 왜 그런지 이유를 작성하시오.

제10장

제네릭 클래스 (Generic Class)

＊ 본 장의 목표

- 객체지향 패러다임에서의 제네릭 클래스 개념과 동기, 제네릭 클래스의 장점에 대해 자세히 알아본다.
- 객체지향 프로그래밍 언어를 이용하여 제네릭 클래스를 사용하는 방법에 대해 알아본다. C++와 Java를 이용하여 제네릭 클래스를 정의하고, 이로부터 특정 타입의 속성을 지정한 객체를 생성하는 방법을 구체적으로 알아본다.
- 제네릭 클래스의 활용 방법을 구체적으로 알아본다.

10.1. 제네릭 클래스 개념

본 절에서는 제네릭 클래스의 개념을 이해하고, 제네릭 클래스를 정의하고 사용하는 절차에 대해 알아본다.

10.1.1. 제네릭 클래스의 동기 및 정의

일반적인 클래스의 경우, 이로부터 생성된 모든 객체는 동일한 데이터 타입의 속성들과 동일한 집합의 오퍼레이션을 가진다. 즉, 동일한 데이터 타입의 속성들을 가지고, 동일한 오퍼레이션들을 가지는 객체를 생성하기 위해 클래스를 정의 및 사용한다.

그러면, 그림 10-1과 같은 경우를 생각해 보자. 3개의 객체들은 오퍼레이션 집합은 동일하지만, 속성의 데이터 타입이 모두 다르다. 3개 객체들의 오퍼레이션 간에 유사성이 높지만 속성

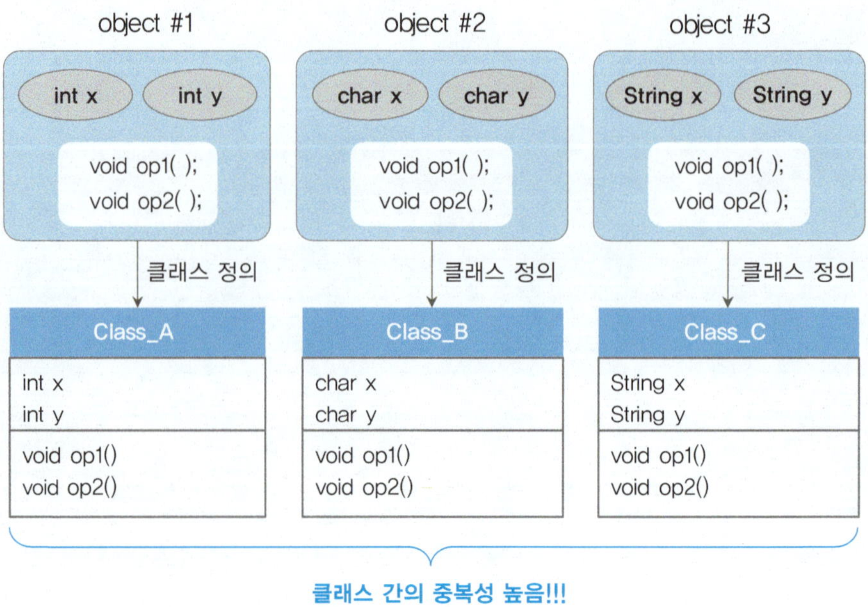

그림 10-1 일반적인 클래스 정의 한계점

의 데이터 타입이 다르므로, 일반적으로 객체 별로 각각의 클래스를 정의해야 한다. 그 결과, 정의된 클래스들 간에는 중복된 오퍼레이션 집합을 가지게 된다. 이런 객체들이 많아질수록, 더 많은 수의 중복성 높은 클래스를 정의해야 한다.

이렇게, 유사성이 높은 오퍼레이션 집합을 가지지만 속성의 데이터 타입이 다양한 객체들을 위한 클래스를 정의하기 위해, 제네릭 클래스(Generic Class)를 사용한다. 제네릭 클래스는 특정 데이터 타입으로 지정된 속성 외에 데이터 타입이 지정되지 않은 속성을 가지며, 이 속성들을 처리하는 오퍼레이션으로 구성된 클래스이다. 일반적인 클래스와 구별되는 차이점은 char, int 등과 같이 데이터 타입이 지정되지 않은 속성을 포함한다는 것이다. 그러므로 제네릭 클래스를 이용하면 단 하나의 클래스 정의를 기반으로 일부 속성들을 상황에 따라 다른 데이터 타입으로 정의한 객체들을 생성할 수 있고, 그림 10-1과 같은 상황에서 동일한 오퍼레이션을 가지는 클래스의 수를 줄일 수 있다.

10.1.2. 제네릭 클래스를 사용하는 절차

제네릭 클래스에 포함된 일부 속성은 데이터 타입이 지정되어 있지 않으므로, 객체를 생성하기 이전에 데이터 타입을 미리 지정해야 한다. 그러므로 제네릭 클래스 사용 절차는 일반적인 클래스 사용 절차와 약간의 차이가 있다.

그림 10-2는 제네릭 클래스 정의 및 사용 절차를 보여준다. 제네릭 클래스 정의 단계, 특정 타입 클래스(Typed Class) 생성 단계, 객체 생성 단계의 세 단계를 거쳐 제네릭 클래스로부터 필요한 데이터 타입의 객체를 생성할 수 있다.

*** 단계 1. 제네릭 클래스 정의**

제네릭 클래스 정의 단계에서는 데이터 타입이 정해지지 않은 일부 속성들과 이와 연관된 오퍼레이션들을 정의한다. 데이터 타입이 정해지지 않은 속성은 형식 타입 파라미터(Formal Type Parameter)라고 부르며, 이후에 어떤 종류의 데이터 타입으로 지정이 가능하다.

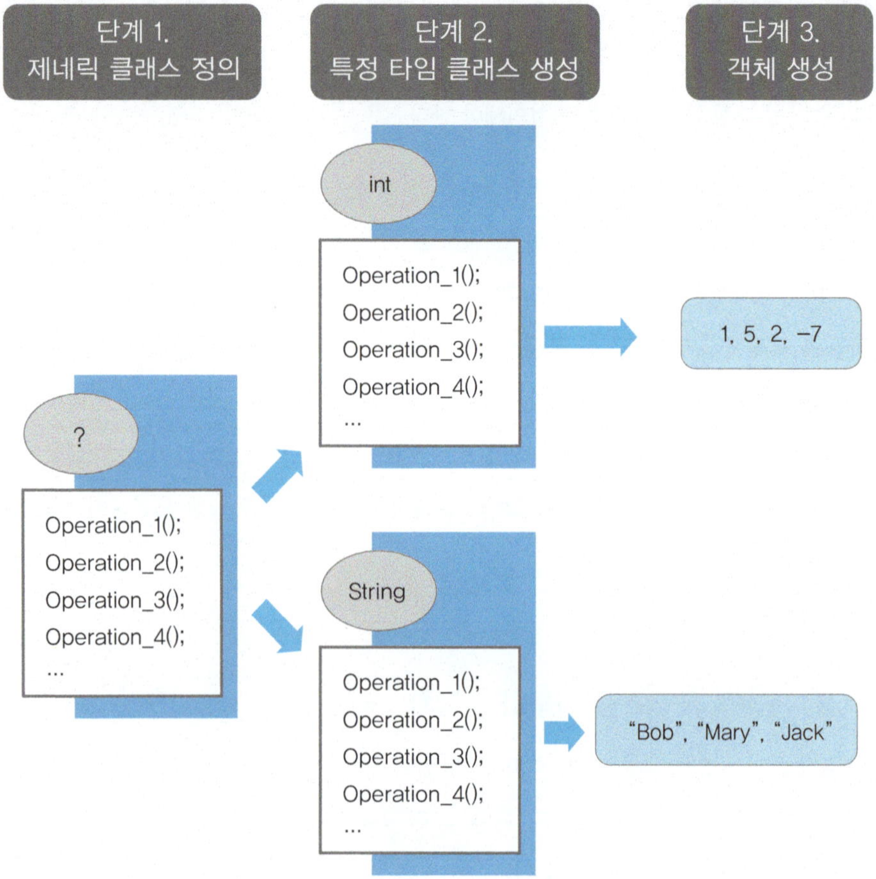

그림 10-2 제네릭 클래스의 사용 절차

제네릭 클래스를 정의시 데이터 타입이 지정되지 않은 속성과 연관된 오퍼레이션, 즉 형식 타입 파라미터를 입력매개변수 또는 반환값으로 사용하는 오퍼레이션은 데이터 타입에 의존적인 알고리즘을 구현하지 않도록 해야 한다. 예를 들어, 이런 오퍼레이션 내부에서 더하기, 빼기, 나누기 등의 연산자를 이용하여 데이터 타입이 미지정된 속성을 처리할 경우, int나 float과 같은 숫자 형태의 데이터 타입에 대해서는 정상적으로 동작하지만, 문자 혹은 객체 타입으로 클래스가 생성되면 오류가 발생할 수 있다. 그러므로 형식 타입 파라미터를 입력매개변수 혹은 반환값으로 사용하는 오퍼레이션은 형식 타입의 속성을 처리해야 하기 때문에, 특정 데이터 타입에 특화된 연산자를 사용해서는 안된다.
이렇게 함으로써, 형식 타입의 속성과 오퍼레이션의 정의를 통해 제네릭 클래스는 다양한 데이터 타입에 대해 동일한 기능성을 제공할 수 있다.

*** 단계 2. 특정 타입의 클래스 생성**

특정 타입 클래스 생성 단계에서는 제네릭 클래스에 정의된 형식 타입의 속성을 특정 데이터 타입으로 지정함으로써 특정 타입의 클래스를 생성한다. 특정 타입 클래스는 형식 타입 파라미터에 특정 데이터 타입만 지정하기 때문에, 제네릭 클래스에 정의된 다른 속성 및 오퍼레이션은 그대로 사용할 수 있다.
특정 타입 클래스가 선언되면 지정된 데이터 타입만을 지원할 수 있고, 지정된 타입과 다른 데이터 타입이 사용되는 경우에는 실행 중에 오류가 발생한다. 객체 지향 프로그래밍 언어에서는 컴파일 시점에 특정 타입 클래스들에서 지정된 속성들의 데이터 타입을 검사하는 타입 안전성을 제공한다.

*** 단계 3. 객체 생성**

객체 생성 단계에서는 특정 타입 클래스로부터 객체를 생성한다. 이 과정은 일반적인 클래스로부터 객체를 생성하는 단계와 동일하다.

10.1.3. 제네릭 클래스의 장점

제네릭 클래스는 처리하는 속성의 데이터 타입이 지정되지 않는 것이 가장 큰 특징이다. 이런 특징으로 인하여 제네릭 클래스는 일반적인 클래스와는 구별되는 장점을 갖는다.

먼저, 제네릭 클래스는 코드 재사용성이 높다. 기존 클래스는 여러 객체가 공통적으로 갖는 속성과 오퍼레이션을 정의하고, 상속이란 장치를 통해 다양한 코드 재사용성을 제공한다. 하지만, 제네릭 클래스의 동기 부분에서 기술한 것과 같이 상황에 따라 다른 데이터 타입의 속성을 동일한 오퍼레이션으로 처리하는 객체들이 필요할 경우에는 기존 클래스의 코드 재사용 장치가 활용될 수 없다. 제네릭 클래스는 하나의 클래스로부터 목적에 따라 다양한 특정 타입 클래스 생성이 가능하기 때문에, 데이터 타입에 따른 별도의 구현 코드가 필요없이 재사용이 가능하다.

또한, 컴파일 시점에서 데이터 타입 검사를 통해 형식 타입의 속성들을 체크할 수 있기 때문에 속성의 타입 안전성을 보장할 수 있다.

10.2. 객체지향 언어에서의 제네릭 클래스

C++, C#, Java 등 많은 객체지향 프로그램 언어들이 제네릭 클래스의 구현을 지원한다. 본 절에서는 C++와 Java에서 제네릭 클래스를 정의하는 방법, 특정 타입 클래스를 생성하는 방법, 객체를 생성하는 방법을 알아본다.

10.2.1. C++의 제네릭 클래스 장치

C++ 언어는 'template' 이라는 제네릭 클래스 장치를 제공한다. C++ 표준 라이브러리 중 일부는 제네릭 클래스 장치를 이용하여 구현되고 있다. 예를 들어, vector, map, set과 같은 자료 구조 및 알고리즘을 제공하는 표준 템플릿 라이브러리(Standard Template Library, STL)는 제네릭 클래스 장치를 활용하여 구현된 것이다.

＊ C++에서 제네릭 클래스 정의 단계

C++에서는 'template' 키워드를 이용하여 제네릭 클래스를 정의할 수 있으며, 그 구문은 다음과 같다.

```
template 〈 class [형식 타입]〉
```

'〈class [형식 타입]〉' 은 제네릭 클래스에서 정의될 형식 타입을 나타내며, 'class' 키워드와 형식 타입을 나타내는 한 자리의 영문자를 사용한다. 한 자리 영문자는 형식 타입을 나타내는 변수로 일반적으로 'T' 를 사용하며 Type을 의미한다.

소스코드 10-1은 'template' 키워드를 사용하여 형식 타입의 속성 x와 y를 선언하는 예를 보여준다.

소스코드 10-1 C++에서 'template' 키워드 사용 예

```
1. template <class T>
2. T max(T x, T y)
3. {
4.     return x < y ? y : x;
5. };
```

1번째 줄은 'template' 키워드를 이용하여 제네릭 클래스를 선언하고 있다. 2번째 줄에서는 선언된 형식 타입 T를 이용하여 두 개의 입력값 x, y에 대한 max라는 제네릭 메소드를 정의하고, 4번째 줄에서 입력된 x, y의 값을 비교하여 보다 큰 값의 변수를 반환한다.

vector, map과 같은 자료 구조는 int, string 등 데이터 타입에 상관없이 동일한 로직이 적용될 수 있기 때문에, 일반적으로 자료 구조를 정의할 때 제네릭 클래스를 많이 활용한다. 소스코드 10-2는 자료 구조 중 하나인 LinkedList를 다양한 데이터 타입을 처리할 수 있도록 제네릭 클래스로 정의한 것을 보여준다.

소스코드 10-2 C++를 이용한 LinkedList 제네릭 클래스 정의 예제

```
// LinkedList 클래스 정의
template <class T>
class LinkedList {
private:
    Node<T>* first;   // LinkedList 내의 첫 Node에 대한 참조
    int size = 0;     // LinkedList의 크기
public:
    LinkedList() {    // 빈 LinkedList 생성자
        first = NULL;
    }
    void append(T item);    // LinkedList에 새로운 데이터 삽입
    void remove(T item);    // LinkedList에서 데이터 삭제
    int length();     // LinkedList의 크기 반환
    T tail();         // LinkedList의 가장 먼저 추가된 데이터 반환
    void display();   // LinkedList 내의 데이터 출력
};

// LinkedList 내에 저장될 형식 타입 'T'를 갖는 Node 구조체 정의
template <class T>
struct Node {
    T data;  // Node에 저장될 데이터
    Node* next;       // LinkedList에서 다음 Node에 대한 참조
};

// append 오퍼레이션 정의
template <class T>
void LinkedList<T>::append(T item) {
    Node<T> *newLink = new Node<T>;    // 새로운 Node 객체 생성
    newLink->data = item;      // 입력된 item 할당
        newLink->next = first;  // List 내의 first 아이템을 다음 아이템으로 설정
```

```
31.     first = newLink;            // List 내의 첫 아이템으로 설정
32.     size++;                     // LinkedList 크기 증가
33. }
34.
35. // remove 오퍼레이션 정의
36. template 〈class T〉
37. void LinkedList〈T〉::remove(T item) { … }
38.
39. // length 오퍼레이션 정의
40. template 〈class T〉
41. int LinkedList〈T〉::length() { … }
42.
43. // tail 오퍼레이션 정의
44. template 〈class T〉
45. T LinkedList〈T〉::tail() { … }
46.
47. // display 오퍼레이션 정의
48. template 〈class T〉
49. void LinkedList〈T〉::display() { … }
```

LinkedList는 Node들이 일렬로 연결되어 있는 구조를 나타내고, 각 Node는 데이터와 다음 Node에 대한 참조(포인터)를 포함한다. 2번째 줄에서 template 키워드를 이용하여 해당 클래스가 제네릭 클래스임을 선언한다. 3~16번째 줄에서 형식 타입 'T'를 이용하여 LinkedList 클래스의 주요 속성 및 오퍼레이션을 정의한다. 5번째 줄에서 LinkedList 내의 첫 번째 Node를 가리키는 속성 first을 정의하고 있으며, Node 타입 역시 정해지지 않았으므로 형식 타입인 'T'를 이용하고 있음을 볼 수 있다. 이와 마찬가지로, 형식 타입 파라미터를 입력매개변수 또는 반환값으로 사용하는 오퍼레이션인 append (), remove(), tail() 도 형식 타입인 'T'를 이용하여 정의하고 있다.

19~33번째 줄에서는 LinkedList에 저장되는 Node 구조체를 정의하고 있다. 다양한

데이터 타입이 LinkList에 저장될 수 있으므로, 구조체 역시 형식 타입 'T' 를 이용하여 정의된다.

27~33번째 줄에서는 LinkedList 클래스의 append 오퍼레이션의 내부 로직을 정의하고 있다. 내부 로직은 특정 타입에 의존적인 연산자를 활용하고 있지 않으며, 데이터 타입에 독립적으로 기능을 수행할 수 있도록 구현되어 있다.

* C++에서 특정 타입 클래스 생성 단계

상황에 따라 하나의 제네릭 클래스로부터 다양한 타입의 클래스를 여러 개 생성할 수 있다. 특정 타입 클래스의 생성에 대한 구문은 다음과 같다.

```
제네릭 클래스명<[데이터 타입]>
```

정의된 제네릭 클래스의 이름 뒤에 <[데이터 타입]> 키워드를 사용하여 지정된 데이터 타입에 대한 클래스를 생성할 수 있다. 이렇게 생성된 특정 타입 클래스는 지정된 데이터 타입에 대해서만 정상적으로 동작할 수 있다.

예를 들어 소스코드 10-2에서 정의한 LinkedList 제네릭의 경우, 목적에 따라 다음의 구문을 활용하여 정수형(int) 혹은 문자형 (String)과 같은 특정 타입 클래스를 생성할 수 있다.

```
LinkedList<string>
LinkedList<int>
```

C++에서는 특정 타입 클래스 생성과 특정 타입 클래스의 객체 생성이 한 구문으로 이루어진다. 그러므로 위의 구문들은 아직 완전한 형태가 아니다.

* C++에서 특정 타입 클래스의 객체 생성 단계

C++에서 객체의 생성 단계는 특정 클래스 생성 시에 객체를 참조하는 변수명을 추가하여 다음 구문을 이용한다.

```
제네릭 클래스명<[데이터 타입]> 객체변수;
```

특정 타입 클래스를 선언하고 이때 객체를 참조하는 '객체변수'를 추가하여 특정 타입 클래스에 대한 객체의 생성 및 사용이 가능하다.

예를 들어, 소스코드 10-2의 LinkedList 제네릭 클래스의 경우에 문자형 타입(String)과 정수 타입(int)에 대한 특정 타입 클래스의 객체 생성은 다음과 같다.

```
LinkedList<string> stringList;
LinkedList<int> intList;
```

LinkedList 제네릭 클래스의 형식 타입 속성을 문자형 타입으로 지정한 특정 타입 클래스의 stringList 객체와 정수형 타입으로 지정한 intList 객체는 각각 문자형과 정수형 데이터 타입에 대한 기능을 제공한다.

소스코드 10-3은 C++에서 정의된 제네릭 클래스의 특정 타입 클래스 생성과 객체 생성 및 실행에 대한 예제 코드를 보여준다.

소스코드 10-3 C++를 이용한 제네릭 클래스의 실행 예제

```
int main() {
    LinkedList<int> intList;         // 정수형 데이터 타입의 LinkedList 객체 생성
    intList.append(25);              // 새로운 정수 삽입
    intList.append(36);
    intList.append(49);
    intList.display();               // 현재 LinkedList 내의 모든 아이템 출력
    intList.remove(36);              // '36'과 일치하는 Node 삭제
    intList.display();               // 삭제 후 결과 출력

    LinkedList<char> charList;       // 문자형 데이터 타입의 LinkedList 객체 생성
    charList.append('a');            // 새로운 문자 삽입
    charList.append('b');
```

```
13.     charList.append('c');
14.     charList.display();          // 현재 LinkedList 내의 모든 아이템 출력
15.     charList.remove('b');        // 'b' 과 일치하는 Node 삭제
16.     charList.display();          // 삭제 후 결과 출력
17.     return 0;
18. }
```

2번째 줄과 10번째 줄에서 각각 int 타입의 정수형 데이터를 대상으로한 intList 객체와 char 타입의 문자형 데이터를 대상으로한 charList 객체를 생성한다. 생성된 객체에 각각 '25', '36', '49' 와 'a', 'b', 'c' 세 개의 서로 다른 데이터를 입력하고, 저장된 데이터의 목록을 6번째 줄과 14번째 줄에서 출력한다. 7번째 줄과 15번째 줄에서는 각각 '36' 과 'b' 를 LinkedList 객체에서 remove 오퍼레이션을 이용하여 제거하고, 8번째 줄과 16번째 줄에서 LinkedList의 저장 데이터를 다시 한 번 출력한다. 출력 결과는 그림 10-3과 같다.

```
===== Current Items in LinkedList =====
49
36
25
===== Current Items in LinkedList =====
49
25
===== Current Items in LinkedList =====
c
b
a
===== Current Items in LinkedList =====
c
a
```

그림 10-3 C++에서 LinkedList 제네릭 클래스 예제 실행 결과

정의된 LinkedList 제네릭 클래스는 목적에 따라 int 정수형 혹은 char 문자형과 같은 특정 데이터 타입에 대한 클래스로 선언하고, 객체의 생성 및 사용이 가능하다.

10.2.2. Java의 제네릭 클래스 장치

Java는 2004년 발표된 J2SE 5.0부터 제네릭 기능이 추가되어, 제네릭 클래스의 구현을 지원하기 위한 장치를 제공한다.

*** Java에서 제네릭 클래스 정의 단계**

Java에서 제네릭 클래스를 정의하는 구문은 다음과 같다.

```
public class [클래스 이름] 〈[형식 타입]〉
```

제네릭 클래스를 선언할 때 클래스 이름 뒤에 〈[형식 타입]〉을 사용하며, 일반적으로 Type을 나타내는 '〈T〉' 키워드를 사용하여 형식 타입을 정의한다. 소스코드 10-4는 '〈T〉' 키워드를 이용하여 Box 제네릭 클래스를 정의한 것을 보여준다.

소스코드 10-4 Java를 이용한 제네릭 클래스 정의 예제

```
public class Box<T> {
    private T item;

    public void add(T item) {
        this.item = item;
    }

    public T get() {
        return item;
    }
}
```

1번째 줄에서 〈T〉를 명세함으로써, Box 라는 제네릭 클래스를 정의한다. 2번째 줄에서 형식 타입인 T 타입의 item 속성을 선언하였고, 이는 특정 타입 클래스 생성 단계에서 특정 데이터 타입으로 변경된다. 4번째 줄의 add 오퍼레이션은 형식 타입을 입력받아 변수 item에 저장하고, 8번째 줄의 get 오퍼레이션은 Box 클래스에 저장된 변수 item을 반환한다.

C++와 마찬가지로, Java에서도 자료 구조 정의 시에 제네릭 클래스를 많이 활용한다. 소스코드 10-5는 Java를 이용하여 LinkedList 제네릭 클래스를 정의한 것을 보여준다.

소스코드 10-5 Java를 이용한 LinkedList 제네릭 클래스 정의 예제

```
// LinkedList 클래스 정의
public class LinkedList<T> {
    private Node<T> first;        // LinkedList의 첫 Node에 대한 참조
    private int size;             // LinkedList의 크기

    // LinkedList의 생성자
    public LinkedList() {
        first = null;
        size = 0;
    }

    // append 오퍼레이션 정의
    public void append(T item) {
        Node<T> newNode = new Node<T>();
        newNode.data = item;
        newNode.next = first;
        first = newNode;          // 새로운 Node를 첫 번째 위치로 추가
        size++;                   // LinkedList 크기 증가
    }
```

```
20.
21.     // remove 오퍼레이션 정의
22.     public void remove(T item) {
23.         // 입력된 item과 동일한 data를 갖은 Node 삭제 코드
24.     }
25.
26.     // length 오퍼레이션 정의
27.     public int length() { … }
28.
29.     // tail 오퍼레이션 정의
30.     public T tail() { … }
31.
32.     // display 오퍼레이션 정의
33.     public void display() { … }
34.
35.     // LinkedList의 타입 T를 갖는 Node 구조체 정의 클래스
36.     private class Node<T> {
37.         public T data;          // Node에 저장되는 타입 T의 데이터
38.         public Node<T> next;    // 현재 Node 다음에 연결되는 Node에 대한 참조
39.     }
40. }
```

2번째 줄에서 '〈T〉' 키워드를 사용하여 해당 클래스가 형식 타입 T를 사용하는 제네릭 클래스임을 선언하였다. 3번째 줄에서 LinkedList 의 첫 번째 노드를 가리키는 속성인 first를 Node〈T〉 타입으로 정의하였고, 4번째 줄에서 LinkedList의 크기를 나타내는 size 속성을 정의하였다. 13 ~19번째 줄에서 제네릭 클래스의 append 오퍼레이션을 정의하였으며, T 타입의 입력 매개변수를 받아 LinkedList의 첫 번째 위치로 저장하도록 정의하였다. 그리고 소스코드 10-2와 동일하게 LinkedList에 포함되는 노드의 타입을 나타내는 Node〈T〉를 36~39번째 줄에서 정의하였다.

* Java에서 특정 타입 클래스 생성 단계

Java에서 제네릭 클래스에 특정 데이터 타입의 지정하여 특정 타입 클래스를 생성하는 구문은 다음과 같다.

```
제네릭 클래스명〈[데이터 타입]〉
```

C++에서와 같이 정의된 제네릭 클래스의 이름 뒤에 〈[데이터 타입]〉 키워드를 사용하여 지정된 데이터 타입에 대한 클래스를 생성할 수 있다. 생성된 특정 타입 클래스는 지정된 데이터 타입에 대해서만 정상적으로 동작한다.

예를 들어, Java에서 LinkedList 제네릭 클래스를 String 타입과 Integer 타입으로 지정하여 특정 타입 클래스를 생성하는 구문은 다음과 같다.

```
LinkedList〈string〉
LinkedList〈Integer〉
```

* Java에서 객체 생성 단계

Java에서는 특정 클래스 생성 시에 객체를 참조하는 변수명과 'new' 키워드를 이용하여 특정 타입의 객체를 생성할 수 있다. 다음은 객체 생성에 대한 구체적인 구문이다.

```
제네릭 클래스명〈[데이터 타입]〉 객체변수
                    = new 제네릭 클래스명〈[데이터타입]〉();
```

특정 타입 클래스를 선언하고 이때 객체를 참조하는 '객체변수' 를 추가하여 특정 타입 클래스에 대한 객체의 생성 및 사용이 가능하다.

LinkedList 제네릭 클래스의 경우, 문자형과 정수형 타입의 LinkedList 객체들을 생성하기 위해 다음의 구문을 사용하면 된다.

```
LinkedList〈String〉 stringList = new LinkedList〈String〉();
LinkedList〈Integer〉 intList = new LinkedList〈Integer〉();
```

생성된 stringList 객체와 intList 객체는 각각 문자형 데이터와 정수형 데이터에 대해서만 정상적으로 동작한다.

소스코드 10-6은 Java에서 정의된 제네릭 클래스의 사용에 대한 예제 코드를 보여준다.

소스코드 10-6 Java를 이용한 제네릭 타입 LinkedList 클래스 실행 예제

```
1.  // LinkedList 실행 코드
2.  public class LinkedList_Test {
3.     public static void main(String[] args) {
4.        LinkedList<Integer> intList = new LinkedList<Integer>();
5.                // int 형의 LinkedList 객체 생성
6.        intList.append(25);
7.        intList.append(36);
8.        intList.append(49);
9.        intList.display();
10.       intList.remove(36);
11.       intList.display();
12.
13.       LinkedList<String> stringList = new LinkedList<String>();
14.               // String 형의 LinkedList 객체 생성
15.       stringList.append('a');
16.       stringList.append('b');
17.       stringList.append('c');
18.       stringList.display();
19.       stringList.remove('b');
20.       stringList.display();
21.    }
22. }
```

2번째 줄에서는 'Integer' 키워드를 이용하여 정수형 타입의 클래스를 선언하고, new 키워드를 활용하여 int형 LinkedList인 intList 객체를 생성한다. 이와 유사하게, 12번째

줄에서는 'String' 키워드와 new 키워드를 이용하여 문자형 타입의 LinkedList인 stringList 객체를 생성하였다.

6~8번째 줄에서는 intList 객체의 append ()를 이용하여 세 개의 정수 '25', '36', '49'를 저장하고, 15~17번째 줄에서는 stringList 객체의 append ()를 이용하여 세 개의 문자 'a', 'b', 'c'를 저장하였다. 이렇듯, 한 오퍼레이션인 append()를 활용하여 각 객체의 데이터 타입에 맞는 값을 두 개의 LinkedList에 추가할 수 있다. 위의 소스코드는 소스코드 10-3과 동일하기 때문에, 출력 결과 역시 그림 10-3과 같다.

10.3. 제네릭 클래스의 활용

본 절에서는 제네릭 클래스가 활용될 수 있는 상황과 실제 예제들을 살펴본다.

*** 자료 구조의 구현**

자료 구조는 데이터 효과적인 사용을 위해 데이터의 표현 및 저장 방식을 구조화하며, 데이터 타입이 아닌 데이터의 사용 목적에 따라 데이터의 추가, 삭제와 같은 기능을 정의한다. 따라서 자료 구조는 제네릭 클래스가 적용될 수 있는 가장 일반적인 예이다. C++의 표준 템플릿 라이브러리와 Java의 컬렉션(Collection) 클래스 역시 제네릭 클래스 장치를 활용하여 구현되었다.

*** 데이터 타입과 관련없는 공통 기능 구현**

다양한 데이터 타입을 다루는 애플리케이션에서는 다양한 메소드들을 제공하며, 데이터 타입과 관계없이 공통적인 기능을 제공하는 메소드들이 존재할 경우가 있다. 이와 같은 경우에는 하나의 기능을 데이터 타입에 따라 별도의 메소드를 구현하지 않고, 데이터 타입에 독립적인 하나의 메소드를 구현하는 것이 효과적이다. R의 제네릭 함수 객체들이 그 대표적인 예라고 할 수 있고, 각 함수들이 다양한 데이터 타입을 처리할 수 있도록 제네릭 클래스 장치를 이용하여 구현되었다.

10.4 본 장의 정리

제네릭 클래스는 다양한 데이터 타입의 속성에 대해 동일한 기능을 제공하는 객체들을 일반화하여 (1) 코드 재사용성을 높이고, (2) 타입 안전성을 제공하기 위한 수단으로 널리 사용되고 있다.

제네릭 클래스는 일반 클래스처럼 객체를 생성하여 사용되지만, 일반 클래스와 달리 (1) 제네릭 클래스 정의 단계와 (2) 특정 타입 클래스 생성 단계, (3) 객체 생성 단계의 세 단계를 거쳐 필요한 데이터 타입의 객체를 생성한다.

객체지향 프로그래밍에서 제네릭 클래스는 유사한 클래스들이 필요로 하는 공통 속성 및 기능을 형식 타입을 사용하여 정의한다. 제네릭 클래스를 사용하는 클래스는 반드시 목적에 맞는 데이터 타입을 적용하여, 특정 데이터 타입에 대한 클래스를 선언하고 객체를 생성해야 한다. 이런 특징으로 인해 객체지향 프로그래밍에서 제네릭 클래스는 일반적으로 컬렉션 데이터 구조를 정의하는 데 사용된다.

제네릭 클래스는 유사한 클래스들의 정의를 형식 타입을 이용한 하나의 클래스 정의로 대체하여 재사용성을 높일 수 있지만, 데이터 타입에 따른 차이점을 처리하기 위해 코드의 길이가 길어질 수 있는 단점이 존재한다.

C++는 제네릭 클래스를 지원하기 위해 'template' 키워드를 제공하며, 'template 〈class [형식 타입]〉' 형식으로 사용한다. 형식 타입은 'T'와 같은 하나의 문자가 사용되며, 일반적으로 'T'는 Type을 의미한다. Java는 제네릭 클래스를 지원하기 위해 '〈[형식 타입]〉' 키워드를 제공하며, 클래스를 정의할 때 "[클래스 이름] 〈[형식 타입]〉" 형식으로 사용한다.

제네릭 클래스는 List와 Array 등의 자료구조를 정의하여 목적에 따라 특정 데이터 타입을 지정하거나, 데이터 타입으로부터 독립적인 공통 기능을 제공하는 데 활용되고 있다.

연습문제

1. 일반 클래스와 제네릭 클래스 간의 유사점과 차이점을 작성하시오.
2. 유니버설 기본 타입인 Object을 이용하여 형변환 통한 데이터 타입의 가변성 제공 기법과 제네릭 클래스를 이용할 때의 차이점을 작성하시오.
3. C++에서 제네릭 클래스를 정의하는 방법은 무엇인가? 그리고 제네릭 클래스로부터 특정 데이터 타입에 대한 객체는 어떻게 생성되는지 작성하시오.
4. Java에서 제네릭 클래스를 정의하는 방법은 무엇인가? 그리고 제네릭 클래스로부터 특정 데이터 타입에 대한 객체는 어떻게 생성되는지 작성하시오.
5. C++ 혹은 Java를 이용하여 임의의 데이터를 저장할 수 있는 Storage 클래스를 정의하고, 데이터를 추가(add) 및 획득(get)하기 위한 오퍼레이션을 작성하시오. 작성된 제네릭 클래스를 정수(int)와 문자(char)형 타입에 대해 실행하고 결과를 출력하시오.
6. C++ 혹은 Java를 이용하여 은행계좌 정보에 대한 Account 클래스를 계좌번호 속성에 대해 '111-222-3333' 형태의 계좌번호 타입 혹은 '1112223333' 형태의 숫자 형태로 저장할 수 있도록 제네릭 클래스를 이용하여 작성하시오.
7. C++ 혹은 Java를 이용하여 키(key) 값과 대응되는 값(Value) 데이터를 저장하는 간단한 Map 형식의 자료구조를 작성하시오. 작성된 Map 구조에서 저장되는 데이터는 유일한 키 값을 갖으며, 키-밸류(Value) 데이터의 저장 및 검색, 삭제, 저장된 데이터의 출력 기능을 제공해야 한다.
8. C++ 혹은 Java를 이용하여 Set 자료구조를 제네릭 클래스로 정의하고, 저장된 데이터를 오름차순으로 정렬하는 sort 오퍼레이션을 작성하시오. 작성된 제네릭 클래스를 정수(int)와 문자(char) 데이터 타입에 대해 실행하고 결과를 출력하시오.

9. C++ 혹은 Java를 이용하여 세 개의 입력값을 비교하여 그 중 가장 큰 입력값을 반환하는 maximum 오퍼레이션을 제네릭 클래스로 정의하시오. 작성된 제네릭 클래스를 정수(int), 실수(double), 문자(char)와 같은 다양한 데이터 타입에 대해 실행하고 결과를 출력하시오.

10. Java를 이용하여 Person 클래스를 상속하는 Student 클래스와 Professor 클래스를 정의하고, 세 가지 클래스의 객체를 모두 저장할 수 있는 List 클래스를 제네릭 클래스를 이용하여 정의하시오. Person 클래스의 속성은 이름(name), 나이(age), 성별(sex)이며, 모든 속성값을 출력하기 위한 display 오퍼레이션을 갖는다. Person을 상속하는 Student 클래스는 학년(grade) 속성을 추가적으로 가지며, Professor 클래스는 전공(major) 속성을 추가한다. Student와 Professor의 객체를 2개씩 생성하고 List에 저장하여, 저장된 모든 객체의 정보를 출력하는 예제를 작성하시오.

제11장

객체지향 예외 처리 (Exception Handling)

*** 본 장의 목표**

- 객체지향 패러다임에서는 예외도 일종의 객체처럼 취급된다. 먼저 예외의 정의에 대해서 알아보고, 견고하고 신뢰도가 높은 프로그램을 작성하기 위해 예외를 처리하는 방법에 대해서도 살펴본다.
- Java와 C++와 같은 대표적인 객체지향 언어에는 각각 다른 종류의 예외를 객체로 정의한다. Java와 C++에서 제공되는 예외 종류를 먼저 살펴보고, 사용자 정의 예외 타입을 작성할 수 있는 방법도 상세히 알아본다.
- 객체지향 프로그래밍 언어를 이용하여 try…catch 구문 또는 throws 키워드를 이용하여 발생된 예외를 처리하는 방법에 대해서 상세히 알아본다. 그리고 throw 키워드를 이용해서 프로그램 내에서 임의로 예외를 발생시키는 방법도 살펴본다.

11.1. 예외 (Exception)와 예외 처리

사용자가 정상적인 방법으로 프로그램을 사용하지 않더라도, 프로그램은 해당 기능을 최대한 정상적으로 실행시켜야 한다. 예를 들어, 사용자가 텍스트만 허용되는 입력 창에 숫자를 입력하면, 해당 프로그램은 사용자가 값을 잘못 입력했음을 알려주고 정상적인 값을 입력하도록 해야 한다. 만약 프로그램이 기대했던 형태의 값이 입력되지 않아 비정상적으로 종료하게 된다면, 이 프로그램은 견고하게 작성되지 않았다고 할 수 있다. 좋은 프로그램은 가능한 많은 비정상적인 예외(Exception) 상황을 고려하여 견고하게 작성된 것이다. 즉, 프로그램을 작성 시에는 항상 발생 가능한 예외 상황과 이를 효과적으로 처리하는 방법을 고려해야 한다.

C와 같은 절차적 프로그램도 예외를 고려하여 작성되었다. 예외 종류에 따라 사전에 정해놓은 값을 반환하여 사용자에게 예외 상황을 알려주는 것이 대표적인 예외 처리 방법 중 하나이다. 이때, 개발자는 발생 가능한 예외 종류와 예외 처리 방법을 모두 결정해야 했다. 그로 인해, 프로그램의 복잡도가 높아질수록 프로그램의 로직뿐 아니라 예외 처리 로직까지 개발해야 하는 개발자의 부담은 더욱 높아지게 된다. 그리고 개발자마다 각각 다른 종류의 예외와 예외 처리 방법을 정의하였으므로, 제3의 개발자에 의해 작성된 라이브러리 및 프로그램에서 발생한 예외를 처리하는 것이 어려웠다.

이와 같은 문제를 해결하기 위해, 객체지향 패러다임에서는 자주 발생하는 예외를 일종의 객체로 정의하여 재사용할 수 있게 하고, 예외 처리하는 방법에 대한 규칙 등을 만들기 시작하였다. 본 절에서는 객체지향 패러다임에서 고려하는 예외와 이를 처리하는 방법에 대해 상세히 알아본다.

11.1.1. 예외 개념

대부분의 프로그램은 사용자에게 제공해야 하는 기능에 맞게 그 로직이 작성된다. 예를 들어, 은행 업무 시스템에서 출금하는 기능은 한 계좌에서 필요로 하는 금액을 차감하도록 그 로직이 작성된다.

예외는 프로그램이 기능을 수행하는 도중 발생할 수 있는 비정상적인 상황을 일컫는다. 위 출금 예제에서 보면, 필요로 하는 금액이 통장 잔고보다 많아 잔고가 부족한 경우가 있다. 이는 계좌에서 해당 금액을 계좌에서 차감하려는 도중에 발생하는 비정상적인 상황이다. 또 다른 예로, 두 수를 나누는 기능을 하는 프로그램을 작성한다고 할 때, 가장 일반적인 흐름은 두 수가 나눠어서 몫과 나머지가 나오는 경우이다. 그러나 분모가 0인 경우는 나눗셈을 할 수 없기 때문에 이 경우가 예외 상황에 해당된다.

그림 11-1은 프로그램 실행 시 볼 수 있는 3가지 흐름을 보여준다. 먼저, 프로그램 실행은 정상 종료 또는 비정상 종료로 끝난다. 정상 종료는 개발자가 원하는 기능이 성공적으로 종료되어 끝나는 경우이고, 비정상 종료는 의도한 기능을 마치지 못하고 종료되는 경우이다.

정상 종료로 끝나는 프로그램에서는 일반적인 흐름(Main Flow)과 대체 흐름(Alternative Flow)이 있다. 일반적인 흐름은 프로그램이 정상 종료로 끝나기 위해 실행되는 가장 보편적인 것이며, 대체 흐름은 정상 종료로 끝나긴 하지만 일반적인 흐름과는 다른 방법으로 진행되는 것을 의미한다. 출금 예제의 경우(ATM이라고 가정), 은행 카드 삽입, 출금하려는 금액, 비밀번호를 차례대로 넣는 과정이 일반적인 흐름이라고 하면, 은행 카드 넣는 대신에 직접 계좌번호를 입력하고, 출금 금액, 비밀번호 넣는 흐름은 대체 흐름이라고 할 수 있다. 둘 다 정상 종료로 마무리되기는 하지만, 절차가 약간 다르다. 비정상 종료로 끝나는 프로그램은 에러(Error) 흐름 순서대로 실행

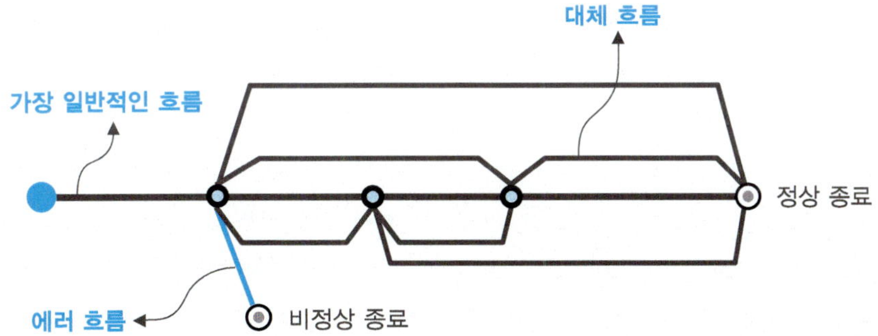

그림 11-1 프로그램의 흐름 종류

된다. 에러 흐름의 경우, 사용자에게 의도했던 결과값을 전달하지 못하고 의도치 않게 프로그램이 종료된다.

대체 흐름과 에러 흐름은 예외 상황을 유도하는 이벤트가 발생함으로써 시작될 수 있다. 출금 예제인 경우에는 잔고보다 더 많은 금액을 출금하려는 것, 나누기의 예제에서는 분모에 0을 넣는 것이 그 예이다. 이 예외 상황을 개발자가 잘 처리하면 프로그램은 대체 흐름으로 진행되며, 예외 상황을 처리하지 못하면 에러 흐름으로 진행된다. 그러므로 에러 흐름과 대체 흐름을 혼돈해서는 안 된다. 에러 흐름은 프로그램이 정상 종료되지 않는 흐름을 나타내는 것을 명심해야 한다.

11.1.2. 예외 vs. 에러 (Error)

예외와 에러는 유사하지만, 그 의미가 약간 차이가 있다. 에러는 상황에 따라 다양한 의미를 가지지만, 일반적으로 프로그램이 런타임에 실행되는 도중 발생할 수 있는 문제를 에러(Error)라고 한다. 이 에러는 런타임에 발생하여 프로그램을 비정상 종료시키기 때문에, 사용자가 더 이상 프로그램을 사용할 수 없게 만든다. 그러므로 프로그램이 실행 도중 예상치 못한 문제를 발생시켰을 경우, "에러가 났다"라고 하는 것이다.

예외는 정확히 예외 이벤트로, 비정상 종료가 날 수 있는 에러 흐름을 발생시키는 이벤트를 의미한다. 이 예외는 프로그램 실행 도중 비정상 종료로 종료될 수 있지만, 프로그래머가 미리 예상하여 처리될 수 있는 것이다. 이 예외를 제대로 처리하지 않으면 에러가 발생하는 것이다.

그러므로 예외와 에러는 명확한 차이가 있다. 예외는 비정상으로 프로그램이 종료될 수 있지만 개발자에 의해 처리되어 정상 흐름으로 되돌아 갈 수 있는 이벤트이지만, 에러는 런타임에 발생하여 비정상으로 종료될 수 있는 문제이다.

11.1.3. 예외 처리

예외는 비정상 흐름으로 종료될 수 있지만, 개발자가 사전에 처리할 수 있으면 정상 종료로 그 흐름을 바꿀 수 있다. 이를 예외 처리(Exception Handling)라고 한다.

객체지향 패러다임에서는 이런 예외 처리 과정을 정형화하여 제공하기 시작하였다. 절차적 프로그램에서 프로그램 비즈니스 로직과 예외 처리 로직이 서로 얽혀 있어 개발과 유지보수가 모두 어려웠던 문제점을 해결하기 위해서다.

그러므로 객체지향 패러다임에서는 예외를 파악하여 해당 예외가 에러로 되지 않고 정상 흐름으로 되돌아갈 수 있도록 정형화된 메커니즘을 정의하였다. 그 절차는 11.3.절에서 상세히 알아보겠지만, 일반적으로 try…catch 구문을 활용한다. try 블록에는 예외 상황이 발생할 수 있는 코드를 작성하고, catch 블록에는 예외가 발생했을 때 정상 흐름으로 되돌아가도록 예외를 처리하는 코드를 작성한다. 예외 처리를 제대로 한 프로그램은 실행 도중 에러가 나서 프로그램이 도중에 멈추는 상태가 유지되거나 갑자기 종료되는 비정상적인 경우를 막을 수 있게 된다.

이렇게 함으로써 프로그램에서 예외 처리를 명확히 하면, 프로그램 비즈니스 로직과 예외 처리 로직을 분리할 수 있다. 즉, 프로그램 작성 시 해당 프로그램이 수행해야 하는 기능을 위주로 먼저 고려하고, 이 중 예외가 발생할 수 있는 상황을 별도로 처리할 수 있게 된다. 그러면, 복잡한 프로그램이라도 하더라도 그 개발이 용이해지고, 나아가 유지보수도 훨씬 쉬워진다.

11.2. 객체지향 언어에서의 예외 타입

절차적 패러다임에서 객체지향 패러다임으로 발전하면서, 자주 발생할 수 있는 예외는 객체 형태로 취급되었고, Java와 C++는 각각 다른 종류의 예외를 객체로 정의하였다. 그러므로 본 절에서는 대표적인 객체지향 언어에서 정의한 예외 타입에 대해서 상세히 알아본다.

11.2.1. Java 언어에서의 예외 타입

Java API에서는 그림 11-2와 같은 예외 계층 구조를 정의하고 있다. 이는 모두 Java 프로그램

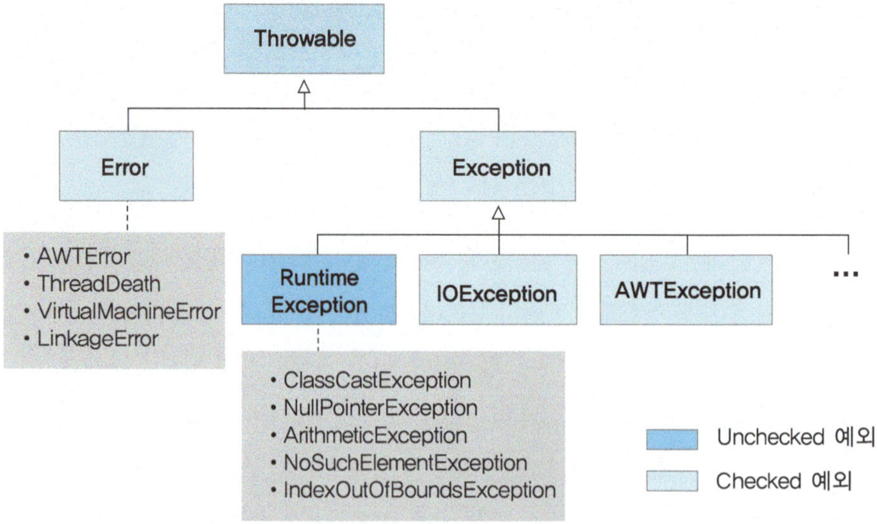

그림 11-2 Java API의 예외 계층 구조

내에서 자주 발생하는 예외로, 프로그램 작성 시 이 예외들을 고려하면 좀 더 견고한 프로그램을 만들 수 있다.

Java 모든 객체의 루트인 Object 클래스 하위에 Throwable 클래스가 위치한다. Throwable 클래스는 Java에서 고려하는 모든 오류 및 예외 타입에 대한 슈퍼클래스이다. 이 클래스의 하위에는 Error 클래스와 Exception 클래스가 위치한다. Error 클래스는 Java에서 제공하는 예외 처리 방법으로 해결되지 않으며, 일반적으로 프로그램 외에서 발생한 심각한 문제가 이에 해당된다. 예를 들어, 하드웨어나 시스템 오작동으로 발생하거나 가상 머신 내에서 발생하는 문제가 Error에 해당된다.

Exception 클래스는 심각하지 않은 오류로, Java 프로그램 내에서 쉽게 처리될 수 있다. Exception 클래스의 하위에는 두 가지 종류의 예외가 있다. 컴파일 시 프로그램 내에 예외 처리를 했는지를 확인하는 Checked 예외와 그렇지 않은 Unchecked 예외가 있다. Exception 클래스 하위에 있는 클래스 중 RuntimeException 클래스와 그 하위에 있는 클래스만이 Unchecked 예외에 속한다. 즉, RuntimeException 클래스의 하위인 NullPointerException 예외의 경우 try… catch로 예외 처리하지 않아도 컴파일 시 아무런 문제가 발생하지 않는다. 그러나 Checked

예외에 속하는 IOException의 경우에는 반드시 try…catch를 이용하여 반드시 예외 처리를 해야지 프로그램이 성공적으로 컴파일된다.

11.2.2. C++ 언어에서의 예외 타입

C++는 Java와는 다른 종류의 예외 계층 구조를 제공한다. 그림 11-3은 C++의 표준 예외 계층 구조를 보여준다.

Java와는 유사하게 최상위에는 exception 클래스가 위치한다. 그 하위에는 6개의 예외 클래스가 위치한다. runtime_error 클래스는 프로그램 실행 중에 발생할 수 있는 문제들을 나타내며, 연산 결과가 컴퓨터에 저장될 수 있는 가장 큰 수보다 클 경우 발생하는 overeflow_error가 runtime_error의 한 종류이다. logic_error 클래스는 함수에 유효하지 않은 값을 전달하는 경우를 나타내는 invalid_argument와 같이 오퍼레이션 실행 전에 사전조건에서 발생할 수 있는 문제들을 포함한다. 그 외에 bad_alloc 클래스는 추가 메모리를 할당하려고 하는 데 그 메모리 양이 충분하지 않은 경우에 발생하며, bad_cast와 bad_typeid는 각각 dynamic_cast와 typeid 연산자 실행 시 발생할 수 있는 문제를 나타낸다.

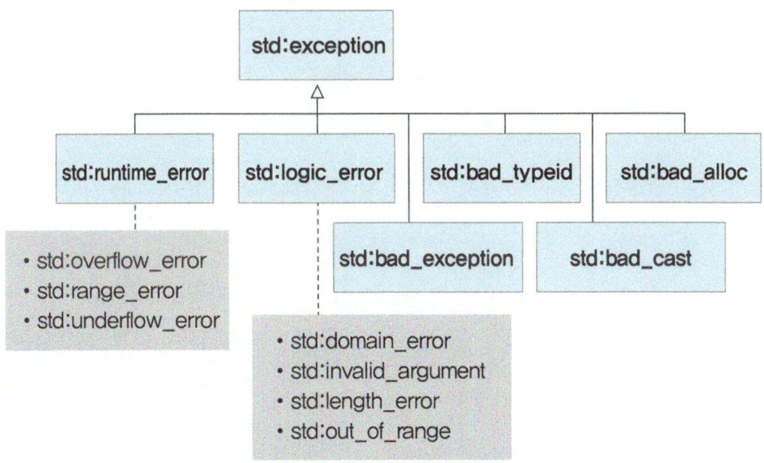

그림 11-3 C++ 의 표준 예외(Standard Exception) 계층 구조

이렇듯, C++에서도 고유의 예외 계층 구조를 제공하며, 이를 프로그램 작성 시에 고려해서 작성해야 한다.

11.2.3. 사용자 정의 예외 타입을 작성하는 방법

Java API나 C++ 표준 라이브러리에서 제공되는 예외 타입 외에 사용자가 특정 예외 타입을 만들 수 있다. Java와 C++의 경우에 키워드의 차이가 있지만, 사용자 정의 예외 타입은 예외에 해당하는 클래스를 상속받아 정의해야 한다.

먼저, Java에서 사용자 정의 예외 타입을 만드는 방법부터 알아보자.

1) Java의 예외 계층 구조에 속한 클래스 중 하나를 상속받아서 예외 클래스를 정의함

사용자 정의 예외 타입 역시 Throwable 클래스의 하위 클래스로 정의되어야 한다. 가장 일반적으로는 Exception 클래스를 상속받아서 사용자 정의 예외 타입을 작성한다. Exception 클래스를 상속받아 예외를 작성하면, 그 예외는 checked 예외 타입의 한 종류로 정의된다. 그리고 컴파일 시점에 try…catch 구문 작성 여부를 확인하지 않은 Unchecked 예외 타입을 작성하려면 RuntimeException 클래스를 상속받아 예외 타입을 작성하면 된다. 그러므로 목적에 따라서 Exception 클래스의 하위 또는 상위 클래스를 상속받아 사용자 정의 예외 타입을 정의할 수 있다.

2) 필요에 따라 생성자를 정의하거나, toString() 메소드를 오버라이드함

기본적으로 Exception 클래스를 상속받아 예외 클래스를 정의하면, 사용자 정의 예외 타입을 정의할 수 있다. 그러나 사용자 정의 에러 메시지를 정의하고 싶으면, 정의된 예외 클래스의 생성자를 활용하거나 toString () 메소드를 오버라이드 하면 된다.

소스코드 11-1은 Java를 이용해서 사용자 정의 예외 타입을 정의한 것을 보여준다.

소스코드 11-1 Java에서 사용자 정의 예외 타입을 사용한 예제

```
1. // Exception 을 상속받아 사용자 정의 예외 타입 정의
2. class UserDefinedException extends Exception {
3.     // Exception 클래스의 toString()을 오버라이드함.
4.     public String toString() {
5.         return "My Exception is a user defined exception!!" ;
6.     }
7. }
```

2번째 줄에서 Exception 클래스를 상속받아 UserDefinedException 클래스를 정의한다. 이는 Exception 클래스를 상속받아 정의되었으므로, 이 예외를 try…catch 블록 등을 이용해서 예외를 처리하지 않으면 컴파일이 되지 않는다. 이외의 메소드를 추가하거나 변경하지 않아도 사용자 정의 예외 타입으로 정의될 수 있지만, 본 예제에서는 4번째 줄에서 toString() 메소드를 오버라이드하여 사용자 정의 메시지를 반환하도록 수정하였다.

C++에서도 Java와 동일한 방법으로 사용자 정의 예외 타입을 정의할 수 있다. 먼저, exception 클래스를 상속받아서 사용자 정의 예외 타입을 정의한다. Java와 유사하게 목적에 맞게 exception 하위 클래스를 상속받아서 예외 타입을 정의할 수 있다. 그리고 목적에 따라 생성자를 정의할 수 있고, 사용자 정의 에러 메시지를 반환하기 위해서 what() 메소드를 오버라이드할 수 있다. what() 메소드는 Java에서의 toString()과 유사한 역할을 한다.

소스코드 11-2는 소스코드 11-1과 동일한 사용자 정의 예외 타입을 C++로 작성한 것이다.

소스코드 11-2 C++에서 사용자 정의 예외 타입을 사용한 예제

```
1. // exception을 상속받아 사용자 정의 예외 타입 정의
2. class UserDefinedException: public exception {
3. public:
4.     UserDefinedException() {}
5.     const char* what() const throw() {
6.         return "Throw User Defined Exception!!!";
7.     }
8. };
```

2번째 줄에 C++표준 라이브러리에 속하는 exception 클래스를 상속받아서 UserDefinedException을 정의한다. 그리고 사용자 정의 에러 메시지를 반환하기 위해서 5번째 줄에 what() 메소드를 오버라이드하고 있다.

이렇듯, Java와 C++에서 사용자 정의 예외 타입을 작성하는 것은 키워드에만 차이가 있을 뿐 방법은 거의 동일함을 알 수 있다. 이렇게 정의한 사용자 정의 예외 타입은 프로그램 내에서 적절한 상황에 직접 예외를 발생시키고, 이 예외를 처리해야 한다. 이는 기본적으로 제공되는 예외 타입이 아니기 때문에, JVM 또는 운영 체제에서 감지할 수 없기 때문이다. 이에 대한 상세한 방법은 11.3.2. 절에서 배울 것이다.

11.3. 객체지향 언어에서의 예외 처리

객체지향 언어에서 제공하는 예외 종류들에 알아봤으므로, 이제 이 예외들을 처리하는 방법에 대해 상세히 알아볼 차례이다. 본 절에서는 가장 일반적인 예외 처리 방법인 try…catch 블록을 이용하는 방법과 throws를 이용하는 방법에 대해 살펴본다. 이외에 예외를 임의적으로 발생

시키는 방법에 대해서도 알아본다.

11.3.1. 예외를 처리하는 방법

일반적으로 예외를 처리하는 방법이 2 가지가 있다. 첫 번째는 try…catch 블록 이용하여 예외가 발생한 메소드 내에서 바로 예외 처리하는 것이고, 두 번째는 throws를 이용하여 예외가 발생한 메소드를 호출한 쪽에서 예외 처리하는 것이 있다. 본 절에서는 각각 방법에 대해서 상세히 알아보고, Java 또는 C++에서 각 방법들을 어떻게 활용하는지에 대해서도 살펴본다.

*** try…catch…finally 구문을 이용한 예외 처리 방법**

다음은 첫 번째로 try…catch 를 이용하여 예외 처리하는 전체 구조를 보여준다.

```
try {
            // 예외가  발생할 수 있는 코드를 위치시키거나,
            예외 발생 시 실행되면 안되는 코드를 위치시킴.
} catch  (처리될 수 있는 예외 타입) {
        // 예외 발생 시 수행해야 하는 코드를 위치시킴.
} catch  (처리될 수 있는 예외 타입) {
        // 예외 발생 시 수행해야 하는 코드를 위치시킴.
} finally {
        // Java에서만 지원함.
        // 예외 발생 여부와 상관없이 실행되는 코드를 위치시킴.
}
```

먼저, try 블록에는 예외가 발생할 수 있는 코드를 위치시킨다. 가상 머신 또는 운영체제가 해당 코드를 실행시키면서 발생한 예외는 catch 블록에서 처리한다. 일반적으로 한 try 블록에 여러 catch 블록이 위치할 수 있다. 이는 try 블록에서 하나 이상의 예외를 발생시킬 수 있으므로, try 블록에서 발생될 수 있는 모든 종류의 예외를 각 catch 구문에서 처리해야 한다.

catch 구문 작성 시 유의해야 할 점은 상위 클래스에 위치하는 예외일수록 catch 구문의 뒷 부분에 위치시켜야 한다는 것이다. 먼저 try 구문에서 예외를 발생시키면, 이를 첫 번째 catch 블록에서 받아서 처리하려고 한다. 그러나 만약 해당 catch 블록에서 처리할 수 없으면 다음 catch 블록으로 예외를 던져 두 번째 위치한 catch 블록에서 처리될 수 있도록 한다. 그렇기 때문에, 상위 클래스에 위치하는 예외 클래스일수록 catch 블록의 뒷 부분에 위치시켜야 한다. 예를 들어, Java의 경우 try 구문에서 NullPointerException과 IOException이 발생할 수 있다고 가정해 보자. 이 경우 처음 catch 구문에서는 NullPointerException을 처리하도록 하고, 두 번째 catch 구문에 IOException을 처리하도록 한다. 왜냐하면 예외 계층 구조에서 IOException이 NullPointerException 보다 상위에 위치하기 때문이다.

여기서, 보다 견고한 프로그램을 작성하기 위해 마지막 catch 구문에 예외 관련 계층 구조에서 가장 최상위에 위치하는 예외 클래스를 위치하도록 한다. 즉, Java의 경우에는 Exception 클래스를, C++의 경우에는 exceptio클래스를 위치시키도록 한다. 그러면, try 구문에서 발생한 예외를 그 모든 catch 구문에서 처리하지 못하면 결국에는 제일 마지막에 위치한 catch 블록에서 가장 최상위에 위치한 예외를 처리하게 되므로, try 구문에서 발생한 모든 종류의 예외를 처리할 수 있게 된다.

Java에서만 지원하는 finally 블록은 예외 발생 유무와 상관없이 항상 실행되는 코드를 위치시킨다. 대부분 try와 catch 구문에서 사용한 자원들을 해제하여 예외 발생 유무와 상관없이 사용한 자원을 확실히 해제하여 다른 프로그램이 사용할 수 있도록 자원을 회수하는 데 활용된다.

그림 11-4는 try…catch…finally 블록을 이용하여 예외가 처리되는 과정을 보여준다.

먼저, try 구문을 실행하면서 예외가 발생하면 처음 catch 블록에서 이 예외를 받아서 처리한다. 이 예외가 성공적으로 처리되면 finally 구문이 실행되지만, 그렇지 않으면 다음 catch 블록으로 발생한 예외를 던져 처리하도록 한다. 이 과정을 거쳐 최종적으로

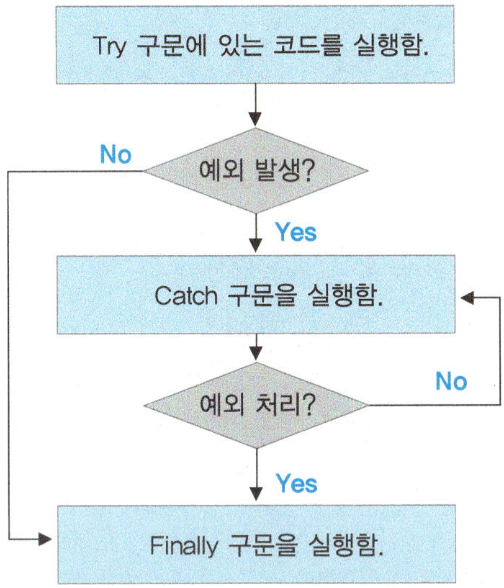

그림 11-4 try…catch…finally 블록을 이용한 예외 처리 실행 과정

예외가 처리되도록 하며, 마지막으로 finally 구문이 실행된다. 그리고 try 구문에서 예외가 발생하지 않아도 finally 구문이 실행된다. 이렇듯, try…catch 구문을 이용하면, 예외가 발생한 메소드 내에서 바로 해당 예외를 처리할 수 있다.

이제, Java 및 C++를 이용하여 작성한 실제코드 예제를 볼 것이다. 두 언어 모두 동일한 키워드를 사용하기 때문에, 전체 코드 구조 상에 큰 차이점이 없다. 소스코드 11-3은 Java에서 try…catch 블록을 이용하여 예외를 처리하는 예제를 보여준다.

소스코드 11-3 Java에서의 Try..Catch 블록을 이용한 예외 처리 예제

```
public class ExceptionHandlineExample {
   public static void main (String [] args ) {
      …

      try {
```

```
6.              // Exception이 발생할 수 있는 소스코드가 위치함.
7.              System.out.print ("Please enter an integer numerator : ");
8.              numerator = input.nextInt();
9.
10.             System.out.print ("Please enter an integer denominator : ");
11.             denominator = input.nextInt();
12.
13.             result = numerator / denominator ;     // Exception 발생 가능
14.             System.out.println ( numerator + " / " + denominator + " = "
                            + result + "\n" );
15.         } catch (ArithmeticException e) {
16.             // Try 블럭에서 발생한 Exception을 처리함.
17.             System.out.println ("\nException : " + e);
18.             System.out.println ( "Zero is an invalid denominator.
     Please try again." );
19.         } finally {
20.             // Exception 발생과 상관없이 항상 실행됨.
21.             System.out.println ( "###This is finally Block###" );
22.             System.out.println ( "###This block is always executed### \n" );
23.         }
24.     }
25. }
```

7~11번째 줄까지 분자와 분모에 들어갈 값을 커맨드 창을 통해 입력받는다. 13번째 줄에서 분모 (denominator)에 0이 들어가면 ArithmeticException이 발생할 수 있으므로, 이 코드는 try 블록 안에 위치한다. 그리고 이 예외가 발생하면 처리할 수 있게 하기 위해 ArithmeticException을 처리할 수 있는 catch 블록을 15~18번째 줄에 위치시켰다. 여기서는 예외가 발생하면 해당 정보를 출력하는 작업을 수행한다. 그리고 19번째 finally 구문을 위치시켜 ArithmeticException의 발생여부와 상관없이 간단한 정보를 출력하도록 하였다. 위의 예제에서는 한 종류의 예외를 처리하는 catch 구문만 위치

```
<terminated> DivideByZeroExceptionHandling [Java Application] C:\P
Please enter an interger numerator : 10
Please enter an interger denominator : 5
10 / 5 = 2

###This is finally Block###
###This block is always executed###
```

〈예외가 발생하지 않은 경우〉

```
<terminated> DivideByZeroExceptionHandling [Java Application] C:\P
Please enter an interger numerator : 10
Please enter an interger denominator : 0

Exception : java.lang.ArithmeticException: / by zero
Zero is an invalid denominator. Please try again.

###This is finally Block###
###This block is always executed###
```

〈예외가 발생한 경우〉

그림 11-5 소스코드 11-3의 실행 결과

시켰지만, 좀 더 견고한 프로그램을 위해서 finally 블록 바로 전에 catch (Exception e) {…}를 추가하는 것이 좋다.

그림 11-5는 소스코드 11-3의 예외 발생 여부에 따른 결과를 보여준다.

11번째 줄에서 읽은 분모 값이 0이 아니면 예외가 발생하지 않으므로, 16번째 줄의 catch 구문이 실행되지 않고 바로 finally 구문이 실행된다. 그리고 11번째 줄에서 읽은 분모 값이 0이면 예외가 발생되어, catch 구문이 실행되고 마지막으로 finally 구문이 실행됨을 확인할 수 있다.

소스코드 11-4는 C++의 out_of_range 예외를 처리하기 위한 try..catch 구문을 이용한 것이다. 이 코드는 사용자로부터 입력받은 8자리 수를 이용해서 이를 'yyyy-mm-dd' 포맷으로 변경하는 것이다. 만약 8자리보다 적은 수를 입력받아서 포맷팅을 하려고 할 때 substr 함수를 실행할 수 없기 때문에 out_of_range 예외를 발생시킨다.

소스코드 11-4 C++에서의 Try..Catch 블록을 이용한 예외 처리 예제

```
1.  #include<iostream>
2.  #include<string>
3.  #include<exception>
4.  using namespace std;
5.
6.  int main() {
7.      string birthDay;
8.      cout << "Enter your 8-digit birthday without spaces ";
9.      cin >> birthDay;
10.     try {
11.         // 예외가 발생할 수 있음.
12.         string year = birthDay.substr(0, 4);
13.         string month = birthDay.substr(4, 2);
14.         string day = birthDay.substr(4, 2);
15.         cout << "Formatted birthDay is: " << year <<"-" << month <<"-" << day
<< endl;
16.     } catch(out_of_range e) {
17.         cout << "Exception caught" << endl;
18.         cout << "The birthday is invalid" << endl;
19.     }
20.     return 0;
21. }
```

9번째 줄에서 8자리 수의 생일날짜를 입력받는다. 12~14번째 줄까지는 읽어온 수를 substr 함수를 이용해서 문자열의 일부를 반환한다. 이때 8자리 수의 문자열을 읽어서 처리하면, 어떠한 예외도 발생시키지 않고 프로그램이 정상종료된다. 그러나 8자리 보다 적은 수를 입력받아 이 문자를 substr하려고 하면 out_of_range를 발생하며, 16번

```
<terminated> ExceptionHandlingTest2.exe [C/C++ Application] C:\Users\
Enter your 8-digit birthday without spaces 19910301
Formatted birthday is: 1991/03/01
```

〈예외가 발생하지 않은 경우〉

```
<terminated> ExceptionHandlingTest2.exe [C/C++ Application] C:\Users\
Enter your 8-digit birthday without spaces 1993
Exception caught
The birthday is invalid
```

〈예외가 발생한 경우〉

그림 11-6 소스코드 11-4의 실행 결과

째 줄에서 그 예외를 받아 catch 블록을 실행한다. 그림 11-6은 소스코드 11-4의 실행 결과를 보여준다. 8자리의 수가 정확히 입력되면 예외를 발생시키지 않고 이를 성공적으로 포맷팅되어 출력하며, 8자리 수보다 적은 수가 입력되면 예외를 발생시켜 catch 구문이 실행되었음을 확인할 수 있다.

* throws를 이용한 예외 처리 방법

이 방법은 Java에서만 지원되는 예외 처리 방법이다. try…catch 구문은 예외를 발생한 해당 메소드 내에서 예외를 처리하지만, throws는 다르다. throws는 발생한 예외를 해당 메소드 내에서 예외를 처리하지 않고, 발생한 예외를 이 메소드를 호출한 곳으로 던져서 예외 처리를 미룬다.

throws 구문은 다음과 같이 예외가 발생할 수 있는 메소드 선언 뒤에 위치시킨다.

```
메소드 시그니처 throws [예외 타입] {…}
```

위와 같이 작성하면, 해당 메소드 내에서 발생하는 예외는 직접 처리하지 않고, 이 메소드를 호출한 메소드로 발생한 예외를 던져 예외 처리를 미룬다. 이 방법을 정확히 알기 전에, Call Stack을 먼저 알 필요가 있다. Call Stack은 실행할 컴퓨터 프로그램 코드 정보를 저장하는 스택 자료구조이며, 현재 실행 중인 서브루틴을 실행한 다음에 어디로 가야할지 그 절차를 저장하고 있다. 그림 11-7은 Call Stack 구조와 예외 처리 관계를 표현한 것이다. 제일 하단에 main()을 실행함으로써 프로그램이 시작된다. 이로부터 호출되는 메소드는 스택 형식으로 쌓인다. 그림에서는 main()이 method1()을 호출하고, method1()은 method2(), method2()는 method3()를 호출하는 과정을 Call Stack으로 표현한 것이다.

만약 method3()에서 예외가 발생하였고, 이를 throws 키워드를 이용하여 예외를 처리하려고 하면, 이는 method3()내에서 처리되는 것이 아니라 method2()에서 처리되도록 예외를 던지는 것이다. 만약 method2() 역시 해당 예외를 처리하지 않으면, 이를 처리할 수 있는 로직을 가지고 있는 메소드를 찾을 때까지 Call Stack 상의 메소드를 하나씩 거슬러 올라간다. 만약 그 어떠한 메소드도 발생한 예외를 처리하지 않으면, 최종적으로 main()까지 올라가며 main()에서도 그 예외를 처리하지 않으면 가상 머신이 프로그램을 비정상 종료한다.

소스코드 11-5와 소스코드 11-6는 throws 키워드를 이용하여 발생한 예외를 처리하는 과정을 보여준다.

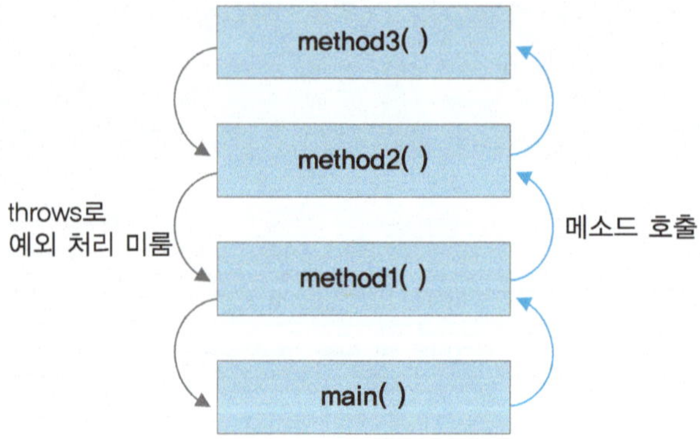

그림 11-7 Call Stack 구조와 throws로 인한 예외 처리 관계

소스코드 11-5 Java에서 throws를 이용한 예제

```
1. public class DivisionCalculator {
2.     private int result;
3.
4.     // ArithmeticException이 발생할 수 있지만, 이를 여기서 처리하지 않고 이 메소드를 호출한 곳에서 Exception을 처리하게 함.
5.     public int divideNumber (int numerator, int denominator) throws ArithmeticException {
6.         return result = numerator / denominator;
7.     }
8. }
```

5번째 줄에 선언한 divideNumber () 내의 6번째 줄에서 분모가 0이 들어오면 ArithmeticException가 발생할 수 있다. divideNumber() 선언시 throws 키워드를 이용해서 메소드 내부에서 발생한 ArithmeticException에 대한 처리를 직접 처리하지 않고 미루도록 하였다. 즉, divideNumber() 메소드를 호출하는 쪽에서 예외를 처리하도록 한다. 소스코드 11-6에서 divideNumber() 메소드에서 발생하는 예외를 처리한다.

소스코드 11-6 Java에서 Throws에 의한 발생한 Exception 처리하는 예제

```
public class ExceptionHandlingExample {

    public static void main (String [] args ) {
        Scanner input = new Scanner (System.in);
        DivisionCalculator cal = new DivisionCalculator();

```

```
7.            int numerator, denominator, result;
8.
9.            System.out.print ("Please enter an interger numerator : ");
10.           numerator = input.nextInt();
11.
12.           System.out.print ("Please enter an interger denominator : ");
13.           denominator = input.nextInt();
14.
15.           try {
16.                 // 예외가 발생할 수 있는 구문을 위치시킴.
17.                 result = cal.divideNumber(numerator, denominator);
18.                 System.out.println ( numerator + " / " + denominator + " = "
+ result + "\n" );
19.           } catch (ArithmeticException e) {
20.                 // Try 블럭에서 발생한 Exception을 처리함.
21.                 System.out.println ("\nException : " + e);
22.                 System.out.println ( "Zero is an invalid denominator.
                                          Please try again. \n" );
23.           }
24.     }
25. }
```

17번째 줄에 divideNumber() 메소드를 호출함으로써 예외가 발생할 수 있기 때문에 15번째 줄의 try 블록 내에 위치시켰다. 그리고 19번째 줄에 발생한 ArithmeticException 예외를 처리하도록 하였다. 즉, divideNumber()에서 발생한 예외를 처리하지 않고, 이 예외 처리를 main()으로 미루어서 main() 메소드 내에서 처리하도록 하였다.

11.3.2. 예외를 발생시키는 방법

지금까지는 C++ 실행 파일을 실행하는 운영체제나 Java 실행 파일을 실행하는 자바 가상 머신에 의해서 발생하는 예외를 처리하는 방법에 대해서 알아보았다. 그러나 프로그램을 작성하다 보면 다음과 같이 프로그램 내에서 직접 예외를 발생시킬 필요가 있다.

- **Case 1) 운영체제나 자바 가상 머신이 직접 발생시키는 상황 외의 다른 경우에 예외를 발생시키고자 할 때**
- **Case 2) 사용자 정의 예외 타입을 발생시키려고 할 때**

위의 두 상황은 모두 운영체제나 가상 머신이 감지할 수 없는 경우에 특정 예외를 발생시키고자 하는 것과 관계가 있다.

객체지향 프로그램 언어와 상관없이 throw 키워드를 이용해 임의로 예외를 발생시킬 수 있다. throw 키워드는 다음과 같이 발생시킬 예외 타입과 함께 사용된다.

```
Java의 경우)
    throw new [예외 타입];
C++의 경우)
    throw [예외 타입];
```

예외 타입은 Java API나 C++ 표준 라이브러리에 정의된 예외나 사용자가 직접 정의한 예외 모두 사용할 수 있으며, 특정 예외 타입을 발생시킴을 의미한다. 그러므로 try…catch 구문이나 throws를 이용해서 이 예외를 처리하는 로직이 작성되어야 한다. .

여기서 주의할 점은 throw 키워드와 throws 키워드를 혼돈하면 안 된다는 점이다. 이 둘의 스펠링은 아주 유사하지만, 그 의미와 활용도는 확연한 차이가 있다. throw는 프로그램 내에서 임의로 예외를 발생시킬 때 사용하지만, thorws는 발생한 예외에 대한 처리를 해당 메소드를 호출한 쪽으로 위임하는 역할을 한다. 즉, 하나는 예외를 발생시키는 키워드이며, 다른 하나는 발생한 예외를 처리하는 키워드이다.

지금부터 2가지 경우에 Java와 C++를 이용해서 예외를 발생시키는 예제를 볼 것이다. 소스코드 11-7은 Java를 이용하여 Case 1 경우와 같이 개발자가 정한 임의의 상황에 예외를 발생시는 예제이다. JVM에 의해 발생되는 IndexOutOfBoundsException과 NoSuchElementException

조건과는 다른 상황에서 예외를 발생시키기 때문에, throw 키워드를 이용해서 임의로 예외를 발생시키고자 한다.

소스코드 11-7 Java에서 throw 키워드를 이용하여 예외 발생시키는 방법

```
1.  public class ExceptionThrower {
2.      private int[] numberList = {1, 3, 5, 7, 9};
3.
4.      public void check(int s, int n) throws IndexOutOfBoundsException, NoSuchElementException {
5.          if (s > numberList.length)
6.              // s가 배열크기보다 크면 IndexOutOfBoundsException 임의 발생
7.              throw new IndexOutOfBoundsException();
8.          boolean found = findNumber (n);
9.          if (!found)
10.             // 배열에 n과 같은 숫자가 없으면 NoSuchElementsException 임의 발생
11.             throw new NoSuchElementException();
12.     }
13.
14.     public boolean findNumber (int n) {
15.         boolean result = false;
16.         for (int i: numberList)
17.             if (i == n) result= true;
18.         return result;
19.     }
20. }
```

먼저, 5~7번째에서 check ()의 첫 번째 매개변수 값과 numberList 배열의 크기를 비교하여 매개변수 값이 더 크면 throw 키워드를 이용해서 IndexOutOfBoundsException 예외를 발생시킨다.

그리고 9~11번째 줄에서 배열 내에 check()의 두 번째 매개변수 값과 동일한 값이 없으면 throw 키워드를 이용해 NoSuchElementException 예외를 발생시킨다. 이 두 가지 예외가 발생될 수 있는 check() 메소드는 4번째 줄에서 throws 키워드를 이용해서 선언하였으므로, check() 메소드를 호출한 쪽에서 발생한 예외를 처리하도록 예외를 던진다. throw로 발생시킨 예외는 해당 메소드 내에서가 아니라 이를 호출한 쪽에서 처리하도록 해야 하기 때문에, throw 키워드와 throws 키워드는 위와 같이 한 메소드 내에서 같이 사용되는 경우가 많다.

소스코드 11-8은 소스코드 11-7에서 throw로 발생시킨 두 가지 예외를 처리하는 로직을 보여준다. 이는 11.3.1.절에서 배운 것과 동일하게 try…catch 구문을 이용하여 발생한 예외를 처리한다.

소스코드 11-8 Java에서 Throw로 발생시킨 예외 처리하는 예제

```
public class ThrowingExceptionExample {

    public static void main (String[] args) {
        ExceptionThrower et = new ExceptionThrower();
        // et.check(6, 6);  // 예외가 발생되고, 임의로 프로그램 종료됨.

        // try..catch  블록을 이용해서 예외 처리
        try {
            et.check(6, 6);
        } catch (IndexOutOfBoundsException ie) {
            System.out.println ("The size of the array is small");
        } catch (NoSuchElementException ne) {
            System.out.println ("There is no elements in the array");
        } catch (Exception ex) {
            System.out.println ("Other types of exceptions are caught!!");
        }
    }
}
```

8번째 줄의 try 블록 내에 예외가 발생할 수 있는 check () 호출하는 구문을 위치시켰고, 두 개의 예외를 처리할 수 있는 catch 블록을 10번째 줄부터 13번째 줄에 위치시켰다. 이 둘은 Java 예외 계층 구조에서 동일한 수준에 위치하여 있기 때문에, 어느 예외를 먼저 위치시키든지 상관없다. 그리고 14번째 줄에 마지막에 두 가지 예외 이외의 다른 예외를 처리하기 위해 예외 계층의 최상위 클래스인 Exception을 처리할 수 있는 catch 블록을 위치시켰다.

만약 try…catch 구문을 이용하여 예외를 처리하지 않고 5번째 줄만 작성하였으면, 런타임에 프로그램 실행 시 예외가 발생할 때 프로그램이 비정상 종료된다. IndexOutOfBoundsException과 NoSuchElementException 모두 RuntimeException의 하위 클래스이기 때문에, 컴파일 시 try…catch 구문이 있는지를 확인하지 않는다. 그러므로 try..catch 블록을 사용하지 않고 예외를 처리하지 않아도 컴파일은 그대로 성공적으로 끝나고 런타임에 프로그램 실행 시 예외가 발생하면 그대로 비정상 종료되는 것이다.

이 외에 throw는 11.2.3.절에서 알아본 사용자 정의 예외 타입을 발생시킬 때 유용하게 사용된다. 소스코드 11-9는 소스코드 11-1에서 정의한 사용자 정의 예외 타입인 UserDefinedException을 프로그램 내에서 발생시키고, 이를 thorws 키워드를 이용하여 처리하는 것을 보여준다.

소스코드 11-9 Java에서 사용자 정의 예외 타입을 발생하고 처리하는 예제

```
public class UserDefinedExceptionTest {

    public void f() throws UserDefinedException {
        System.out.println("Throw SimpleException from f()");
        // 사용자 정의 예외 타입 발생
        throw new UserDefinedException();
    }

    public static void main(String[] args) {
        UserDefinedExceptionTest t = new UserDefinedExceptionTest();
```

```
11.
12.         // 사용자 정의 예외 타입 처리
13.         try {
14.             t.f();
15.         } catch (UserDefinedException e) {
16.             System.err.println ("\nCaught the UserDefinedError!!!");
17.             System.err.println ("\n" + e.toString());
18.         }
19.     }
20. }
```

3번째 줄에서 정의한 f() 내의 6번째 줄에서 throw 키워드를 이용해서 UserDefinedException을 발생시킨다. 발생된 예외 타입은 f() 메소드 내에서 처리하지 않고, 이를 호출한 메소드 내에서 처리하게 하기 위해, 3번째 줄에 f() 메소드 시그니처에 throws 키워드를 사용하여 메소드를 선언하였다. 9번째 줄에 정의된 main() 내에서 f()를 호출하고 있다. f() 메소드에서 UserDefinedException을 처리하고 있지 않으므로, main()에서 이 예외를 처리하기 위해 try…catch 블록이 포함되어 있음을 알 수 있다. UserDefinedException 예외는 check 예외 타입으로 정의되었기 때문에, try…catch 블록이 없으면 컴파일되지 않는다. 그리고 17번째 줄에서 사용자 정의 에러 메시지를 출력하기 위해 toString()을 호출하고 있다.

이렇듯, throw 키워드는 프로그래머가 정의한 상황에 Java API의 예외 타입 또는 사용자 정의 예외 타입을 발생하는 데 사용된다. 이는 C++의 경우도 동일하다.

첫 번째로, 소스코드 11-10은 C++에서의 throw 키워드를 사용하여 C++ 표준 라이브러리에 포함된 예외를 발생시키는 예제를 보여준다. 0인 분모로 분자를 나누려고 할 때 char* 타입의 예외를 발생시키고, 이를 try..catch 블록을 이용해서 처리한다.

소스코드 11-10 C++에서 throw 키워드를 이용하여 예외 발생시키는 방법

```
1.  #include <iostream>
2.  using namespace std;
3.
4.  double divideNumber (int numerator, int denominator) {
5.      if (denominator == 0) {
6.          // string (char*) 타입의 예외를 발생시킴.
7.          throw "Impossible to Divide by Zero!!!";
8.      }
9.      return (numerator/denominator);
10. }
11.
12. int main() {
13.     int numerator = 10;
14.     int denominator = 0;
15.     double result = 0;
16.
17.     // try…catch 블록을 이용해서 char * 타입의 예외를 처리함.
18.     try {
19.         result = divideNumber (numerator, denominator);
20.         cout << "Result: " << result << endl;
21.     } catch (const char* msg) {
22.         cerr << msg << endl;
23.     }
24.     return 0;
25. }
```

5~7번째 줄에서 분모가 0인 경우에 'Impossible to Divide by Zero' 라는 문자열을 예외로 발생시킨다. C++에서는 표준 라이브러리에서 제공하는 예외 타입 외에 char*, int와 같은 데이터 타입을 이용해서 예외를 발생시킬 수 있다. 그리고 18~23번째 줄에서 divideNumber () 함수

내에서 발생된 예외를 main () 내에서 try..catch 블록을 이용해서 처리한다. 여기서는 단순히 발생된 예외 메시지를 출력한다. Java의 경우와 유일한 차이점은 C++에서 throws 키워드를 지원하지 않기 때문에 divideNumber() 메소드 시그니처에 throws 키워드를 사용하지 않는다는 것이다.

두 번째로, C++를 이용해서 사용자 정의 예외 타입을 발생하고 이를 처리하는 예제를 살펴볼 것이다. 소스코드 11-11은 소스코드 11-9와 동일한 기능을 수행한다. 소스코드 11-2에서 정의한 사용자 정의 예외 타입을 발생시키고, 이를 처리하는 방법을 보여준다.

소스코드 11-11 C++에서 사용자 정의 예외 타입을 발생하고 처리하는 예제

```
#include "UserDefinedException.h"

void f() {
    // 사용자 정의 예외 타입 발생시킴.
    throw UserDefinedException();
}
int main(){
        // 사용자 정의 예외 처리
    try {
            f();
        } catch(UserDefinedException& e) {
            cout << "Caught User Defined Exception!!!" << endl;
            cout << e.what() << endl;
        } catch(exception& e){
            //Other errors
        }
}
```

5번째 줄에서 f() 메소드 내에 throw 키워드를 사용하여 사용자 정의 예외 타입을 발생시킨다. 그리고 9~13번째 줄에서 try…catch 블록을 이용하여 발생된 사용자 정의 예외 타입을 처리한다. 14번째 줄에는 좀 더 견고한 프로그램을 작성하기 위해 가장 일반적인 예외 타입인 exception을 위치시켜 개발자가 인지하지 못한 예외도 처리될 수 있도록 하였다.

지금까지 JVM 또는 운영체제에 의해서가 아니라 프로그램 내에서 임의로 예외를 발생시키는 방법을 알아보았다. 이는 프로그램 내의 비즈니스 로직을 고려하여 예외를 발생시키고 이를 처리하는 것을 가능하게 하기 때문에, 객체지향 언어에서 제공하는 메커니즘 외에 예외 처리를 목적에 맞게 수정할 수 있다.

11.4. 본 장의 정리

본 장에서는 프로그램이 비정상적으로 종료되는 것을 방지하고 좀 더 프로그램이 견고하게 작성되는 것을 가능하게 하는 예외 처리 기법에 대해서 알아보았다. 절차적 패러다임에서는 예외 종류 정의 및 예외 처리는 모두 개발자의 작업이었기 때문에, 정형화되거나 표준화된 방법이 없었다. 그리고 절차적 프로그램 내에는 프로그램 고유의 비즈니스 로직과 예외 처리 로직이 서로 얽혀 있었기 때문에, 프로그램 개발 및 유지보수가 힘들었다. 객체지향 패러다임에서는 이런 문제를 해결하기 위해 자주 발생하는 예외 타입을 객체로 정의하여 여러 프로그램에서 재사용할 수 있게 하였다. 그리고 예외 처리 방법도 정형화하여 모든 개발자가 같은 방법으로 예외를 처리하도록 하였다.

먼저, 예외와 예외 처리에 대한 개념에 대해서 상세히 살펴보았다. 예외는 프로그램이 실행 도중 비정상적으로 종료될 수 있는 상황 또는 이벤트를 말하며, 개발자가 사전에 처리만 하면 비교적 쉽게 해결될 수 있는 심각하지 않은 문제이다. 이에 비해, 에러는 런타임에 발생하여 프로그램을 비정상적으로 종료시키는 심각한 문제이며, 대부분 프로그램 내에서 발생하는 문제가 아니라 하드웨어 또는 외부 환경의 원인으로 발생하는 문제이다. 에러는 사전에 해결되기는 어렵지만, 예외는 예외 처리 작업을 거쳐 충분히 해결될 수 있다.

그리고 객체지향 프로그램 언어인 Java와 C++에서 정의하는 예외 계층 구조 및 예외 타입에 대해서 알아보았다. Java의 예외 계층 구조에는 Throwable을 최상위 클래스로 하고, 그 하위에 Exception 클래스와 Error 클래스가 위치한다. Exception 클래스는 checked 예외 타입으로, try…catch 등의 구문으로 예외 처리를 하지 않으면 컴파일이 되지 않는다. Exception 클래스의 하위에 위치하 RuntimeException 클래스와 그 하위 클래스는 unchecked 예외 타입으로 try…catch 구문으로 예외 처리를 하지 않아도 컴파일이 되지만, 해당 예외가 런타임에 발생하면 프로그램이 비정상 종료된다. C++ 표준 라이브러리의 예외 계층 구조에는 exception이 최상위 클래스로 있고, 그 하위에 6가지의 예외 클래스가 위치한다. 이외에, Java와 C++모두 기존의 예외 클래스를 상속받아 사용자 정의 예외 타입을 만드는 방법 역시 상세히 알아보았다.

마지막으로 Java 와 C++에서 발생한 예외를 처리하는 방법 및 예외를 프로그램 내에서 임의적으로 발생시키는 방법을 살펴보았다. Java와 C++ 모두 동일하게 try…catch 블록을 이용하여 예외를 처리할 수 있다. try 블럭에는 예외가 발생할 수 있는 구문을 위치시키고, 발생한 예외를 처리하는 구문을 catch 블록에 위치시켰다. 그리고 Java에서는 finally 키워드도 지원하여 예외 발생 여부와 상관없이 항상 실행되어야 하는 구문을 위치시킬 수 있게 한다. try…catch 외에 Java에서는 예외 처리를 미루는 throws 키워드를 제공한다. throws 키워드를 이용하면 예외가 발생한 메소드 내에서 예외를 처리하는 것이 아니라, 이 메소드를 호출한 쪽으로 예외 처리를 미룬다. 그리고 Java와 C++ 모두 throw 키워드를 이용하여 프로그램 내에서 예외를 임의로 발생시킬 수 있다. 이는 프로그램 내의 조건에 맞게 예외를 발생시키거나 사용자 정의 예외 타입을 발생시키는 데 효과적으로 사용할 수 있다.

연습문제

1. 객체지향 패러다임에서 예외를 객체로 취급하여 정의한 이유를 기술하시오.

2. 예외와 에러의 주요 차이점을 기술하시오.

3. Java에서의 unchecked 예외와 checked 예외의 차이점을 기술하고, 이 둘의 차이점을 보여주는 간단한 예제를 작성하시오.

4. 사용자 정의 예외 타입을 작성하는 방법을 요약하고, Java 또는 C++을 이용한 사용자 정의 예외 타입에 대한 예제를 작성하시오.

5. 사용자 정의 예외 타입이 필요한 이유를 작성하시오.

6. 객체지향 패러다임에서 예외를 처리하는 가장 일반적인 방법을 기술하시오.

7. Try…catch…블록을 이용하여 예외에 더 견고한 프로그램을 작성할 수 있는 팁을 간단한 예제와 함께 작성하시오.

8. Java에서의 예외 처리 중 하나인 throws 를 이용하는 방법과 try…catch 를 이용하는 방법을 서로 비교하시오. 그리고, 이들의 차이를 보여줄 수 있는 예제를 작성하시오.

9. 사용자 정의 예외 타입을 발생하고, 이를 처리하는 방법을 요약하시오.

10. JVM 또는 운영체제 내에서 예외를 발생시키지 않고, 프로그램 내에서 임의로 예외를 발생시킴으로써 얻을 수 있는 장점을 기술하시오.

제12장

리플렉션 (Reflection)

＊ 본 장의 목표

- 리플렉션의 개념과 리플렉션이 제공하는 기능을 이해한다.
- C++에서 리플렉션을 활용하여 클래스, 속성, 메소드 등의 정보를 확인하고 조작하는 방법을 학습한다.
- Java에서 리플렉션을 활용하여 패키지, 클래스, 속성, 메소드 등의 정보를 확인하고 조작하는 방법을 학습한다.
- 기능성 확장이 필요한 소프트웨어 개발, 개발용 소프트웨어 개발, 프로그램 디버깅 및 테스팅에서의 리플렉션 활용 방법을 확인하고 리플렉션의 장 · 단점을 이해한다.

12.1. 리플렉션의 개념

리플렉션(Reflection)의 사전적인 의미에는 '상[모습]'과 '반영', '영향'의 뜻이 있다. 즉, 거울에 비친 자신의 모습을 보고 어떠한 대상을 반영하거나 영향을 줌을 의미한다.

전산학에서의 리플렉션은 컴파일된 프로그램의 구조를 런타임에 확인하고 조작하는 기법을 의미한다. 즉, 소스코드를 보지 않고 바이너리 형태의 프로그램 구조를 확인 및 조작한다. 리플렉션의 사전적 의미에서 '상[모습]'이 프로그램의 구조로 대응되며 '반영', '영향'이 프로그램 조작으로 대응된다.

컴퓨터 프로그램은 한 번 컴파일되고 실행되면 정해진 로직대로 흘러가게 된다. 그렇다보니 동적으로 로직을 정하여 동작하는 유연한 컴퓨터 프로그램을 위해 런타임에 프로그램의 구조를 확인, 조작하고, 새로운 기능성을 추가하기 위한 장치가 필요해졌다. 이러한 요구에 따라 C++, Java 등의 고급 언어에서 리플렉션을 지원하고 있다.

객체지향 프로그램에서의 리플렉션은 런타임에 클래스의 구조를 확인 및 조작하는 기법이다. 객체지향 프로그램은 절차적 프로그램과 다르게 프로그램의 상태(속성)와 하는 일(오퍼레이션)이 클래스로 캡슐화되어 있기 때문에, 프로그램의 구조를 파악하는 것이 중요하다. 또한, 객체지향에서는 프로그램의 메타정보와 프로그램을 조작하는 기능성이 별개의 클래스로 캡슐화되어 리플렉션이 효과적이다. 즉, 프로그램의 메타정보가 클래스의 속성으로, 프로그램을 조작하는 기능성이 클래스의 오퍼레이션으로 정의되어 있으므로 리플렉션 기능을 잘 활용 할 수 있다.

소스코드를 보고 프로그램을 구성하고 있는 클래스와 클래스의 속성 및 오퍼레이션을 확인 할 수 있지만, 런타임에 프로그램의 구조를 파악하기 위해서 리플렉션을 사용한다. 즉, 리플렉션을 사용하여 런타임에 클래스 타입, 속성 정보, 오퍼레이션 정보를 확인할 수 있고, 이러한 정보를 이용하여 런타임에 속성에 값을 할당하거나 오퍼레이션 호출하는 것이 가능하다.

본 절에서는 그림 12-1과 같이 객체지향 프로그램에의 리플렉션 기능군을 '프로그램 메타정보

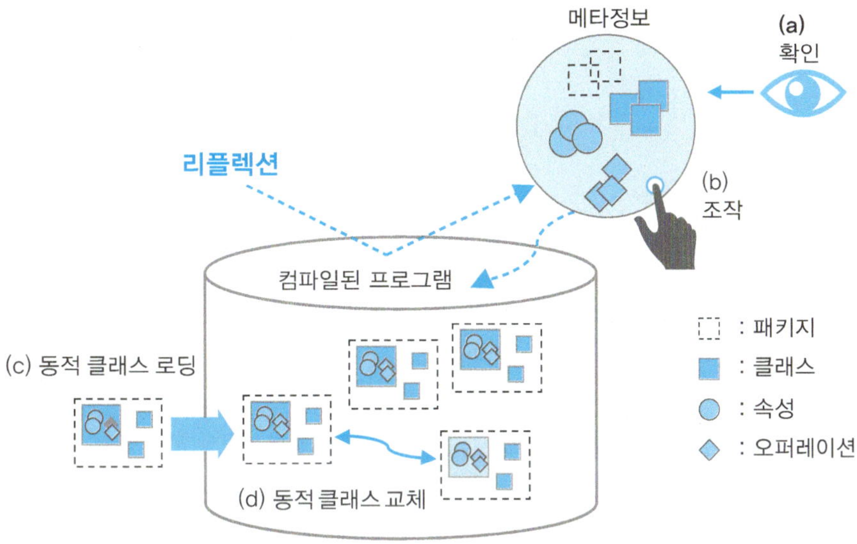

그림 12-1 객체지향 프로그램에서의 리플렉션

확인', '프로그램 조작', '동적 클래스 로딩', '동적 클래스 교체' 로 분류한다.

'(a)프로그램 메타정보 확인' 및 '(b)프로그램 조작' 은 리플렉션 자체의 기능군이고 '(c)동적 클래스 로딩' 및 '(d)동적 클래스 교체' 는 리플렉션 자체 기능군을 활용하여 런타임에 새로운 클래스를 '반영' 하고 기존 프로그램에 '영향' 을 줄 수 있는 기능군이다.

12.1.1. 프로그램 메타정보 확인

리플렉션을 이용하여 객체지향 프로그램의 메타정보를 런타임에 확인할 수 있다. 프로그램의 메타정보란 프로그램의 구조적, 서술적 정보를 의미하며, 객체지향 프로그램의 구조적 정보에는 클래스의 속성, 오퍼레이션, 상위 클래스, 인터페이스 정보 등이 있고 서술적 정보에는 패키지 이름, 클래스 이름과 클래스, 속성, 오퍼레이션의 접근 제한자 등이 있다.

그림 12-1(a)는 객체지향에서 리플렉션으로 프로그램의 메타정보를 확인하는 것을 보여준다. 이렇게 프로그램이 어떠한 패키지들을 포함하는지, 특정 패키지 내에 어떠한 클래스들이

포함되어 있는지, 특정 클래스가 어떠한 속성과 오퍼레이션으로 구성되어 있는지를 확인할 수 있다.

리플렉션을 이용하여 'private' 가시성과 같이 외부에서의 접근 권한이 없는 클래스, 속성, 오퍼레이션도 확인 할 수 있다.

12.1.2. 프로그램 조작

리플렉션을 이용하여 프로그램의 메타정보를 확인하면 그 정보를 기반으로 리플렉션으로 프로그램을 조작할 수 있다. 객체지향 프로그램은 클래스의 객체들로 구성되어 있어서, 주로 클래스의 속성 및 오퍼레이션을 조작한다.

그림 12-1(b)는 리플렉션을 이용한 프로그램 조작 기능군을 보여준다. 런타임에 인스턴스를 생성할 클래스를 결정하여 새로운 인스턴스를 생성 할 수 있으며, 속성에 값을 설정할 수 있고, 오퍼레이션을 호출할 수 있다.

리플렉션을 이용하여 'private' 가시성과 같이 외부에서의 접근 권한이 없는 속성에도 값을 설정할 수 있으며, 외부에서 접근 권한이 없는 오퍼레이션도 호출할 수 있다.

12.1.3. 동적 클래스 로딩

리플렉션을 이용하여 컴파일 시에 없었던 클래스를 런타임 시에 로딩할 수 있다. 즉, 리플렉션을 통해 컴파일 시점에는 없었던 새로운 기능성을 런타임에 프로그램에 주입시킬 수 있게 된다. 하지만 C++와 같이 이 기능군을 지원하지 않는 언어들도 있다.

클래스 로딩을 위해 우선 컴파일되어 있는 클래스 파일 혹은 클래스의 소스코드 파일이 필요하다. Java와 같이 컴파일 방식의 언어의 경우 컴파일된 파일이 필요하며 Python과 같이 인터프리팅 방식의 언어의 경우 클래스의 소스코드가 필요하다.

그림 12-1(c)는 리플렉션을 이용하여 클래스를 런타임에 로딩하는 것을 보여준다. 런타임에 클래스를 로딩시키면 그 클래스에 대한 정보를 파악해야 한다. 즉, 첫 번째 리플렉션 기능군인

'프로그램 메타정보 확인' 을 통해 새롭게 추가된 클래스를 확인한다. 그리고 두 번째 리플렉션 기능군인 '프로그램 조작' 을 통해 새롭게 추가한 클래스의 속성에 값을 설정하고 오퍼레이션을 호출하여 사용한다.

12.1.4. 동적 클래스 교체

그림 12-1(d)와 같이 리플렉션을 이용하여 동적으로 클래스를 교체할 수 있다. C++와 같이 이 기능군을 지원하지 않는 언어들도 있다.

동적 클래스 교체는 그림 12-2와 같이 같은 인터페이스를 구현하는 두 클래스가 A, B가 있고, A 클래스가 기존에 사용되고 있을 때, 런타임에 클래스 A를 클래스 B로 교체할 수 있는 기능군이다.

이 리플렉션 기능군을 이용하면 인터페이스를 구현하는 프록시 객체를 런타임에 준비하고 그 프록시 객체에 인터페이스를 구현하는 다른 목표 클래스를 연결시킴으로써 클라이언트는 런타임에 같은 인터페이스로 다른 구현체를 사용할 수 있다.

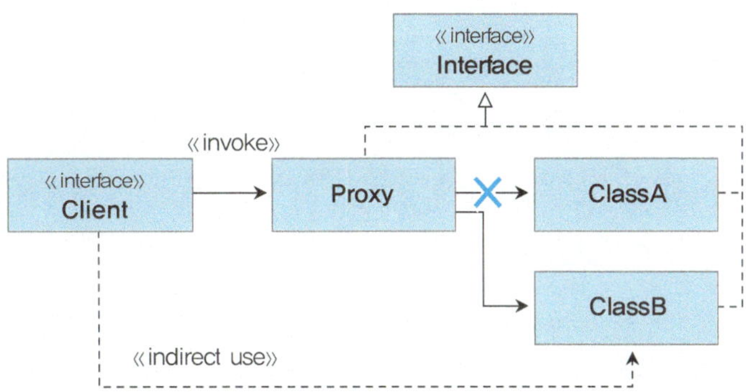

그림 12-2 리플렉션을 이용한 동적 클래스 교체

12.2. C++ 언어의 리플렉션 장치

기본적으로 C++는 리플렉션을 지원하지 않으나, 마이크로소프트의 Visual C++와 같은 일부 C++ 컴파일러에서 제한적으로 리플렉션 기능을 제공하고 있다. 본 절에서는 Visual C++에서 제공하는 리플렉션 장치들을 설명한다.

표 12-1 Visual C++에서 제공하는 리플렉션 장치

리플렉션 기능성	Visual C++ 언어의 리플렉션 장치
프로그램 메타정보 확인 프로그램 조작	• 클래스 자체 정보 관련 리플렉션 • 생성 관련 리플렉션 • 속성 관련 리플렉션 • 오퍼레이션 관련 리플렉션
동적 클래스 로딩	제공 안됨
동적 프록시	제공 안됨

12.2.1. 클래스 자체 정보 관련 리플렉션 장치

C++의 기본 클래스인 System::Object에서 제공하는 GetType() 오퍼레이션을 이용하여 객체의 클래스 정보를 획득할 수 있다. 예를 들어, String 클래스의 객체 's'가 존재할 때, 객체 's'의 클래스 유형을 다음과 같이 확인한다.

```
String s = "sample string";
Console::WriteLine("Type: '{0}'", s->GetType()); // Type: 'System.String'
```

객체 's'의 GetType() 오퍼레이션을 호출하면 'System.String'을 이름으로 가지는 System::Type 클래스 객체를 반환한다.

Int32와 같은 원시 유형의 클래스 정보를 확인하기 위해서는 다음과 같이 System::Object 클래스로 객체를 감싸야 한다.

```
Int32 i = 100;
Object o = i;
Console::WriteLine("Type: '{0}'", o->GetType()); // Type: 'System.Int32'
```

원시 유형의 값을 Object 클래스 형식으로 감싼 뒤, 이 Object 클래스 객체의 GetType() 오퍼레이션을 호출하면 원시 유형 정보를 확인할 수 있다.

다음과 같이 클래스 타입의 이름으로 System::Type 클래스 객체를 얻을 수도 있다.

```
Type::GetType("System.Int32")
```

Type::GetType() 오퍼레이션의 매개변수에 클래스 이름을 문자열로 넣어 호출한다.

12.2.2. 생성 관련 리플렉션 장치

System::Type 클래스 객체에서 GetConstructors() 오퍼레이션 또는 GetConstructor() 오퍼레이션을 통해 생성자 정보를 담고 있는 System.Reflection::ConstructorInfo 객체를 획득할 수 있다. 클래스는 오버로딩으로 여러 생성자를 가질 수 있다. GetConstructors() 오퍼레이션은 모든 클래스 생성자를 반환하며 GetConstructor() 오퍼레이션은 array〈Type〉 객체를 인자로 받아 특정 클래스 생성자를 반환한다.

예를 들어, ConEx라는 클래스가 소스코드 12-1과 같이 정의되어 있다고 하자.

소스코드 12-1 ConEx 클래스의 C++ 소스코드

```
using namespace System;
using namespace System::Reflection;

public ref class ConEx {
private:
    String message;

```

```
public:
    ConEx() {
        message = "hello";
    }
    String getMessage() {
        return message;
    }
};
```

이 때, 생성자 ConEx()를 획득 및 호출하기 위해 이 클래스의 System::Type 객체를 획득하고 이 객체에서 System.Reflection::ConstructorInfo 객체를 획득한다.

획득한 System.Reflection::ConstructorInfo 클래스 객체의 invoke() 오퍼레이션을 통해 해당 생성자를 다음과 같이 호출할 수 있다.

```
Type^ conExType = Type::GetType("ConEx");
ConstructorInfo^ con = conExType->GetConstructor(Type::EmptyTypes);
Object^ conExObj = con->Invoke(gcnew array<Object^>(0));
```

먼저 GetType() 오퍼레이션으로 ConEx 클래스에 대한 Type 객체를 획득하고 GetConstructor() 오퍼레이션으로 ConEx 클래스 생성자에 대한 ConstructorInfo 객체를 획득한다. 획득한 ConstructorInfo 객체에서 Invoke() 오퍼레이션을 호출 함으로써 ConEx 클래스의 객체를 생성한다. 참고로 'gcnew' 는 Visual C++에서 객체를 위한 메모리를 할당하는 키워드로 'gcnew' 로 생성된 객체가 참조되는 곳이 없어지면 가비지 컬렉터에 의해 할당 해제된다.

12.2.3. 속성 정보 관련 리플렉션 장치

클래스 정보를 나타내는 Type 객체를 이용하여 클래스의 속성 정보를 확인할 수 있다.

C++ 클래스인 MyClass가 소스코드 12-2와 같을 때, myField1과 myField2는 MyClass의 속성이다.

소스코드 12-2 MyClass 클래스의 C++ 소스코드

```
public ref class MyClass {
    public:
        int myField1;
    protected:
        String myField2;
};
```

이때, 다음과 같이 Type 객체의 GetFields() 오퍼레이션을 호출함으로써 MyClass 클래스의 속성인 myField1과 myField2에 대한 정보를 확인 할 수 있다.

```
array<FieldInfo^>^ myFieldInfoArr;
Type^ myClassType = MyClass().GetType();
myFieldInfoArr = myClassType->GetFields(static_cast<BindingFlags>(
    BindingFlags::NonPublic |
    BindingFlags::Instance |
    BindingFlags::Public |
    BindingFlags::Static
));
```

여기서 핸들 선언자(·)의 의미는 시스템이 해당 객체에 더 이상 접근할 수 없다고 판단할 경우 그 객체를 삭제한다는 뜻이다. GetFields() 오퍼레이션의 인자로는 탐색할 속성의 조건을 입력한다. 탐색 조건은 BindingFlags 열거자에 정의되어 있다. 'NonPublic' 은 가시성이 Public이 아닌 속성을, 'Instance' 는 객체의 속성을, 'Public' 은 가시성이 Public인 속성을, 'Static' 은 클래스의 속성을 탐색 범위에 포함시키기 위함이다.

또한, 다음과 같이 속성의 이름으로 속성 정보를 획득할 수 있다.

```
FieldInfo^ myFieldInfo;
Type^ myClassType = MyClass().GetType();
myFieldInfo = myClassType->GetField("myField1", static_cast<BindingFlags>(
        BindingFlags::NonPublic |
        BindingFlags::Instance |
        BindingFlags::Public |
        BindingFlags::Static
));
```

FieldInfo 클래스의 SetValue() 오퍼레이션을 이용하여 다음과 같이 이렇게 얻은 속성에 값을 설정할 수 있다.

```
MyClass^ myClass = gcnew MyClass();
myFieldInfo->SetValue(myClass, 5); // myField1에 int 값 5를 설정
```

인스턴스 속성은 SetValue() 오퍼레이션의 첫 번째 인자에 해당 인스턴스를, 두 번째 인자에 설정할 값을 넣는다. 클래스 속성에 값을 설정할 때에는 SetValue() 오퍼레이션의 첫 번째 인자에 해당 인스턴스 대신에 nullptr를 넣는다.

12.2.4. 오퍼레이션 관련 리플렉션 장치

클래스 정보를 나타내는 Type 객체를 이용하여 클래스의 오퍼레이션 정보를 확인할 수 있다.

C++ 클래스인 MyClass가 소스코드 12-3과 같을 때, myMethod1과 myMethod2는 MyClass의 오퍼레이션이다.

소스코드 12-3 MyClass 클래스의 C++ 소스코드

```
public ref class MyClass {
  public:
      void myMethod1();
  private:
      void myMethod2();
};
```

이때, 다음과 같이 Type 객체의 GetMethods() 오퍼레이션을 호출함으로써 MyClass 클래스의 오퍼레이션인 myMethod1과 myMethod2에 대한 정보를 확인할 수 있다.

```
Type^ myClassType = MyClass().GetType();
array<MethodInfo^>^myMethodInfoArr = myClassType->GetMethods(
      static_cast<BindingFlags>(
          BindingFlags::NonPublic |
          BindingFlags::Public |
          BindingFlags::Instance |
          BindingFlags::DeclaredOnly
      )
);
```

속성 탐색을 위한 GetFields() 오퍼레이션과 마찬가지로 GetMethods() 오퍼레이션의 인자로 탐색할 속성의 조건을 입력한다. 이 예제에서는 'NonPublic', 'Public', 'Instance', 'DeclaredOnly' 조건을 입력함으로써 가시성에 관계 없이 객체 오퍼레이션에 대한 정보를 획득하며 상위 클래스로부터 상속받은 오퍼레이션은 탐색에서 제외한다.

오퍼레이션의 이름으로 오퍼레이션 정보를 획득할 수 있다.

```
Type^ myClassType = MyClass().GetType();
MethodInfo^ myMethodInfo = myClassType->GetMethod("myMethod1");
```

Type 클래스의 GetMethod() 오퍼레이션의 첫 번째 인자에 오퍼레이션 이름을 넣으며, 탐색조건이 두 번째 인자로 들어갈 수 있다. 탐색조건은 선택적이며, 앞서 설명한 구문을 활용하면 된다.

이렇게 획득한 MethodInfo 객체를 이용하여 오퍼레이션을 호출할 수 있다.

```
MyClass^ myClass = gcnew MyClass();
myMethodInfo ->Invoke(myClass, nullptr)
```

여기서 myMethodInfo는 객체 오퍼레이션 myMethod1()의 정보를 가지므로 Invoke() 오퍼레이션의 첫 번째 인자로 호출 받을 객체를 넣고, 두 번째 인자로 오퍼레이션의 매개변수를 입력한다. 매개변수가 없을 경우 nullptr를 입력한다.

12.3. Java 언어의 리플렉션 장치

Java는 리플렉션을 지원하는 대표적인 객체지향 언어이며, 다음과 같은 형태로 리플렉션을 지원한다.

표 12-2 Java에서 지원하는 리플렉션 장치

리플렉션 기능성	Java 언어의 리플렉션 장치
프로그램 메타정보 확인 프로그램 조작	• 래스 자체 정보 관련 리플렉션 • 생성 관련 리플렉션 • 속성 관련 리플렉션 • 오퍼레이션 관련 리플렉션 • 배열 관련 리플렉션 • 제네릭 (Generic) 관련 리플렉션
동적 클래스 로딩	클래스 로딩 관련 리플렉션
동적 프록시	프록시 관련 리플렉션

12.3.1. 클래스 자체 정보 관련 리플렉션 장치

리플렉션을 이용하여 런타임 시점에서 클래스 정보를 확인할 수 있다. 클래스 정보로는 클래스 이름, 클래스 제어자(Modifier), 패키지 이름, 상위 클래스, 클래스에서 구현하고 있는 인터페이스 등이 있다.

클래스 정보를 런타임에 얻어오기 위해서는 목표 클래스에 대한 객체를 먼저 획득해야 한다. 예를 들어, mypackage.MyClass라는 클래스가 있을 때, mypackage.MyClass에 대한 정보를 가지는 Class 객체는 다음 두 가지 방식으로 얻을 수 있다.

```
방식 1: Class aClass = MyClass.class;
방식 2: Class aClass = Class.forName("mypackage.MyClass");
```

방식 1은 클래스에서 'class' 키워드를 사용하여 Class 객체를 획득하는 방법이다. 방식 2는 Class의 클래스 메소드인 forName()을 사용하여 Class 객체를 획득하는 방법이다. forName() 메소드는 인자값으로 전달된 클래스 이름의 클래스 정보를 가지는 Class 객체를 반환한다. 두 방식의 결과는 같으나, 만약 동적으로 클래스 명이 정해지는 경우 획득할 Class 객체의 이름을 변수화하여 방식 2의 인자로 사용하는 것이 효과적이다.

이렇게 해서 얻은 Class 객체로부터 get___() 형태의 메소드를 이용하여 클래스 정보를 얻을 수 있다. 다음은 Class 객체로부터 클래스 이름을 얻는 방법이다.

```
String className = aClass.getName();
String simpleClassName = aClass.getSimpleName();
```

클래스 이름은 클래스의 패키지 이름을 포함하는 고유 이름을 반환하는 getName() 메소드와 단순히 클래스 그 자체의 이름만을 반환하는 getSimpleName() 메소드가 있다. 예를 들어, 전체 클래스 이름이 mypackage.MyClass일 때, getName() 메소드는 "mypackage.MyClass"를 반환하고 getSimpleName() 메소드는 "MyClass"를 반환한다.

클래스 제어자는 다음과 같이 java.lang.reflect.Modifier 객체로 확인한다. 먼저 getModifier()로 Modifier 객체를 획득하고, 관련 메소드를 호출함으로써 정보를 얻을 수 있다.

```
int modifiers = aClass.getModifiers();       // 제어자 값 획득
Modifier.isAbstract(modifiers);              // 'abstract' 제어자 확인
Modifier.isFinal(modifiers);                 // 'final' 제어자 확인
Modifier.isInterface(modifiers);             // 'interface' 제어자 확인
Modifier.isNative(modifiers);                // 'native' 제어자 확인
Modifier.isPrivate(modifiers);               // 'private' 제어자 확인
Modifier.isProtected(modifiers);             // 'protected' 제어자 확인
Modifier.isPublic(modifiers);                // 'public' 제어자 확인
Modifier.isStatic(modifiers);                // 'static' 제어자 확인
Modifier.isStrict(modifiers);                // 'strict' 제어자 확인
Modifier.isSynchronized(modifiers);          // 'synchronized' 제어자 확인
Modifier.isTransient(modifiers);             // 'transient' 제어자 확인
Modifier.isVolatile(modifiers);              // 'volatile' 제어자 확인
```

패키지 정보는 다음과 같이 클래스 객체로부터 java.lang.Package 클래스의 인스턴스의 getPackage() 메소드로부터 반환받아 확인한다.

```
Package aPackage = aClass.getPackage();
aPackage.getName()            // 패키지 이름 확인
```

Java에서는 한 클래스가 단 하나의 상위 클래스만을 가질 수 있다. 상위 클래스 정보를 얻기 위해서는 다음과 같이 getSuperclass()를 이용하여 상위 클래스의 클래스 인스턴스를 획득해야 한다.

```
Class aSuperClass = aClass.getSuperclass();
```

클래스가 구현하고 있는 인터페이스의 정보는 다음과 같이 getInterfaces() 메소드를 호출하여 얻을 수 있다. 인터페이스 역시 Class 객체로 정보가 저장됨을 알 수 있다.

```
Class[] interfaces = aClass.getInterfaces();
```

12.3.2. 생성 관련 리플렉션 장치

클래스의 생성자 목록은 클래스 인스턴스의 getConstructors() 메소드를 통해 획득할 수 있다. 한 클래스에는 오버로딩에 의해 다른 타입 및 개수의 매개변수를 갖는 여러 종류의 생성자가 존재할 수 있다. 그러므로 getConstructors는 Constructor 클래스의 인스턴스 리스트를 반환한다. 만약 특정 생성자를 획득하고 싶다면 getConstructor() 메소드를 사용하면 된다. 이 메소드의 매개 변수에 획득하고자 하는 생성자의 매개변수 형식을 순서에 맞게 Class 배열로 입력하면 된다.

```
Constructor[] constructors = aClass.getConstructors();
Constructor constructor = aClass.getConstructor(new Class[]{String.class});
```

획득한 생성자의 매개변수를 확인하기 위해 다음과 같이 Constructor 인스턴스의 getParameterTypes() 메소드를 사용한다. 이 메소드는 Class 인스턴스 배열을 반환하며 이 배열의 클래스 인스턴스의 타입을 검사함으로써 생성자의 매개변수 타입을 확인할 수 있다.

```
Class[] parameterTypes = constructor.getParameterTypes();
```

그리고 획득한 생성자 인스턴스를 이용해서 클래스 인스턴스를 생성할 수 있다.

```
MyClass anInstance =
        (MyClass) constructor.newInstance("constructor-arg1");
```

획득한 생성자 인스턴스가 MyClass 클래스의 생성자일 때, 다음과 같이 MyClass 클래스의 인스턴스를 생성할 수 있다. 생성자 인스턴스의 newInstance() 메소드를 호출하여 반환된 객체를 MyClass로 캐스팅(Casting)함으로써 MyClass 객체를 생성한다. 이때, newInstance() 메소드에 생성자에서 필요로 하는 매개변수 값을 입력한다.

12.3.3. 속성 관련 리플렉션 장치

리플렉션을 이용하여 클래스의 속성에 대한 정보를 확인할 수 있다. 속성은 java.lang.reflect.Field 클래스로 표현된다. 다음과 같이 클래스 인스턴스에서 getFields() 메소드나 getField() 메소드를 이용하여 속성을 확인할 수 있다. getFields() 메소드는 클래스의 모든 속성을 Field 클래스 인스턴스 배열로 반환하고 getField() 메소드는 속성의 이름을 매개변수로 받아 해당 이름을 가지는 속성을 반환한다.

```
Field[] fields = aClass.getFields();            // 전체 속성
Field field = aClass.getField("fieldName");     // 이름이 "fieldname"인 속성
```

속성의 이름은 다음과 같이 Field 인스턴스의 getName() 메소드로 확인한다.

```
String fieldName = field.getName();
```

속성의 형식은 다음과 같이 Field 인스턴스의 getType() 메소드로 확인한다.

```
Object fieldType = field.getType();
```

속성의 값을 확인하고 설정하는 방식은 다음과 같다.

```
Field field = aClass.getField("fieldName");
MyClass anInstance = new MyClass();
Object value = field.get(anInstance);     // 속성값 확인
field.set(anInstance, value);             // 속성값 설정
```

속성의 값 확인을 위해 Field 인스턴스를 획득하고 해당 속성을 가지는 클래스 인스턴스를

매개변수로 입력하여 Field 인스턴스의 get() 메소드를 호출한다. 속성값을 설정하기 위해 클래스 인스턴스와 설정할 값을 매개변수로 입력하여 Field 인스턴스의 set() 메소드를 호출한다.

'private' 가시성을 가지는 속성은 일반적인 방법으로는 외부에서 접근하지 못하지만 리플렉션을 이용하면 외부에서도 'private' 속성에 접근할 수 있다. 또한, 리플렉션을 이용하면 자식 클래스가 아니거나 같은 패키지 상에 없어서 접근하지 못하는 'protected' 나 'package' 가시성을 가지는 속성을 확인 및 조작할 수 있다.

소스코드 12-4는 private 속성을 가지는 MyClass 클래스를 보여준다.

소스코드 12-4 private 속성과 메소드를 가지는 클래스

```
public class MyClass {
    private String privateAttr = null;          // private 속성
    public PrivateObject(String privateAttr) {
        this.privateAttr = privateAttr;
    }
}
```

MyClass 클래스의 privateAttr 속성은 다음과 같이 확인할 수 있다.

```
MyClass aClass = new MyClass("Private Attribute");     // 객체 생성
Field privateAttr = MyClass.class.getDeclaredField("privateAttr");
privateAttr.setAccessible(true);          // private 속성 접근이 가능하도록 설정
String attrValue = (String) privateAttr.get(aClass); // private 속성의 값 확인
```

먼저, private 속성 정보를 getDeclairedField () 로 알아온다. 그리고 setAccessible() 메소드를 이용해 해당 속성의 가시성을 접근할 수 있도록 변경하고, get() 메소드를 이용해서 속성 값을 읽어온다.

12.3.4. 오퍼레이션 관련 리플렉션 장치

클래스의 메소드는 클래스 인스턴스의 getMethods() 메소드 또는 getMethod() 메소드를 이용하여 확인할 수 있다. getMethods() 메소드는 클래스의 모든 메소드를 java.lang.reflect.Method 클래스의 배열로 반환하고 getMethod() 메소드는 특정 이름의 특정 매개변수를 가지는 하나의 메소드를 반환한다.

```
Method[] methods = aClass.getMethods();
Method method =
        aClass.getMethod("methodName", new Class[]{String.class});
```

getMethod() 메소드의 첫 번째 매개 변수는 반환받을 메소드 이름이고, 두 번째 매개변수는 반환받을 메소드의 매개변수 형식이다. getMethod() 메소드는 첫 번째 인자로 입력한 이름을 가지는 메소드가 오버로딩되어 여러개 있을 경우에 두 번째 매개변수로 입력한 특정 매개변수 형식을 가지는 단 하나의 메소드를 반환한다. 만약 메소드에 매개변수가 없을 경우 getMethod() 메소드의 두번째 매개변수에 null을 입력한다.

메소드 인스턴스를 이용하여 해당 메소드에 대한 정보를 확인할 수 있다. 다음은 메소드의 매개변수 형식과 반환 형식을 확인하는 방법이다.

```
Class[] paramTypes = method.getParameterTypes();   // 매개변수 형식 확인
Class returnType = method.getReturnType();         // 반환 형식 확인
```

획득한 메소드 인스턴스의 invoke() 메소드를 이용하여 다음과 같이 메소드를 호출할 수 있다. invoke() 메소드의 첫 번째 매개변수는 호출할 메소드를 가지는 클래스 인스턴스이고 두 번째 매개변수는 가변 매개변수로, 해당 메소드 호출 시 전달될 매개변수이다.

```
Object returnValue = method.invoke(null, "param");     // 클래스 메소드 호출
Object returnValue = method.invoke(objectInstance, "param");
                                                       // 메소드 호출
```

가변 매개변수에 입력되는 매개변수의 개수가 가변적이다. 만약 호출할 메소드의 매개변수가 두 개이면 invoke() 메소드의 매개변수는 클래스 인스턴스와 호출할 메소드 매개변수를 모두 포함해 세 개가 된다. 첫 번째 매개변수에 클래스 인스턴스 대신에 null을 입력하면 인스턴스 메소드를 호출하는 것이 아니라 클래스 메소드를 호출한다.

'private ' 속성과 마찬가지로 외부에서 'private' 메소드에 접근하기 위해서 리플렉션을 사용할 수 있다. 같은 패키지 상에 없어서 접근하지 못하는 'protected' 나 'package' 가시성의 메소드 또한 리플렉션을 이용하여 접근할 수 있다.

소스코드 12-5는 private 속성과 메소드를 가지는 MyClass 클래스를 보여준다.

소스코드 12-5 private 속성과 메소드를 가지는 클래스

```
public class MyClass {
    private String privateAttr = null;          // private 속성
    public PrivateObject(String privateAttr) {
        this.privateAttr = privateAttr;
    }
    private String getPrivateAttr () {          // private 메소드
        return privateAttr;
    }
}
```

'private' 메소드인 getPrivateAttr() 메소드는 다음과 같이 접근한다. getDeclaredMethod() 메소드를 이용하여 'private' 메소드 인스턴스를 획득하고, true 값을 입력하여 획득한 메소드 인스턴스의 setAccessible() 메소드를 호출한다. 이렇게 'private' 메소드에 접근할 수 있도록 하여 메소드 인스턴스의 invoke() 메소드를 호출한다.

```
MyClass aClass = new MyClass("Private Attr");          // 객체 생성
Method privateMethod =
    MyClass.class.getDeclaredMethod("getPrivateAttr", null);
privateMethod.setAccessible(true); // private 메소드 접근이 가능하도록 설정
String value = (String) privateMethod.invoke(aClass, null); // 메소드 반환 값
```

12.3.5. 배열 관련 리플렉션 장치

java.lang.reflect.Array 클래스를 이용하여 배열 생성 및 배열에 대한 정보를 확인할 수 있다. 먼저 newInstance() 메소드를 이용해서 배열을 생성한다. 이때, 매개변수로는 배열에 저장될 아이템의 유형과 배열의 크기를 입력한다. 그리고 set 메소드 또는 get 메소드를 이용해서 배열에 값을 할당하거나 배열로부터 값을 읽어온다. 세 개의 int 변수를 가지는 int 배열 생성과 값 입력 및 확인은 다음과 같이 한다.

```
int[] intArray = (int[]) Array.newInstance(int.class, 3);    // 배열 생성
Array.set(intArray, 0, 1);                              // 배열 0번째 위치에 1 입력
Array.set(intArray, 1, 2);                              // 배열 1번째 위치에 2 입력
Array.set(intArray, 2, 3);                              // 배열 2번째 위치에 3 입력
int value0 = Array.get(intArray, 0);                    // 배열 0번째 값 확인
int value1 = Array.get(intArray, 1);                    // 배열 1번째 값 확인
int value2 = Array.get(intArray, 2);                    // 배열 2번째 값 확인
```

배열 또한 클래스 인스턴스로 표현될 수 있다. 배열의 클래스 인스턴스를 획득하기 위한 방법은 다음과 같이 두 가지가 있다.

```
Class intArrayClass = int[].class;
Class intArrayClass2 = Class.forName("[I");
```

여기서 '['는 오른쪽에 나오는 문자가 나타내는 원시 형식(Primitive Type)의 배열이라는 것을 의미한다. 표 12-3은 원시 및 클래스 형식의 단일 문자 표기법을 보여준다.

표 12-3 원시 형식 및 클래스 형식의 문자 표기

형식	문자
boolean	Z
byte	B
char	C
class or interface	Lclassname;
double	D
float	F
int	I
long	J
short	S

즉, Class.forName("[F")은 float 배열에 대한 클래스 인스턴스를 반환하게 된다.

이렇게 획득한 클래스 인스턴스에서 배열 형식은 getComponentType()을 이용하여 확인할 수 있다. 즉, Class.forName("[F").getComponentType()은 float 클래스 인스턴스를 반환한다.

12.3.6. 제네릭 관련 리플렉션 장치

제네릭 타입의 속성이 정의되어 있으면, 다음과 같이 Field 객체의 getGenericType() 메소드를 호출함으로써 제네릭 형식을 표현하는 Type 객체를 획득할 수 있다.

```
Type genericFieldType = field.getGenericType();
```

메소드는 제네릭 반환형식과 제네릭 매개변수를 가질 수 있다. 메소드의 제네릭 반환 형식은 다음과 같이 Method 객체의 getGenericReturnType() 메소드를 호출하여 Type 객체를 획득함으로써 확인한다. 메소드의 제네릭 매개변수는 Method 객체의getGenericParameterTypes() 메소드를 통해 확인한다.

```
Type genericReturnType = method.getGenericReturnType();
Type[] genericParameterTypes = method.getGenericParameterTypes();
```

12.3.7. 클래스 로딩 관련 리플렉션 장치

동적 클래스 로딩이란 java.lang.ClassLoader 클래스를 이용해서 런타임에 클래스를 불러와서 사용하는 기법이다. CLASSPATH 환경 변수는 Java에서 사용 가능한 클래스를 정의한 파일들이 존재하는 디렉터리 경로를 나타낸다. 동적 클래스 로딩 시 로딩할 클래스가 CLASSPATH 내에 존재해야 한다.

예를 들어, mypackage2.MyClass 클래스가 이미 CLASSPATH 경로에 존재할 경우 다음과 같이 ClassLoader 객체를 getSystemClassLoader() 메소드로 획득한 뒤, 획득한 객체를 이용하여 loadClasss() 메소드를 호출함으로써 클래스를 불러올 수 있다.

```
ClassLoader classLoader = ClassLoader.getSystemClassLoader();
Class aClass = classLoader.loadClass("mypackage.MyClass ");
```

ClassLoader 클래스의 loadClass() 메소드는 Class.forName() 메소드와 유사하지만 이 둘은 초기화 여부에 차이점을 가지고 있다. ClassLoader 클래스의 loadClass() 메소드는 클래스를 메모리상에서 초기화하지 않지만 Class.forName() 메소드는 클래스의 'static' 변수 등을 메모리상에 초기화한다.

반면, CLASSPATH에 존재하지 않는 클래스 파일을 런타임에 읽기 위해서는 다음과 같이 ClassLoader 클래스를 확장해서 정의해야 한다. 소스코드 12-6과 같이 우선 클래스 파일을 불러오고, 불러온 클래스 파일로부터 클래스를 정의하여 사용한다.

소스코드 12-6 클래스 파일을 이용한 동적 클래스 로딩

```
1.  public class MyClassLoader extends ClassLoader {
2.      public Class loadClass(String classFilePath, String className)
                                throws ClassNotFoundException {
3.          try {
4.              // 클래스 파일 불러오기
5.              URL classUrl = new URL(classFilePath);
6.              URLConnection connection = classUrl.openConnection();
7.              InputStream input = connection.getInputStream();
8.              // 불러온 클래스 파일 읽기
9.              ByteArrayOutputStream buffer = new ByteArrayOutputStream();
10.             int data = -1;
11.             while((data = input.read()) != -1) {
12.                 buffer.write(data);
13.             }
14.             input.close();
15.             byte[] classBytes = buffer.toByteArray();
16.             // 읽은 클래스를 정의하여 반환
17.             return defineClass(className, classBytes, 0, classBytes.length);
18.         } catch (MalformedURLException e) {
19.             e.printStackTrace();
20.         } catch (IOException e) {
21.             e.printStackTrace();
22.         }
23.         return null;
24.     }
25. }
```

소스코드 12-6의 5~7번째 줄은 클래스 파일을 불러오는 부분이고, 9~15번째 줄은 불러온 클래스 파일을 읽는 부분이고, 17번째 줄은 읽은 클래스 파일을 이용해서 클래스로 정의하는 부분

이다. defineClass() 메소드를 호출하여 읽은 클래스 파일을 정의한다. 이후 소스코드 12-7과 같이 MyClassLoader를 이용하여 클래스 파일로부터 클래스를 정의하여 런타임 시에 새로운 클래스를 추가하여 사용할 수 있다.

소스코드 12-7 MyClassLoader를 이용한 클래스 파일로부터의 클래스 로딩

```
MyClassLoader classLoader = new MyClassLoader();
try {
    Class aClass = classLoader.loadClass(
        "file:{클래스 디렉토리 경로}/MyClass.class",
        "mypackage2.MyClass");
    System.out.println(aClass);  // 출력 결과: class mypackage2.MyClass
} catch (ClassNotFoundException e) {
    e.printStackTrace();
}
```

MyClassLoader 인스턴스를 생성하고 loadClasss 메소드를 호출하여 로딩한 클래스의 Class 인스턴스를 획득한다.

12.3.8. 프록시 관련 리플렉션 장치

동적 프록시는 런타임에 특정 인터페이스를 구현하는 객체들의 기능성에 간접적으로 접근함과 동시에 추가적인 기능을 수행할 수 있는 기법이다. 또한, 동적 프록시를 이용하여 같은 인터페이스를 구현하고 있는 클래스를 효과적으로 교체할 수 있다.

Java에서는 java.lang.reflect.Proxy 클래스와 java.lang.reflect.InvocationHandler 인터페이스를 이용하여 동적 프록시를 구현할 수 있다.

hello() 메소드를 가지는 인터페이스 MyInterface가 있을 때 이 인터페이스를 구현하는 MyClass 클래스는 소스코드 12-8과 같다.

소스코드 12-8 MyInterface의 hello() 메소드를 구현하는 MyClass 클래스

```java
package mypackage3;

public class MyClass implements MyInterface {
    @Override
    public void hello() {
        System.out.println("Hello, Dynamic Proxy!");
    }
}
```

소스코드 12-9는 메소드 호출을 수신할 프록시 객체를 생성하는 부분을 보여준다.

소스코드 12-9 동적 프록시: DynamicProxy 클래스 (메인)

```java
package mypackage3;
import java.lang.reflect.Proxy;
public class DynamicProxy {
    public static void main(String[] args) {
        // 메소드 호출을 처리할 InvocationHandler 생성
        MyInvocationHandler myInvocationHandler = new MyInvocationHandler();
        // 프록시 객체 생성
        MyInterface myProxy = (MyInterface) Proxy.newProxyInstance(
            MyInterface.class.getClassLoader(),
            new Class[] { MyInterface.class },
            myInvocationHandler);
        // 프록시 객체에서의 메소드 호출을 실제로 처리할 객체 설정
        myInvocationHandler.setTarget(new MyClass());
        // 프록시 객체를 이용한 메소드 호출
        myProxy.hello();    // 실제로는 MyClass 클래스의 hello() 메소드 호출
```

```
    }
}
```

그리고 프록시 객체에서의 메소드 호출은 소스코드 12-10과 같이 InvocationHandler 인터페이스를 구현하는 MyInvocationHandler 클래스에서 처리된다.

소스코드 12-10 동적 프록시: MyInvocationHandler 클래스

```
package mypackage3;
import java.lang.reflect.InvocationHandler;
import java.lang.reflect.Method;

public class MyInvocationHandler implements InvocationHandler {
    private MyInterface target; // 메소드 호출을 실제로 처리할 객체
    public void setTarget(MyInterface target) {
        this.target = target;
    }
    @Override
    public Object invoke(Object proxy, Method method, Object[] args)
    throws Throwable {
        return method.invoke(target, args); // 메소드 호출 처리
    }
}
```

동적 프록시를 이용하여 MyInterface의 hello() 메소드를 호출하여 MyClass 클래스가 hello() 메소드를 처리함으로써 "Hello, Dynamic Proxy!"를 출력하게 된다. 그림 12-3은 DynamicProxy 클래스, MyInvocationHandler 클래스, MyClass 클래스, MyInterface 인터페이스 간의 관계를 보여준다.

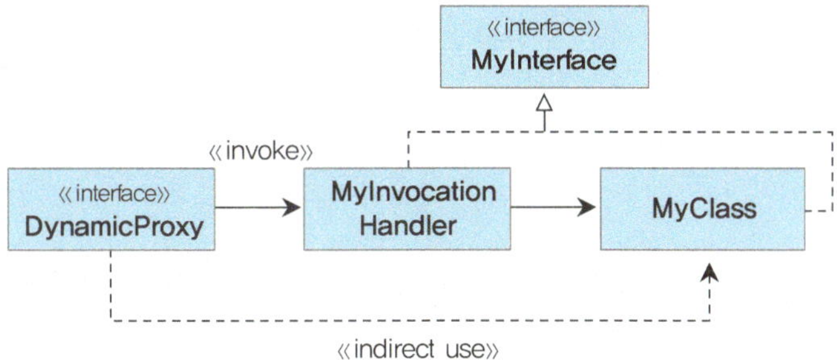

그림 12-3 동적 프록시를 이용한 MyClass 사용 구조

클라이언트인 DynamicProxy는 MyInvocationHandler를 통해 MyInterface에서 정의하고 있는 메소드를 호출하는데, 이 때, MyInvocationHandler에서는 클라이언트로부터의 메소드 호출을 MyClass에 넘겨준다. 이렇게 함으로써, 클라이언트는 실질적으로 MyClass를 사용하는 효과를 얻는다.

이와 같은 방식으로 새로운 클래스를 런타임 시에 추가하여 활용할 수 있으며 같은 인터페이스를 구현하는 클래스들은 동적 프록시를 이용하여 효과적으로 관리 및 교체될 수 있다.

12.4. 리플렉션의 활용

리플렉션은 주로 다음 세 가지 상황에서 사용한다.

＊ 기능성 확장 및 대체가 필요한 소프트웨어 개발

프로그램의 사용자가 프로그램 사용 중에 클래스를 추가하는 것과 같이 프로그램의 컴파일 시점에 알 수 없는 클래스를 사용하기 위해서는 리플렉션을 사용해야 한다. 리플렉션을 통해 프로그램을 다시 컴파일 하지 않고도 클래스를 추가하여 사용할 수 있게 되어 확장성을 높일 수 있다. 예를 들어, 데이터베이스 연결을 위한 클래스를 동적으로 추가하여 사용함으로써 동적으로 데이터베이스를 교체할 수 있다.

Java에서는 이를 위해 클래스 로딩 관련 리플렉션 장치를 활용하여 런타임에 클래스를 불러와서 생성 관련 리플렉션 장치로 객체를 생성하고 오퍼레이션 관련 리플렉션 장치로 추가한 클래스의 기능성을 사용한다.

* 개발용 소프트웨어 개발

소프트웨어의 메타정보 확인 및 처리가 필요한 개발용 소프트웨어는 프로그램 그 자체에 대한 정보를 관리해야 한다. 이러한 소프트웨어는 리플렉션을 이용하여 패키지 및 클래스 구조, 클래스의 속성 및 오퍼레이션 목록 등의 정보를 확인 및 처리한다. 예를 들어, 그림 12-4와 같이 mypackage.MyClass 클래스에 대한 Class 객체인 aClasss 에서 호출 가능한 메소드를 동적으로 확인할 수 있다.

Java에서는 이를 위해 클래스 정보 관련 리플렉션 장치, 속성 관련 리플렉션 장치, 오퍼레이션 관련 리플렉션 장치를 활용하여 프로그램의 메타 정보를 확인한다.

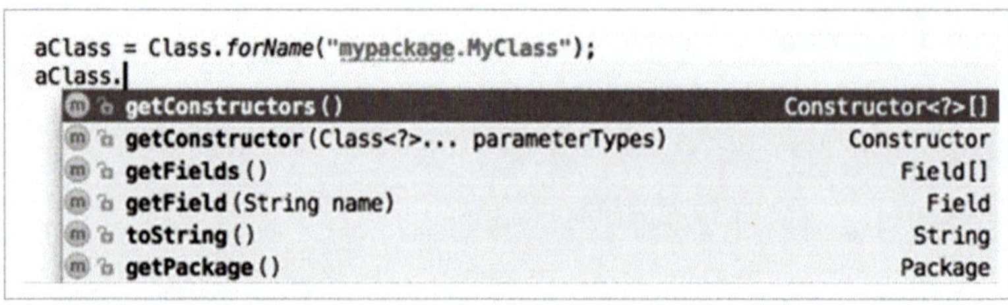

그림 12-4 객체에서 호출 가능한 메소드 동적 확인

＊ 디버깅 및 테스팅

프로그램 디버깅 및 테스팅 시에 어떠한 클래스의 'private' 가시성을 가진 속성 및 오퍼레이션을 확인해야 하는 경우 리플렉션을 사용할 수 있다. 프로그램 디버깅 및 테스팅 도구는 확인하고자 하는 클래스 외부에서 'private' 가시성을 가진 속성 및 오퍼레이션에 접근 가능해야 하기 때문에 리플렉션을 사용하는 것이 효과적이다.

Java 에서는 ' private', 'protected', 'package' 가시성을 가지는 속성 및 오퍼레이션에 접근 권한이 없는 외부에서도 접근할 수 있도록 하기 위해 속성 및 오퍼레이션 관련 리플렉션 장치를 활용한다.

12.5. 리플렉션의 장점 및 단점

리플렉션은 다양한 장점을 가지지만, 단점 역시 존재하기 때문에, 리플렉션의 장단점을 확실히 파악하여 목적에 따라 선택적으로 사용하는 것이 중요하다. 리플렉션의 장점과 단점은 다음과 같다.

＊ 리플렉션의 장점

리플렉션은 런타임 시에 컴파일 시점에서 결정되지 않은 클래스를 동적으로 추가하며 속성을 처리하고 오퍼레이션을 호출할 수 있다. 이렇게 함으로써 확장성이 좋고 동적 정웅이 가능한 소프트웨어를 구축할 수 있도록 한다. 또한 레플렉션은 IDE, 프레임워크, 라이브러리 등의 개발용 소프트웨어 개발, 디버깅 및 테스팅용 소프트웨어 개발에 유용하게 사용된다.

＊ 리플렉션의 단점

리플렉션은 성능 상의 오버헤드가 존재한다. 런타임 시에 동적으로 클래스, 속성, 오퍼레이션을 분석하고 처리하기 때문에 미리 컴파일된 클래스, 속성, 오퍼레이션의 처리보다 속도가 느리다. 그리고 private, protected, package 가시성을 가지는 속성 및 오퍼레이션을 권한 없이도 접근할 수 있기 때문에 테스팅 및 디버깅 등에서는 장점이 될 수 있지만, 보안상의 문제가 있다.

12.6. 본 장의 정리

본 장에서는 리플렉션의 개념과 객체지향 프로그래밍에서 리플렉션이 제공하는 기능 분류에 대해서 살펴보았다. 또한, 리플렉션이 모든 객체지향 언어에서 지원되는 것은 아니며 가상 머신에서 구동되는 언어와 인터프리터 방식의 언어에서 주로 지원됨을 확인하였다.

Visual C++의 리플렉션 장치에 대해 알아보았고, 대표적인 객체지향 언어인 Java에서 리플렉션 장치를 이용하여 클래스의 정보 확인 방법, 동적 클래스 로딩 방법, 인스턴스 생성 방법, 속성 확인 및 조작 방법, 오퍼레이션 확인 및 조작 방법, 배열 정보 확인 및 조작 방법, 제네릭 정보 확인 방법을 알아보았다. 또한, 리플렉션을 활용하여 같은 인터페이스를 구현하는 여러 구현체를 런타임에 유연하게 교체하는 방법인 동적 프록시에 대해 알아보았다.

그리고 리플렉션이 효과적으로 사용되는 상황 및 각 상황에서 주로 활용되는 리플렉션 장치를 살펴보았다. 리플렉션은 런타임 시에 기능성 확장이 필요한 소프트웨어, 개발용 소프트웨어, 디버깅 및 테스팅에서 주로 사용된다.

이어서, 리플렉션은 런타임에 프로그램의 메타정보를 확인하고 조작할 수 있어서 유연하고 확장성이 높은 프로그램 개발에 효과적인 방법이지만 성능 오버헤드, 보안성 문제 등의 여러 단점 또한 뒤따름을 설명하였다.

연습문제

1. 객체지향 프로그램에서의 리플렉션 정의를 설명하시오.

2. 왜 객체지향 프로그램에서 리플렉션이 필요하고 효과적인지 설명하시오.

3. 객체지향 프로그램에서 프로그램의 메타정보에 어떠한 것들이 있는지 세 가지 이상 나열하시오.

4. 리플렉션은 런타임에 동적으로 패키지, 클래스, 객체, 속성, 메소드 등의 정보를 확인하고 이들을 조작한다. 리플렉션의 장, 단점을 나열하시오.

5. Java에서 클래스 로딩 관련 리플렉션 장치를 이용하여 CLASS_PATH의 디렉터리에 존재하지 않는 클래스를 런타임에 사용하는 방법을 기술하시오.

6. Visual C++과 Java에서 생성 관련 리플렉션 장치를 이용하여 객체를 생성하는 방법을 기술하시오.

7. 리플렉션에서 배열을 표현하는 방법은 원시적 형식의 배열과 클래스의 배열이 서로 다르다. Java에서 int, double 등의 각 원시적 형식의 배열과 클래스의 배열을 배열 관련 리플렉션 장치를 이용하여 생성하는 방법을 비교하여 설명하시오.

8. Java에서 프록시 관련 리플렉션 장치를 이용하여 동일한 인터페이스를 구현하고 있는 여러 클래스의 객체를 효과적으로 교체하는 방법을 기술하시오.

9. 다음은 Visual C++에서 리플렉션을 이용하여 클래스 정보, 속성 정보, 오퍼레이션 정보를 얻고, 속성에 값을 설정한 후 오퍼레이션을 호출하는 예제 소스코드다.

```
#include "stdafx.h"
#include <iostream>
using namespace System;
using namespace Reflection;

public ref class Student {
private:
    int age;
public:
    int getAge();
};

int Student::getAge() {
    return age;
}

int main(array<System::String ^> ^args) {
    Student ^ student = gcnew Student();
    Type ^ studentType = Type::_____[1]_____(_____[2]_____);
    FieldInfo ^ studentAgeField = studentType->_____[3]_____(_____[4]_____,
        static_cast<BindingFlags>(BindingFlags::NonPublic | BindingFlags::Instance)
    );
    MethodInfo ^ studetGetAgeMethod = studentType->          [5]
(_____[6]_____);
    studentAgeField->_____[7]_____(student, 30);
    Console::WriteLine("Student Age: {0}",
        studetGetAgeMethod->_____[8]_____(student, nullptr));
    system("pause");
    return 0;
}
```

9-1) Student 클래스 이름으로 Student 클래스 Type 정보를 얻도록 빈칸 [1]과 [2]를 채우시오.

9-2) Student 클래스의 인스턴스 속성 'age' 정보를 얻도록 빈칸 [3]과 [4]를 채우시오.

9-3) Student 클래스의 인스턴스 오퍼레이션 'getAge' 정보를 얻도록 빈칸 [5]와 [6]을 채우시오.

9-4) 속성 'age'에 int 값 30을 설정하도록 빈칸 [7]을 채우시오.

9-5) 오퍼레이션 'getAge'를 호출하도록 빈칸 [8]을 채우시오.

10. 다음은 Java에서 리플렉션을 이용하여 클래스 정보, 속성 정보, 오퍼레이션 정보를 얻고, 객체의 속성에 값을 설정하고 오퍼레이션을 호출하는 예제 소스코드다.

```
public class Student {
    private int age;
    public int getAge() {
        return age;
    }
    public static void main(String[] args) {
        try {
            Class studentClass = Class.______[1]______(______[2]______);
            Student student = new Student();
            Field studentAgeField = studentClass.______[3]______(___[4]___);
            Method studentGetAgeMethod = studentClass.___[5]___(___[6]___);
            studentAgeField.setAccessible(true);
            studentAgeField.______[7]______(student, 30);
            System.out.println("Student Age: "+studentGetAgeMethod.___[8]___(student))
        } catch (Exception e) {
            e.printStackTrace();
        }
    }
}
```

10-1) "mypackage.Student"를 클래스 이름으로 Student 클래스 정보를 얻도록 빈칸 [1]과 [2]를 채우시오.

10-2) Student 클래스의 인스턴스 속성 'age'의 정보를 얻도록 빈칸 [3]과 [4]를 채우시오.

10-3) Student 클래스의 인스턴스 메소드 'getAge' 정보를 얻도록 빈칸 [5]와 [6]을 채우시오.

10-4) 속성 'age'에 int 값 30을 설정하기 위한 빈칸 [7]을 채우시오.

10-5) 오퍼레이션 'getAge'를 호출하기 위한 빈칸 [8]을 채우시오.

용어사전
(Glossary of Terms)

용어 사전 (Glossary of Terms)

가시성 (Visibility)	객체 안에 정의된 속성과 오퍼레이션이 객체 외부에서 접근이 가능한지의 정도.
가시성 명시자 (Visibility Specifier)	객체지향 프로그래밍에서 가시성을 지정하는 장치로서, public, private, protected, package가 있음.
개념적 객체 (Conceptual Object)	물리적인 형태를 가지고 있지 않으며 문제 영역의 업무를 수행하는 과정에서 생성되는, 즉 비즈니스 프로세스 처리의 결과물을 나타냄.
객체 (Object)	객체지향 패러다임에서 프로그램을 구성하는 기본 단위로서, 개발하려는 시스템의 문제 영역에 실제로 존재하는 어떤 사물이나 개념을 의미함.
객체 대치성 (Object Substitutability)	상속 관계에 있는 두 클래스 간에서 슈퍼클래스 인스턴스는 서브클래스의 인스턴스로 대체될 수 있음을 의미함.
객체 생성 (Object Instantiation)	한 클래스로부터 객체 즉, 인스턴스를 만드는 과정을 의미하며, 객체 인스턴스화라고도 부름.
객체의 관련성 (Object Dependency)	객체 안에 포함된 속성과 오퍼레이션들 간의 관계, 속성들 간의 관계, 오퍼레이션들 간의 관계를 의미함.
객체지향 프로그램 (Object Oriented Program)	프로그램을 객체 단위로 작성하며, 각 객체는 필요한 데이터 속성들과 이 속성을 처리하여 오퍼레이션으로 구성되어 있음.
객체지향 패러다임 (Object Oriented Paradigm)	목표 시스템을 요구사항 분석, 설계 및 구현을 객체, 클래스, 상속 등의 장치를 사용하여 수행하는 개발 방식
다중 상속 (Multiple Inheritance)	하나의 클래스가 두 개 이상의 슈퍼클래스로부터 상속받는 것을 의미함.
다형성 (Polymorphism)	한 개체가 여러 개의 형태로 변하는 성질을 의미하며, 객체지향 프로그래밍에서는 오버라이딩과 오버로딩 형태로 다형성이 지원됨.
데이터 무결성 (Data Integrity)	어떤 속성, 즉 변수가 항상 유효한 (Valid) 값을 가지고 있는 특성을 의미함.
동적 바인딩 (Dynamic Binding)	프로그램이 실행되는 시점인 런타임에 결정되는 바인딩으로, Late 바인딩이라고 부름.
루트 클래스 (Root Class)	클래스 상속 구조에서 가장 상위에 위치하는 클래스
리프 클래스 (Leaf Class)	클래스 상속 구조에서 가장 하위에 위치하는 클래스

리플렉션 (Reflection)	클래스의 구조를 프로그램 실행 시 동적으로 확인 및 조작하는 기법.
메시지 (Message)	한 객체가 다른 객체의 메소드를 호출하기 위해 전달하는 수단.
물리적 객체 (Physical Object)	문제 영역에서 눈으로 식별하거나, 직접 만져볼 수 있는 형태를 갖춘 객체.
바인딩 (Binding)	프로그램 내에 정의된 변수나 데이터 등이 가리키고 있는 메모리 주소나 데이터 타입이 결정되는 과정.
복합 객체 (Composite Object)	다른 여러 개의 객체들을 속성으로 가지는 객체로, 전체 (Whole) 객체라고도 부름.
상속 (Inheritance)	일반화 과정을 실현한 것으로서, 여러 클래스가 가지는 공통 속성 및 오퍼레이션을 슈퍼클래스에 정의하고, 서브클래스는 그 외에 추가적인 속성 및 오퍼레이션만 정의하게 하는 기법임. 객체지향 프로그래밍에서 재사용성을 지원하는 대표적인 기법임.
상속 구조 (Inheritance Hierarchy)	클래스들 간의 상속 관계를 표현한 구조로서 전체 시스템의 구성요소를 보여줌.
생성자 (Constructor)	새로운 인스턴스를 생성할 때마다 자동적으로 한 번씩 호출되는 오퍼레이션으로, 생성자 이름은 클래스 이름과 동일함.
서브클래스 (Subclass)	세분화 과정에서 슈퍼클래스에는 포함되어 있지 않은 추가적인 속성들과 메소드들을 가진 클래스로, 자식 클래스 또는 확장 클래스라고도 부름.
세분화 (Specialization)	일반화와 반대되는 개념으로, 하나의 범용적인 개체로부터 여러 개의 구체적인 개체들을 정의하는 과정.
소멸자 (Destructor)	생성되어 있는 인스턴스를 주 메모리에서 삭제할 때 사용되는 오퍼레이션으로, C++에서는 '~'를 이용하여 소멸자를 정의함.
속성 (Attribute)	각 객체의 상태 정보를 기록 유지하기 위한 일종의 데이터 저장소.
슈퍼 클래스 (Superclass)	일반화 과정에서 도출된 범용적이며 공통적인 속성들과 메소드들을 가지는 클래스로, 부모 클래스 또는 베이스 클래스라고도 부름.
식별자 (Identifier)	한 객체를 다른 객체와 구분할 수 있는 고유한 이름.
오버라이딩 (Overriding)	상속 구조에서 슈퍼클래스에 정의된 메소드를 서브클래스에서 재정의하는 것으로, 슈퍼클래스에 정의된 메소드 시그니처를 서브클래스에서 그대로 사용하고 내부 구현만 다르게 정의함.

오버로딩 (Overloading)	한 클래스 내에서 동일한 이름의 메소드를 여러 번 정의하는 것으로, 메소드 이름만 동일하게 하고 그 외의 시그니처를 다르게 정의함.
예외 (Exception)	프로그램이 기능을 수행하는 도중 발생할 수 있는 비정상적인 상황이지만, 프로그래머에 의해 미리 처리될 수 있음. 예외가 제대로 처리되지 않으면, 런타임에 에러가 발생함.
예외 처리 (Exception Handling)	프로그램이 런타임에 발생할 수 있는 예외 상황을 정상적으로 종료될 수 있도록 처리하는 것으로, try…catch 구문, throws 등이 대표적인 예외 처리 방법임.
오퍼레이션 (Operation)	객체의 기능성을 제공하는 단위로서 객체 안에 정의된 속성을 처리함. 메소드라고도 불리움.
인스턴스 (Instance)	한 클래스에 생성된 객체를 의미함.
인터페이스 (Interface)	두 개의 서로 다른 요소들이 서로 상호작용하기 위해 한 요소에서 제공되는 기능을 명세한 것.
일반화 (Generalization)	구체적인 개체들에서 공통적인 요소들을 식별하여 범용적인 개체를 도출하는 과정.
절차적 프로그래밍 (Procedural Programming)	프로그램에서 필요한 모든 데이터 속성들을 데이터 부분에, 함수들은 기능 부분으로 구분하여 정의하며, 전역 변수를 허용하는 프로그래밍 방식.
정보 은닉 (Information Hiding)	객체가 가지고 있는 속성과 오퍼레이션의 일부를 감추어서, 객체의 외부에서는 접근이 불가능하게 하는 원칙으로, 다양한 가시성 명시자를 이용하여 구현함.
제네릭 클래스 (Generic Class)	다양한 데이터 타입의 속성에 대해 동일한 기능을 제공하는 객체들을 일반화한 클래스로, 상속과 다른 메커니즘으로 재사용성을 지원함.
추상 클래스 (Abstract Class)	가상 (Virtual) 클래스라고도 하며, 추상 메소드를 하나 이상 가지고 있는 슈퍼클래스의 한 형태임.
추상화 (Abstraction)	실 개체에 대해서 중요하고 핵심적인 부분만 도출하여 명세하고, 덜 중요한 부분은 생략하는 과정.
캡슐화 (Encapsulation)	연관된(Related) 속성들과 연관된 오퍼레이션들을 하나의 단위인 객체로 묶어서 정의하는 원칙임.
클래스 (Class)	객체 생성에 필요한 속성들과 오퍼레이션들을 명세하는 템플릿 장치.
포함관계 (Aggregation)	한 객체가 다른 객체들로 이루어진 관계이며, UML에서는 강한 포함관계인 Composition과 약한 포함관계인 Aggregation으로구별함.

인덱스
(Index)

E

F

I

S

T

V

ㄱ

ㄷ

ㅈ

ㅊ

ㅋ

ㅍ

ㅎ